河北省非物质文化遗产研究基地
—— 石家庄学院市级科研平台资助项目

正定民俗文化研究

赵志强 柳敏和 著

中国社会科学出版社

图书在版编目(CIP)数据

正定民俗文化研究/赵志强,柳敏和著.—北京:中国社会科学出版社,2017.2

ISBN 978 - 7 - 5203 - 0129 - 9

Ⅰ.①正… Ⅱ.①赵…②柳… Ⅲ.①风俗习惯—研究—正定县 Ⅳ.①K892.422.4

中国版本图书馆 CIP 数据核字(2017)第 070660 号

出 版 人	赵剑英
责任编辑	吴丽平
责任校对	季　静
责任印制	李寡寡

出　　版	中国社会科学出版社
社　　址	北京鼓楼西大街甲 158 号
邮　　编	100720
网　　址	http://www.csspw.cn
发 行 部	010 - 84083685
门 市 部	010 - 84029450
经　　销	新华书店及其他书店

印　　刷	北京明恒达印务有限公司
装　　订	廊坊市广阳区广增装订厂
版　　次	2017 年 2 月第 1 版
印　　次	2017 年 2 月第 1 次印刷

开　　本	710 × 1000　1/16
印　　张	16.75
插　　页	2
字　　数	275 千字
定　　价	65.00 元

目　　录

绪　　论

一　选题的缘起与意义

民俗文化可以用一句话来形容：国以民为本，俗以民为先。"俗"就是指千家万户的老百姓，民俗是文化的根源，是老百姓的生活根源，散落在民间，是活动状态而不是静止状态的，像"年夜饭""放鞭炮"等流传至今。

民俗是指一个民族或一个社会群体在长期的生产实践和社会生活中逐渐形成并世代相传、较为稳定的文化事象，是人民大众世代创造和传承下来的大众生活方式和文化模式，是一种重要的定型化的文化现象。民俗起源于人类社会群体生活的需要，在各个民族、时代和地域中不断形成、扩大和演变，为人民的日常生活服务。民俗就是这样一种来自人民，传承于人民，规范人民，又深藏在人民的行为、语言和心理中的基本力量。

所谓民俗文化，是指民间风俗文化，是由一个国家或民族中的广大民众创造、享用和传承的生活文化。民俗文化起源于人类社会群体生活的需要，在特定的民族、时代和地域中不断形成、扩展和演变，并成为规范人们的行为、语言和心理的一种基本力量。在民俗文化中，以民风民俗形态呈现的行为文化，是由各民族人民在社会实践，尤其是在人际交往中约定俗成的习惯性定势构成的，主要以风俗的形态呈现，存在于人们的日常生活中，具有鲜明的民族、地域特色的行为模式。《礼记·王制篇》说："五方之民皆有性也，不可推移"，《汉书·王吉传》曰："是以百里不同风，千里不同俗"，都是对行为文化的明确指认。这种以民风民俗形态呈现的行为文化，民俗学家钟敬文解释为"首先是社会的、集体的，它不是个人有意无意的创作。即便有的民俗原来是个人或少数人创立和发起的，但是它也必须经过集体的同意和反复履行，才能成为民俗。其次，跟集体性密切相关，这种现象的存在，不是个性的，而是类型的或模式的。再次，它在时间上是传承的，在空间上是播布的"①。正定文化中以民俗形态出现的行为文化是十分丰富的，也是非常具有民族和地区特色的。如正定的生产习俗、生活习俗、生育习俗、婚嫁习俗、丧葬习俗、节庆习俗、娱乐习俗等，无不闪烁着独特的民族、地域色彩。分析这些民俗事象对正定民俗文化的形成和影响，对于正定民间文化遗产的保护研究和发展，有着重要的现实意义。

风俗的形成是自然环境和社会条件共同作用的结果。风俗是特定地域的特定人群因环境和好恶不同而形成的特定生活方式与行为规范。

传统民俗文化的传承与变迁研究有三种视角：一是研究传统民俗与社会—文化环境的互动关系；二是侧重讨论社会—文化环境对传统民俗传承的作用；三是侧重探究传统民俗对社会—文化环境的适应性与影响力。

自20世纪70年代末以来，中国民俗文化的变迁一改缓慢的节奏，出现了急剧的变化。这种变化是由政治的和经济的迅速变迁带来的。这一时期的民俗学研究重新成为社会研究的阵地，研究视角也从重视传统民俗转向关注民俗的现代变迁，关注现代化给民俗文化带来的巨大变化。在民俗特征中，变异是民俗文化发展的动力。民俗文化本来就是由民众创造和享用的。这种创造、享用绝不会放弃对新鲜文化的吸纳，不会放弃现代化带来的便利。从某种意义上讲，它所体现的是民众思想观念的变化。比如中国的春节习俗是延续了几千年的文化，它原来的主题是建立在农业社会基础之上的，"风调雨顺、五谷丰登"、请神祭祖、合家团圆几乎是延续了几千年的不变的内容。伴随春节习俗的文化活动更是丰富多彩。传统的春节仪式主要包含三个方面：节前忙年；除夕过年；节日拜年。时间的延续大约在一个月。具体活动：忙年一般从腊月初八过完"腊八"节，年事准备活动开始，到了大年三十（除夕），家家户户贴春联、门神、窗花、年画；除夕之夜吃年夜饭、守岁、燃放爆竹、请神祭祖；大年初一开始，亲友互相拜年；社火、花会、庙会活动依次展开。直到正月十五"元宵节"过后，年事活动才算结束。传统春节习俗被信仰观念笼罩着，神秘而有趣。随着社会现代化进程的加快，春节仪式和内容发生了重大变化。信仰成分逐渐减小，娱乐成分逐渐加大。实际上春节习俗只是民俗文化变

---

① 钟敬文：《民俗学》，《新的驿程》，中国民间文艺出版社1987年版，第395页。

化的一个方面，其他习俗的变化同样深远。物质民俗中居住、饮食、服饰、生产、交通民俗的变化；社会民俗中家庭、村落、婚姻、丧葬仪礼的变化；精神民俗中信仰民俗的变化同样体现着民俗与时俱进的特点。人们不难发现，中国人的习俗正在融入世界文化潮流之中。就服饰文化而言，传统的服饰在生活中渐渐消失，农民也穿上西装；传统婚礼不复存在，丧葬仪礼加速改革，等等。面对如此神速的变化，民俗学者做何感想？出路有两条：一是顺应时代的发展，赶上时代前进的步伐，关注民俗的变化，加强对现代新时尚、新民俗的研究，探讨民俗文化发展变异的规律；二是发掘、抢救、保护传统民俗文化，维护中国民俗文化生存的生态环境，保住中国民俗文化的根，使传统与现代化更好地协调发展。

正定县是一座历史悠久的文化名城，春秋时期为鲜虞国，战国时期为中山国，汉高帝十一年（前198）时改名为真定府，意为"天下太平"，至今1400多年来，这里一直是府、州、郡、县治所，是当时北方政治、经济、军事、文化的中心，"地当河朔称雄镇，虎踞龙蟠燕赵间"，曾与保定、北京并称为"北方三雄镇"。至今正定南城门上还镶有"三关雄镇"的石刻匾额。赵国孝成王十一年（前255），为公子元筑一城，叫元氏城，这座城就在今元氏县常山郡故城遗址上。西汉初刘邦下令在元氏城内设置恒山郡，并设立元氏县，下辖周边18个县。公元前179年，汉文帝刘恒即皇位，为避帝名讳，改恒山郡为常山郡。从此，常山郡诞生于元氏城内。这段历史一直沿续到东汉和三国时期，时间长达400年以上，直至西晋初年（265），将常山郡治所从元氏城移至真定城（今石家庄东古城村的东垣故城遗址）。从此元氏县改属赵郡，而常山郡治真定，下辖8个县。民国二年（1913）废府存县。

正定县有着悠久的历史和深厚的文化积淀，自晋代至清末一直是郡、州、路、府治所，素有"九楼四塔八大寺，二十四座金牌坊"的美誉，现存国家级重点文物保护单位8处，省级重点文物保护单位5处，其规模之大、数量之多、艺术价值之高、历史之久远，为中国县级城市所罕见，堪称"古建艺术宝库""佛教文化博物馆"。

正定县拥有丰厚的历史积淀，造就了充盈的文化底蕴和丰富的非物质文化遗产资源。目前有常山战鼓、正定高照国家级非遗项目两项；正定竹马、宋记八大碗、真定府马家卤鸡、正定腊会、正定龙狮道具制作技艺、正定三角村高跷省级非遗项目6项；元杂剧、赵氏剪纸艺术、正定刘家鸡、王家烧麦、正定崩肝、正定手工装裱技艺市级非遗项目 6 项，县级非遗项目 112 项。保护和传承以非物质文化遗产为载体的民俗文化，需要对常山战鼓、正定高照等这样的"非遗"品牌进行整合，产生全国性的影响，让全国了解正定。这更需要对正定的民俗文化进行深入的调查和研究，使当代的我们能更好地了解和认识正定民俗文化的起源、历史传承与变迁，能够把握现代民俗的发展方向，推进社会的良性发展。

正定的民俗文化属于中原文化类型，在世界上属于以黄河农耕文化为基础的东方文化类型。它与荆楚、吴越文化相比较，在内涵上具有鲜明的中国北方特色：以儒家思想为主体，兼有道家、佛家和北方农民中间自生的地方文化，几者长期共生共存。当今风俗中，含有夏朝时就已经产生的民本主义，秦朝以来不断强化的农本思想（重农轻商思想），忠孝节义观念，善恶观念，勤劳勇敢、自强不息的民族精神、崇文尚武精神；也有19 世纪以来，被逐渐强化的民族革命精神和新中国成立以来的社会主义、共产主义新观念。改革开放、发展市场经济以来，自然又多了一些市场经济观念。作为一种文化生态，其存在是客观的，但有些已经与时代脱节了，比如重农轻商思想、封建忠君观念等。

但正定的名气并不大，很多河北、京津一带的人只是听说过"正定"，只有少数人来过正定。来过正定的，大多是由于正定这边有亲朋好友或利用到石家庄市开会的机会来过正定。不管听说的，还是来过的，大都对正定印象含糊，"好像有个大庙"，"在正定拍过《西游记》《红楼梦》"，"习近平曾经在那里工作过"，"正定是赵云赵子龙的故乡"，是个古城，"比石家庄出名"，等等。即使来过正定的，也大都只记得去过正定那个大庙，并不知道是大佛寺（隆兴寺）。很少有人知道近年来政府主导宣传的正定六大名片"京外名刹之首（隆兴寺）、佛教临济祖庭（临济寺）、三国子龙故里（赵云庙）、世界冠军摇篮（乒乓球基地）、元曲创生中心（马家大院）、红楼文化经典（荣国府）"。连过去民间流传甚广的顺口溜"沧州狮子定州塔，正定府的大菩萨"（后来又演变为河北四宝"沧州狮子定州塔，正定菩萨赵州桥"）河北三大宝都不知道。

正定民俗文化虽然并不为外人所知，正定人仍然在日复一日地过着自己的日常生活，民俗在不经意的日常之中流淌着、演变着。一定的人类群体创造了属于本群体的民俗，又生活于被他们所创造出来的民俗之中，因此，民俗具有群体性和地域性的特点。一定的时代养成那个时代的民俗，民俗因时间的流逝、战争的爆发、政权的更迭等发展或转换，故民俗又具有流变性和时代性的特点。然而，一个时代的民俗，不是突然间从天上掉下来的或发明制造出来的，而是从前朝前代继承延续下来而又有所改造创新的，因此，民俗具有传承性和渐变性的特点。

人类已经来到21世纪，日益汹涌的经济全球化浪潮和现代化与城市化的趋势，给民族文化带来的冲击和影响日益显示出来。人们的生活方式在变化，观念在变化，民俗文化、民间文化也在发生着急剧的变化，有的甚至在悄然变形或消亡。这样的例子，俯拾即是。如正定基于祖先崇拜的种种传统礼法，就是民俗变迁最为剧烈的领域之一，由于祖先崇拜观念的逐渐淡薄，其祭祀礼法在20世纪下半叶呈现出迅速简化的趋势。又如生日习俗，改革开放近40年来，变化尤大，每到家人或朋友生日寿辰，不仅城市里的人，甚至连一些乡村里的人，也都以围坐在一起分食蛋糕、吹灭点燃的红蜡烛、共唱西方的《生日快乐》歌曲表示祝贺，与传统生日民俗模式两相对照，便不难看出今昔已大异其趣了。民俗文化是民族之根，是民族文化之源。尽管民俗文化不可能完全消亡，对此我们大可不必为全球化的影响而惶惶然，但传统民俗的弱化或变形，却是每日每时都在发生的事。因此，跨越两个世纪的我们这一代人，肩负着抢救和保护、保存传统民俗文化——保护民族之根的历史责任，而研究正定民俗文化的状态和变迁，就是许多种保护和保存民俗文化的可行办法之一，把刚刚逝去的20世纪的鲜活的民俗状态记录在案，从中具体地了解和认识人们曾经创造了怎样的民俗文化，他们生活在怎样的一种民俗文化之中，他们所张扬的是怎样的一种中华民俗文化精神。

二 正定民俗文化研究的整理与研究

民俗，就是民间风俗习惯，是一个地方长期形成的风尚，是广大劳动人民群众在生活中自然形成并长久承袭下来的风俗。民俗是民间社会生活中传承文化事象的总称，是一个国家或地区、一个民族世世代代传袭的基层文化，通过民众口头、行为和心理表现出来的事象。这些事物和现象，既蕴藏在人们的精神生活传统里，又表现于人们的物质生活传统中。民俗与官方仪礼既有联系又有区别。区别是民俗乃民间风俗，官方仪礼为规范和行文制度化的礼俗。联系是官方的东西往往向民间推行，也可逐渐形成民间传承的风俗，这是文化自上而下的渗透；民间的东西也可向上渗透，最为明显的是官方"成文法"的拟定，大多数情况下，是以民间的"习惯法"为基础的。

民俗作为民族社会心理的表现形式，是一种重要的文化现象，是广大中下层劳动人民所创造和传承的民间社会生活文化，是民俗文化的组成部分。

正定志书中的风俗、物产、秩祀、礼制等留下了几百年来正定民俗文化的记录。自明万历四年（1576）编纂第一部《真定县志》至今，共编纂《县志》8部，《府志》2部，《专志》2部。

县志：

（1）万历四年（1576）的《真定县志》，知县周应中修，县学教谕杨芳纂，共8卷。

（2）明天启《真定县志》，知县李挺重修，该书早年遗失。

（3）清顺治《真定县志》，知县陈谦、县丞周之直、典史时国泰、儒学教谕李鹏程等人编纂。顺治三年（1646）刻本，共14卷。

（4）清光绪元年《正定县志》，同治十三年（1874）知县庆之金、贾孝彰，正定府学教授赵文濂等人纂修。光绪元年（1875）刻本。全书46卷加地图及首、末各1卷。

（5）民国八年（1919）《正定县志》，县知事刘、华汉章等人纂修。该书早年遗失。

（6）民国二十一年（1932）《正定县志》，县右事刘、华汉张文林等纂修，共4卷。

（7）民国二十八年（1939）《正定县事情》，陈佩编辑，共14章。

（8）河北省正定县志编纂委员会：《正定县志》，中国城市出版社1992年版。

府志：

（1）明嘉靖《真定府志》。唐臣修，雷礼纂，嘉靖二十八年（1549）刻本，共33卷。

（2）清乾隆《正定府志》。知府郑大近等人纂修，乾隆二十七年（1762）刻本，共50卷。

专志：

（1）清道光《常山贞石志》。沈涛编纂，道光二十二年（1842）刻本，共 24 卷。

（2）清乾隆《隆兴寺志》。寺僧慈舟编纂，乾隆十三年（1748）成书，共 2 卷。

新中国成立以来，正定的民俗文化整理工作断续进行，20 世纪 80 年代以来完成了以下内容：

（1）《石家庄历代旧志选校——真定县志校注》①；

（2）《正定文物精华》②；

（3）《正定大观》③；

（4）《正定教育志》④；

（5）《正定解放》⑤；

（6）《正定县大事记（1949—1983）》⑥；

（7）《正定文史资料》第 1—5 辑；

（8）《石家庄文史资料》第 6 辑——"正定史料专辑"；

（9）《石家庄市地名志》⑦；

（10）《正定县地名志》⑧；

（11）《正定县地名资料汇编》⑨；

（12）《正定县歌谣谚语卷》第 1 卷⑩；

（13）《正定县故事卷》第 1 卷⑪；

（14）《古圃》⑫。

正定县组织的文化整理成果中保留了许多正定民俗文化，为研究正定

---

① 参见周应中修、杨芳纂《石家庄历代旧志选校——真定县志校注》，山西人民出版社 1992 年版。

② 参见张秀生《正定文物精华》，文化艺术出版社 1998 年版。

③ 参见郭开兴《正定大观》，内蒙古人民出版社 1999 年版。

④ 参见正定县教育委员会编《正定教育志》，河北教育出版社 1996 年版。

⑤ 参见中共正定县党史资料征集审办公室编《正定解放》，1987 年版。

⑥ 参见正定县档案馆编《正定县大事记（1949—1983）》，1985 年版。

⑦ 参见石家庄市地名办公室《石家庄市地名志》，河北人民出版社 1986 年版。

⑧ 参见正定县地名志。

⑨ 参见河北省正定县地名办公室《正定县地名资料汇编》，河北省正定县地名办公室 1983 年版。

⑩ 参见苏平修、王京瑞主编《正定县歌谣谚语卷》第 1 卷，1989 年版。

⑪ 参见苏平修、王京瑞主编《正定县故事卷》第 1 卷，1988 年版。

⑫ 《古圃》是正定古文化研究会编纂的会刊，主要着眼于正定古城沧桑、人物春秋、文物长廊、探赜索引、学术论丛、民俗风情、往事追忆和古城新声等方面的记录和研究。

民俗文化提供了丰富的资料。

对于正定民俗文化，有些方面内容引起了一些研究者的注意。如庙会和常山战鼓。申艳广、王玲玲的《正定城隍庙会调查》研究了正定民间的城隍庙会，认为庙会是中国乡村宗教和民间信仰得以延续的重要载体之一。在类型众多的庙会中，城隍庙会以其普遍性、影响深远而成为庙会中的主体。正定城隍庙会是现今河北省内依然活动的少数几个重点庙会之一，对其进行调查研究具有历史学和社会学的价值。文章考察了正定府城隍庙建制，介绍了正定城隍信仰活动，主要由三部分组成，一是农历七月十五、十月初一鬼节举行"鬼会"；二是农历五月十七城隍庙正会；三是天旱之年信众向城隍爷的祈祷活动。该文还研究了正定城隍庙的传说。围绕城隍信仰展开的一系列民俗活动，体现了中国民众宗教意识的独特之处——能够随时随地地满足人们的世俗要求和实用心理。①

"常山战鼓"是流布在正定一带一种鼓乐的合奏形式，其表演常常是几十面鼓的群奏，声音宏大响亮，激情表演狂热，是当地老百姓非常喜爱的一种民间艺术。它在庙会、盛大节日中表现得尤为突出，没有这种鼓乐出现它就不隆重，没有这种鼓乐的表演，节日就不显得热闹，因此它与本地老百姓的生活息息相关，堪称本地的一种很有特点的乐种。常山战鼓由于成为国家非物质文化遗产，引起了有关研究者的关注。有学者通过对正定县域内战鼓艺术的田野调查，以艺术人类学的视角，考察常山战鼓的基本概况与文化生态、历史变迁与现代性语境下的重构，对非物质文化遗产保护背景下常山战鼓艺术的传承进行探讨。常山战鼓历经几百年的发展与变迁，在现代性语境中发生了变迁与重构。在功能上，在战争中的实用功能向传统节庆、民俗活动等祭祀功能的转变，进而延展到凝聚村落、团结乡民的意义层面；在仪式上，从固有的神圣性向娱乐性和商品性转变；在传承上，常山战鼓拥有自己的传承体系和方式，在坚持民间传统乡民自觉的师徒传承的同时，战鼓艺术在新的时代背景下走进校园，学校教育成为一条新的传承路径，中小学生成为新的传承人，这是学校教育对非物质文化遗产传承的担当。② 有学者通过音乐学、人类学、民俗学、历史学的方

---

① 申艳广、王玲玲：《正定城隍庙会调查》，《高校社科动态》2012 年第 1 期。

② 王永健、于宙：《非物质文化遗产在民间——艺术人类学视野下的常山战鼓》，《内蒙古大学艺术学院学报》2012 年第 3 期。

法对常山战鼓进行多方面多层次的研究，使我们能对常山战鼓有一个更清楚的认识；通过感性和理性的认识和分析，对常山战鼓的过去、今天、未来的发展做一个更深层次的了解和规划。①

有学者对正定有代表性的民俗文化事项如常山战鼓、正定高照、正定竹马、正定庙会、正定腊会和赵氏剪纸作了简要介绍，指出正定民俗文化在观念意识上，对民俗文化传承和发展的重视程度不够；在人员数量上，从事民俗文化活动的人在逐渐减少；在资金支持上，没有设立相应的民俗文化发展基金。资金短缺一直是困扰各地民俗文化发展的一个重要因素；在宣传普及上，没有形成民俗文化全民保护和传承的意识。②

正定县也有一批本地研究者出于对本地文化的热爱，对正定民俗文化进行了整理和研究。王京瑞先生对正定的衣食住行等民俗事项做了整理介绍。③ 特别是宋荣琴，她是一个民间文学爱好者，她的足迹遍布正定100多个村庄，着重挖掘口头文学，如民歌、民谣、童谣、曲艺、方言、谜语、笑话、逸闻趣事等，到目前为止已经整理出近两千首作品。这些口头文学没有文字记载，只是通过口耳相传的方式，代代传承下来。此举既保护了古老的口头文学，而且又能提高正定在国内外的知名度。

正定民俗包罗万象，但目前的学术界还没有把视线转向正定进行规范和深入的研究，研究成果及其有限。④ 目前学界对正定的研究大都集中在古建筑学和宗教方面，对正定民俗文化仅仅局限于简单的描述或做资料性的搜集整理工作，真正做人文研究的尚不多见。笔者不揣冒昧，试图对正定的民俗文化进行初步的研究，抛砖引玉，试图运用民俗学、历史学、社会学、文化人类学相关理论，依据现有传说文本以及田野中搜集整理的文

---

① 参见于宙《常山战鼓调查与研究》，硕士论文，河北师范大学，2010年。
② 参见任丽娟、郭牧、刘合美《正定古城保护中民俗文化延续与发展研究》，《长春教育学院学报》2015年第4期。
③ 参见王京瑞《古朴的习尚　独特的民情——正定县衣食住行趣谈》，正定古文化研究会编《古圃》第一册，第138—170页。
④ 与此形成鲜明对比的是学术界对于赵县、晋州、藁城三县交界区域，所谓"梨区"的丰富研究，代表性成果有岳永逸：《田野逐梦：走在华北乡村庙会的现场》（广西人民出版社2007年版）、《嬗变的醮会：河北赵县豆腐庄皇醮会调查报告》（与王学文合写）（《民俗研究》2009年第1期）、《传统民间文化与新农村建设：以华北梨区庙会为例》（《社会》2008年第6期）、《传说、庙会与地方社会的互构——对河北C村娘娘庙会的民俗志研究》（《思想战线》2005年第3期）、《乡村庙会的多重叙事：对华北范庄龙牌会的民俗学主义研究》（《民俗曲艺》（2005年第3期）等。研究梨区民俗的学者有几十位，出版专著几十部、论文100多篇。

本资料，对正定进行民俗文化学的解读和阐释，从民俗学研究角度填补正定研究领域中的空白。

三　本书的研究方法

1. 文献法与田野作业法相结合

本书主要采用文献法和田野作业的方法，历时与共时相结合，通过文献法搜集古代文献中有关正定民俗事象的史实、现实或传闻逸志，对正定民俗文化做历史性的考察。同时以田野作业法，搜集尚在口头流传的或为民间文艺工作者搜集整理的口头文本资料。通过对各种文献资料和口头文本资料的系统梳理，以中国民间集成、民间文艺工作者搜集整理的正定民俗文化资料为主，以田野调查中采录的资料为辅，归纳比较，对正定民间民俗诸事项进行分析，从整体上探讨正定民俗文化所独有的民俗文化意义和特征。

2. 类型分析与文化功能分析相结合

正定民俗文化是一个综合体系，内容是庞杂的，对其民俗文化类型的分类，能够为文本分析研究提供更为便利的条件，也易于对每一类型进行深度分析和主题归纳。马林诺夫斯基指出，文化"都是直接地或间接地满足人类的需要。一切文化要素，若是我们的看法是对的，一定都是在活动着，发生作用，而且是有效的"①。也就是说，一切民俗文化现象都具有特定的功能。民俗文化具有特定的文化功能意义，在民众的社会生活中起着维系传统、加强历史记忆的作用。类型分析，能够为功能分析提供更为明确的研究对象；而文化功能分析可以为类型分析提供参证。通过两者的结合，可以更好地对正定民俗文化内涵和意义进行解析与阐释。

四　本书的内容结构

本书从正定民俗文化诸事象的基本面貌和历史变迁出发，分析其民俗

---

① 　[英]马林诺夫斯基：《文化论》，费孝通译，中国民间文艺出版社 1987 年版，第 14 页。

文化的基本形态，研究正定民俗文化中居住、饮食、服饰、生产、交通的物质民俗的变化，研究社会民俗中家庭、村落、婚姻、丧葬仪礼的变化，研究精神民俗中信仰民俗的变化同样体现着民俗与时俱进的特点。正定人的习俗正在融入世界文化潮流之中，就服饰文化而言，正定人传统的服饰在生活中已经渐渐消失，农民也穿上西装；传统婚礼从革命化到西式化再到传统婚礼回归，丧葬仪礼加速改革，等等。笔者通过研究试图提出保护和传承正定民俗文化的框架设想。

绪论部分：介绍本书的缘起，梳理正定民俗文化研究的整理与研究现状，介绍本书的研究方法，提出本书的内容结构。

第一章研究正定民俗文化的地域空间。地域空间指具有一定自然、经济、社会、文化等特征的一种地理范围。每个具体的地域空间是内部各要素按一定秩序、一定方式和一定比例组合而成的有机整体，而不是各要素的简单总和。就地域空间而言，往往有现实与想象之分。地域空间作为现实之地是人们重要的生存之所，作为想象之地对于人们认识地域空间有着重要影响。民俗文化就像千年流淌的滹沱河，蕴含着正定的文化基因，传递着正定地域的价值观念、思维模式、伦理道德、行为规范和审美情趣，润物无声地滋养着正定世代相承的文化土壤，生生不息地融化到民众血液中，深深植根于生产生活的各个方面。随着时代的变化，对于这些民俗文化内涵的理解和传承就像滹沱河的水一样，时而湍急，时而缓慢，甚至断流。正定的民俗事象都与其所处的地域空间有着密切的联系。服饰的材料、样式、饮食习惯和方式、住房的式样与特点等，都与地域空间环境有着千丝万缕的关系。本部分主要研究正定县地域的历史变迁、正定的地形和地貌、气候、河流；研究正定的历史文化空间，包括正定民俗文化的历史源流、历史经济概况和历史生活。

第二章研究正定的物质生产民俗文化。主要介绍的是正定农业、匠作商贸等方面的民俗文化，这是物质民俗文化中属于人类创造的，为了延续生命所必需的形态，但它又不是创造物质形态本身，而是在创造过程中所形成的一些区域或民族所需要共同遵守的生产特点和习俗惯制。正定历史上是个农业生产大县，不仅历史非常悠久，而且内容和表现形态也丰富多彩，表达着自然农业的习俗特点。研究正定的农业生产方式、作物的种类和耕作方式、生产工具的种类和制作、农时节气和生产谚语、农事节日和禁忌等。研究正定的民间匠作和贸易民俗等。

第三章研究正定的物质生活民俗文化，包括正定的服饰民俗、饮食民俗、居住民俗等。服饰民俗包括服饰的特点和历史沿革；服饰的用料和制作；服饰的样式和功用；装饰与功用；服饰的信仰和禁忌等。饮食民俗包括正定粮食、蔬菜和副食的制作和食用；名优特色食品及其制作；饮料的采集制作及饮用礼节；有关饮食的信仰和禁忌等。

第四章研究正定的岁时节日民俗。包括岁时节令和庙会民俗。岁时民俗，是一种极其复杂的社会文化现象。一般是指一年之中，随着季节、时序的变化，在人们生活中所形成的不同的民俗事象和传承。而节日民俗是岁时民俗的一种独特的表现形式。不同的季节，有不同的岁时节日。在不同的岁时节日中，同样传承下来的是不同的民俗事象。岁时节日民俗是指在一年之中的某个相对阶段或特定的日子，它在人们的生活中形成了具有纪念意义或民俗意义的社会性活动，并由此所传承下来的各种民俗事象。一般有周期性，有特定的主题，有群众的广泛参与。

第五章研究正定的语言民俗。语言民俗是民俗事象的一大门类，指听得见的口传形式的民俗事象，包括民间文学与民间语言两部分。这里民间文学指的是神话、传说、故事、歌谣等成篇的作品；而作为民俗文学研究对象的民间语言，指广大民众用来表达思想并承载着民间文化的口头习用语，其主要部分是民众集体传承的俗话套语。语言民俗包括称谓民俗、民间谚语、谜语、歇后语、民间歌谣和民间传说等。

第六章研究正定的人生礼仪民俗，包括人生礼仪习俗、婚嫁礼俗、丧葬习俗等。人生礼仪习俗包括怀孕、分娩生产、月子、报喜、起名、三日、满月、百日、抓周等习俗。婚嫁礼俗包括婚姻观念、传统婚礼程式、婚姻习俗的现代嬗变等。丧葬习俗包括丧葬的思想理念、丧葬仪式、丧葬方式和丧葬禁忌等。

第七章研究正定的民间游艺民俗。正定民间花会种类繁多，有落子、布龙、高跷、竹马、高照、车子、旱船、跑驴、二鬼摔跤、春牛斗虎、狮子舞、架鼓、腊会、花叉等。逢年过节，在城乡街头纵情表演。正定民间流传有多种游戏和竞技项目，它们当中大部分不用任何器具，有的所用器具在农村可信手拈来，有的器具虽需制作，但简单易制，且可多次使用。场地简便易找，庭院、门洞、场院、街头、地头都可以进行。不受时间限制，可因时而宜。民间游艺大多数适宜少年儿童，有的成人和少年儿童皆宜，也有一些项目仅适宜成年人和中老年人。

第一章　正定民俗文化的地域空间

人们的衣、食、住、行等民俗生活的方方面面都与其所处的地域空间和自然环境有着密切的联系。服饰的材料和样式、饮食习惯和方式、住房的式样与特点等，都与自然环境有着千丝万缕的关系。德国社会史家格茨（Hans-Werner Goetz）认为，"日常生活是由各方面的因素决定的"，其中两个因素"非常重要"，一是一定社会群体的阶层归属性；二是有条件地制约居民的生活空间，而且前者取决于后者；因为，人是居民，是所居住的村庄或城市中的一员，所谓"地方"一员。如果说传统世界存在着各种各样的生活方式，"首先是因为（人们的）生活是在不同的生活空间中进行的"，另外，在这个空间内也还存在着不同社会群体的不同生活方式……但这两者又是相互影响的。空间和群体的生活世界也对民俗文化施加着影响，它是民俗文化的背景，来自环境以及给生活打下烙印的条件，而这些条件又是人们按照他们的需要塑造出来的。[①] 民俗首先要有一个地域空间，以装载人们的民俗生活，同时，也给民俗划定了自然的边界，即所谓的"地方性"。民俗的所谓"地方"，首先就意味着共同体的关系生成：民俗生活空间存在于特定的自然—人文生态环境之中，地方性知识内含于民俗生活的逻辑之中，而关系的生成过程即民俗生活的历史运行。[②]地域空间指具有一定自然、经济、社会、文化等特征的一种地理范围。每个具体的地域空间是内部各要素按一定秩序、一定方式和一定比例组合而成的有机整体，而不是各要素的简单总和。就地域空间而言，往往有现实与想象之分。地域空间作为现实之地是人们重要的生存之所，作为想象之

---

① ［德］汉斯—维尔纳·格茨：《欧洲中世纪生活》，王亚平译，东方出版社2002年版，第5—7页。

② 朱小田：《日常史所谓"地方"——由蒋梦麟曾经的日常世界展开》，《中国社会历史评论》2012年卷。

地对于人们认识地域空间有着重要影响。

民俗文化就像千年流淌的滹沱河，蕴含着正定的文化基因，传递着正定地域的价值观念、思维模式、伦理道德、行为规范和审美情趣，润物无声地滋养着正定世代相承的文化土壤，深深根植于生产生活的各个方面。随着时代的变化，对于这些民俗文化内涵的理解和传承就像滹沱河的水一样，时而湍急，时而缓慢，甚至断流。因此，在现代化、城市化加速发展的当下，在紧邻石家庄大都市的正定，民俗文化的研究和传承就显得更加珍贵。

正定的民俗事象都与其所处的地域空间有着密切的联系。服饰的材料、样式、饮食习惯和方式、住房的式样与特点等，都与地域空间环境有着千丝万缕的关系。

第一节　正定的地理环境

一　正定地域的历史变迁

正定县位于河北省西南部，石家庄地区中部，南距河北省省会石家庄市中心 15 公里，北距北京市 258 公里。

历史上，正定一直是郡、国、路、府、县所在地，因此正定的地域，应该从两个角度来表述。先介绍历史上正定作为郡、国、路、府的境域。

汉高祖十一年（前 196），高祖刘邦率大军平定了东垣的叛将赵利，取真正安定之意，将东垣县改名为真定县。

自"真定"这个名称确定以后，以真定为名曾经存在过"真定国""真定路""真定府""真定县"等。

汉元鼎四年（前 113），从常山郡（郡治当时在元氏）分出"真定国"（治所当时在东古城），辖境相当于今正定、藁城等地。建武十三年（37）又归回常山郡。

北魏皇始三年（398），移常山郡治于今正定；北周宣政元年（578），在今正定建石城，置恒州；隋大业元年（605），真定县治所由滹沱河南东古城移至今正定现址。

五代时期后唐同光元年（923），改镇州（治所在今正定）为"真定府"。

宋朝的真定府（治所在今正定）的辖境相当于今河北井陉、元氏、栾城、藁城、新乐、阜平等地。宋庆历八年（1048），置"真定府路"，为河北四安抚使路之一（治所在今正定现址），辖境相当于今河北阜平、藁城、新河、丘县、肥乡、临漳以西地区和河南安阳、林县、汤阴等地。

元朝的真定路与宋朝时的境域大致相同。

明朝仍为真定府，是北直隶省会，今定州、深州、南宫等地均属真定府，"领五州二十七县"。

清初省会自真定移至保定，雍正元年（1723），因避帝名胤禛之讳，"真定府"改名"正定府"，清朝中期以前，正定府（治所为今正定）辖境相当于今河北无极、晋州以西，新乐、行唐、阜平以南地区。

其次介绍正定县域的变化。

唐朝初年，撤销了新市县（原治所在今正定新城铺村）和九门县，将两县的部分村镇划归了真定县。从此，真定县的境域基本稳定，一直到清朝中期没有很大的改变。

明代前期，真定县置18社，天顺六年（1462）裁并了4个社。清初承袭明制，全县仍置14社，共计212个村庄。

清朝中期，正定县境东西宽30公里（60里），南北长35公里（70里），县域面积1050平方公里（4200平方里）。

清代后期，正定县境域开始出现变化，县境西南部的赵陵铺、吴家庄、谭马村、言通、孟通、花园、党家庄、田家庄8个村划归了获鹿县（今鹿泉市），东部的小峰村划归了藁城县。光绪元年（1875），正定县行政区的建制是，城内置32个"地方"（相当于现在的街道）；乡村置12社（相当于现在的乡镇），共214个村。

民国以降，正定县的境域发生了多次较大的变化，划走了很大一部分土地和村庄。民国初年，县境西南部的东邵营划归到获鹿县。1941年，日寇将县境南部的北宋村划归获鹿县；将县境南部的西古城、东古城、柳辛庄、义棠、桃园、庄窠、八家庄、小沿村、小谈村、陈章、西董家庄11个村划归石门市；将县境东南部的小任庄划归栾城县。石家庄解放以后，1947年11月将县境南部的柳林铺划归石门市；将县境西南部的南高吉、北高吉、前太堡庄、后太堡庄、萧家营、杜北、陈村、上京、杜通、南落凌、北落凌、中落凌、纸房头、大河、小河、西贾村、高家庄17个村划归获鹿县。1957 年 9 月，将县境南部的十里铺、石家庄、南翟营、北翟营、土贤庄、南高家营、北高家营、南白伏、白伏口、三教堂、大马村、二十里铺、谈固村、南辛庄、本笃庄 15 个村划归石家庄市。1958 年 9 月，将县境东南部的留村、郝家营、周通、小岗上、凌透、店上、西庄屯、西庄、东庄、豆村庄、西兆通、东兆通、东杜庄、赵村、董家庄、杨家庄、西塔子口、南村、吴家营、东五女、北五女、南五女、小西丈、大西丈、西两岭、中两岭、东两岭、韩通、八方、南豆村、北豆村、北庄、南庄、宋营、东塔子口、侯丈、大丰屯、北中奉、南中奉、小屯 40 个村划归石家庄市。

1965 年 1 月，石家庄市东郊区的南村、西兆通、留村、宋营、二十里铺 5 个公社（乡镇），共辖 48 个村重新划回到正定县。

改革开放以来，省会石家庄迅速发展。1993 年 7 月，留村乡首先划归石家庄市，建立高新技术开发区。2001 年 3 月，滹沱河以南其他 4 个乡镇又全部划归石家庄市。2009 年，石家庄设置开发滨河新区（后改名为滹沱新区，最后定名正定新区），正定的朱河村、郭家庄、丁家庄、罗家庄、三里屯、东关村、西临济、东临济、大临济、固营村、东上泽、西上泽、吴家庄、诸福屯、蟠桃村、南圣板村、中圣板村、侯家庄、邢家庄、西洋村、戎家园村、东洋村、树路村的村庄划入新区。本书在考察正定县民俗文化历史变迁时，会把这些划出的村庄纳入视野。

1985 年，正定全县面积 585 平方公里，全县设 22 个乡、3 个镇，辖 222 个村（街）。有 115241 户，470444 人，每平方公里平均 804 人，是河北省人口密度较大的县份之一。在全县人口中，农业人口 439946 人，占 93.5%，非农业人口 30498 人，占 6.5%；汉族占多数，还有回、满、朝鲜、蒙古、壮、白、土等少数民族。①

由于石家庄城区的扩张，滹沱河以南的许多区域先后划入市区，到 2015 年，正定县辖 9 个乡镇、1 个街道办事处、174 个行政村，总面积 468 平方公里，人口 48.9 万。

县城位于县境中南部，滹沱河北岸。交通方便，工商业繁荣，文教卫

---

① 参见河北省正定县地方志编纂委员会《正定县志》，中国城市出版社 1992 年版，第 190 页。

生体育设施较全，文物古迹较多，是全县政治、经济、文化中心，是石家庄市发展教育、科技、旅游事业的城镇。1985 年，常住人口 41470 人。2015 年县城建成区面积达到 16.3 平方公里，城区人口 15.8 万。"大村小镇"是正定乡村地区的普遍特征。

二　正定的自然环境

1. 正定的地形和地貌

正定县地处太行山东麓，太行山脉平均海拔 1500 米，像一堵石墙将山西高原与河北平原隔开。由太行山向东经过短短 3 万米的山前倾斜平原，海拔高度迅速下降。山前冲洪积扇的中上部，为山前倾斜平原。地形为山前洪积平原，西北略高，东南稍低，海拔在 105 米（陈家疃一带）至 65 米（蟠桃一带）。正定县城海拔高度为 70 米。正定地势较平坦，总的趋势是西北高，东南低，由西北向东南倾斜。全县地貌较单一，县域被滹沱河、老磁河分割成三大块。

正定位于太行山东部的南北 30—60 公里宽，东西 80—100 公里长，厚度为 800—2600 米的一整块沉积岩石上，没有地震带，地震基本烈度 7 度。地表向下揭露厚度 17 米范围内，可分为 4 层。最上层为耕土层，厚度 0.4—0.6 米；第 2 层为轻亚黏—亚黏土，厚度为 2.75—5.5 米；第 3 层为砂类土，厚度为 0.3—5.28 米；第 4 层为黏土。无不良地质现象，地下水无结晶性侵蚀和分解性侵蚀，适宜建筑，适合一般民用及工业建筑。①

全县耕地面积 53 万亩。土壤为洪积冲积物，土壤类型分为褐土、潮土、水稻土，主要是褐土，占土地总面积的 80%，除滹沱河及其沿岸，均属褐土区，土壤养分状况在全国属于中等水平，在河北省属上等水平，是农作物单产高的主要原因。

2. 正定的气候

正定的气候属于东部季风气候区，暖温带湿润区，为大陆性气候。年平均气温 13.1℃，年平均降水量 525.3 毫米，无霜期年平均 198 天。

正定县位于北温带半干旱、半湿润季风气候区。其特点是大陆季风气候明显，春秋短，冬夏长，四季分明。根据中国气候区划分类，正定县属

---

① 参见河北省正定县地方志编纂委员会《正定县志》，中国城市出版社 1992 年版，第 149 页。

于东部季风气候区，暖温带半湿润区，为大陆性气候。主要气候特点是：四季寒、暖，干、湿分明，光照较多，水热同季，降雨集中，旱涝频繁。适于小麦、玉米和棉花的生长。

春季，经常受蒙古高压和海上高压及西来低压槽影响，天气多变，干燥多风。

夏季，印度低压笼罩我国大陆，受太平洋副热带高压前部东南和西南暖湿气流控制，天气炎热多雨，如遇冷空气相交，即可形成大雨或暴雨。年际降水变化大，旱涝差异显著。

秋季，东南和西南的暖湿气流逐渐衰退，干冷的西北气流重新加强，气温迅速下降，气候晴朗凉爽，初秋阴雨较多。

冬季，受较强的蒙古高压干冷气团控制，天气寒冷，干燥少雪，有时强烈寒潮爆发，造成大风降温，偶尔也伴随降雪。

气温：日平均气温13.1℃，最高气温42.8℃（2004年7月15日），最低气温－26.5℃（1951年1月8日）。湿度：平均相对湿度62%。风向：年平均风速1.4米/秒，7级以上大风天数9天，全年主导风向西北风。降水：平均年降水量534毫米。1954年降水量最多达1105毫米，1957年降水量少，仅265毫米。降雪：初雪日平均为12月1日，终雪日平均为3月9日。土壤开始冻结日平均为11月12日，终冻日平均在3月13日，年最大冻土层深度为54厘米（1984年）。日照：平均日照时数2527小时，日照率58%，太阳辐射总量平均127千卡/平方厘米。水蒸发：年平均水面蒸发量1800毫米，年平均蒸发量是降水量的3.5倍。

旱灾是正定常遇的自然灾害。1935年，"正定数月来雨量稀少，禾苗枯萎，收成无望，水田麦粒灌浆亦难饱满，六月十四日仍未降雨，棉苗大半枯死"[1]。正定的旱灾一般多发生在春季，旱灾带来的打击是致命的。

正定的洪涝灾害也是经常发生的。1736年至1911年的175年间，正定共发生洪涝34次，[2] 高居石家庄地区各县之首。1917年"正定河水涨发决口五道，计85村被灾较重"[3]。

①　王心亮主编：《石家庄地区自然灾害史记》，河北人民出版社1990年版，第72页。
②　同上书，第68页。
③　同上书，第69页。

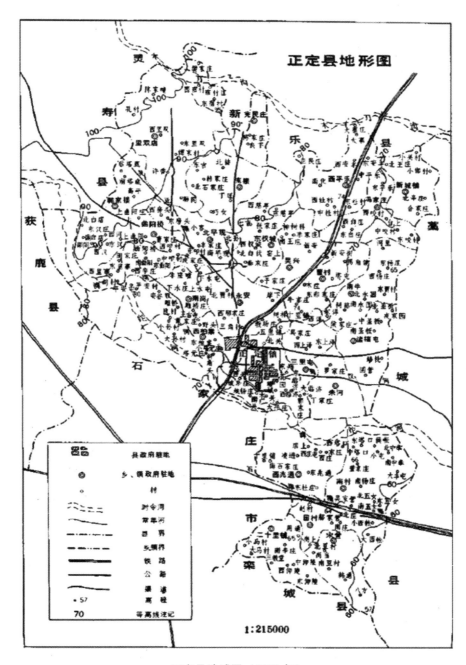

正定县地域图（1985 年）

3. 正定的河流

正定县境内的河流有滹沱河、周汉河、老磁河和木刀沟，南部还有石津总干渠。

滹沱河历史上名称多异。《礼记》称恶池或滹池。《周礼》称虖池。战国时称呼沱水（呼池水），秦称虖池河，西汉称虖池，东汉称虖沱河。《史记》称滹沱，也称亚沱。《水经注》称滹沱。曹魏称呼沱河。西晋称滹沱河。北魏曾一度改称清宁河。滹沱河发源于山西省繁峙县泰戏山下孤山村一带，流经代县、原平县及忻定盆地，自东冶镇以下转入太行山东坡，从猴刎流入平山县，经岗南水库、黄壁庄水库和灵寿县，自正定县北白店村西入境，流经10个乡（镇），40个村，至大丰屯村流出境入藁城县。

滹沱河是流经正定县的最大河流，位于县城南部，距南城门不足1公里，入西北—出东南流向，境内长34.6公里，河床宽3—5公里。滹沱河源头流经山西黄土地区，上游流域面积大，穿越太行山脉时，河道变窄，河流咆哮而下，把上游的泥沙全部冲下，到黄壁庄出山，水势变缓，石子和泥沙开始逐渐淤积形成大片肥沃的平原，使这片土地成为北方最早开发的地域之一。

"雨季水势一望无际，旱季沙洲浅滩罗织，沿河渡口轻舟横渡，上下游则风帆相济。时至民国，河中船舶500有余，往来于正定高家营、深泽乘马等码头。晨曦夕照时，滹沱河泊船如龙、波光如鳞、灯火星流、往来吁号、行业繁多、铺面林立、热闹非凡。河内鱼虾鳖蟹成群，水面天鹅鱼鹰游弋，两岸飞禽走兽栖息，河滨之地绿草繁茂、间杂牛羊……"这是昔日有关滹沱河的记载。生活在滹沱河畔的居民回忆中，滹沱河两岸翠柳成行，滕柳葱郁，宽宽的河水碧波荡漾、水流湍急，夕阳下的滹沱河更是美丽多姿，每到傍晚时分，夕阳铺满大地，洒满滹沱河水域，如颗颗闪着金光的红宝石，悬浮于碧波粼粼的水面，溅起涓涓涟漪，为滹沱河增添了一道美丽的风景线。

自20世纪50年代末起，在距石家庄西北30公里处的滹沱河干流上修建了黄壁庄水库，以作流域内及石家庄地区的防洪、供水、灌溉及发电之用，虽说水库发挥了相应的效用，但也导致了下游河流的严重断流及土地干旱沙化。80年代后，滹沱河河道干涸断流，两岸土地沙化，植被树木稀疏，生物种类锐减，地下水位持续下降，一个丰水区域日趋向贫水区乃至荒水区发展，并已成为主要的风沙扬尘源地。

　　滹沱河属沙性河道，河床较浅，涨落无常，迁徙不定，一遇暴雨，洪渡巨浪，淘剧河岸，塌陷民田，决口为害，俗称"扑塌河""小黄河"。
　　谚语：

> 滹沱河水滚滚流，
> 望着浊水泪双流，
> 何时浊水变清水，
> 沿河荒滩变绿洲。

　　周汉河，紧靠滹沱河东行，绕县城西、南、东三面，由固营村出境入藁城市，河长27公里。周汉河发源于正定县西北部，上游为两股：一股发源于周家庄西北的周泉，取名周河；另一股发源于西汉村东南的韩泉，名西韩河，后称汉河。汉河向东南与大鸣泉、小鸣泉汇为一流，又名大鸣河。周河与大鸣河至雕桥村北汇流，从发源地各取一字，称周汉河。原至柏棠村向南入滹沱河，此段称柏棠河。清乾隆十年（1745）废柏棠河，引周汉河水入护城河。原自均注闸下经临济河入滹沱河。清光绪年间临济河淤废，护城河向东入东大道河，经藁城县只照河入滹沱河。新中国成立后，自发源至出境统称周汉河。该河为西北—东南流向，由韩家楼乡发源，流经9个乡（镇），22个村，由固营村南出境入藁城县，从南只照村西南汇入滹沱河。全长27公里，河床宽度10米至20米不等。周汉河常年流水，春秋季灌溉上游的稻田，汛期可排泄沥水，为灌溉、排涝两用河道。

　　磁河属大清河系，发源于灵寿县马访岩，经灵寿、行唐县，于正定县西北的陈家疃村、西宿村一带入境，西北—东南向，至东咬村、东杨庄一带出境入藁城县。境内长23.5公里，宽5公里，河道总面积61500亩。据史料记载，除清乾隆三十七年（1772）、四十一年（1776）曾洪水泛溢外，久无水，也不行洪。据《正定县志》记载，磁河在清朝以前曾有断续北堤两段，一是陈家疃村北至良下村南；二是在东、西白庄村南。清嘉庆六年（1801）6月大水，磁河于陈家疃村北溢，冲坏堤防，改道入木刀沟。现今，磁河在正定县境内全为干枯沙质河滩，不流水，俗称"老磁河"，也称"磁河故道"。

　　正定县至今还流传着这样一首歌谣"走厢同，过许香，死活就在三

里双……"。它诉说着西北磁河之滨东里双、西里双、里双店一带当年的
贫穷落后。

木刀沟属大清河系，上为磁河。发源于灵寿县的马家岩，经灵寿县、
行唐县，自陈家疃入正定界，东经西平乐乡出境。境内长 10 公里，流域
面积 170.5 平方公里，是一条洪水河道，北部与安国郭村沙河汇流，下称
潴龙河。木刀沟流经正定的年代不长，原是一条小沟，清嘉庆六年
（1801）6 月，大水。磁河决口陈家疃北堤，改道木刀沟，河道逐渐加宽。
民国二十八年（1939）前后，木刀沟自新乐县王村村南约百米处东流，
至鄡邱岛，水分为两股，岛北为主流，仅几尺宽。1949 年河道主流南移，
冲宽为主河道。近年来已形成一条干涸河道，并逐步开发改为农、林、
牧、副生产场地，故道内有解放军农场、县农林牧场及乡属小农场，造防
风林带 4 万亩，利用面积约占故道面积的 70%。

正定县内还有几条小河。

柏棠河，一名清水河，在柏棠村南。西韩河、大鸣泉、小鸣泉、雕桥
泉为其之源。流经斜角头，于李家庄村西入滹沱河，长 25 华里。《正定
府志》载：临流村庄旧种航稻，后渐废寝。清雍正五年（1727）入京南
局疏修，堙者出之，过者流之，雕桥、王古寺等村灌田十顷。乾隆十年
（1745），为减滹沱河水势，自柏棠村南向东挑河 1614 丈，至城西门，引
水入护城河，从此，原柏棠河废。柏棠村以东新挖之河与上游河段统称周
汉河，即今周汉河之中段是也。

护城河，在城墙周围。其水源有三：一是周汉河水自城西门外入护城
河，绕城南门，至城东南角，经均注闸，入东大道河；二是城西北有泉
50 余穴，注入护城河，绕北：东两面城墙，至城东南角入东大道河；三
是城东北角有泉数十穴，名旺泉，一支南入护城河，一支东南流经西洋、
诸福屯等村。

临济河，护城河自均注闸下经大、小临济村入滹沱河。清乾隆十年
（1745），自均注闸挑河 2814 丈，分东大道河之水入滹沱河，至光绪年间
淤废。其水入东大道河。

东大道河，西接护城河均注闸下，东连旺泉河，向东流入藁城县只照
河，再南流入滹沱河。新中国成立后，废东大道河名，与上游统称周
汉河。

旺泉河，发源于县城东北角外之旺泉，经西洋，诸福屯村，于固营村

汇入东大道河（周汉河）。1964 年泉水干涸，河道已废。

王苯沟，在县城东南 30 里，东流入藁城县，即古代蒲吾渠。

阎家沟，在县城东北，由上泽、西洋等村入旺泉河。

白洋河，发源于南杨家庄村西北龙王堂附近，向东南经北五女村北入藁城县；至小丰村入滹沱河。此河早年已干涸。

正定历史上曾是泉水广布的地区，主要有：

（1）韩泉在西汉村东南，西韩河（后改称汉河）之上源。

（2）周泉在周家庄村西北，周河之上源。

（3）大鸣泉、小鸣泉在县城西北 30 里处，曲阳桥，东曲阳村东北，西叩村西南，有泉数十穴，大的如车轮。大鸣泉在西，小鸣泉在东。其水入汉河后名大鸣河。

（4）雕桥泉在县城西北 20 里处，雕桥村北，有泉 45 穴，其水入周汉河。

（5）旺泉在县城东北角外，有泉数十穴，亦名通志泉。泉水分两支，一支入护城河，一支为旺泉河。1964 年泉水干涸。

（6）白雀泉在县城西南，斜角头村南白雀寺中，其水经南关、木厂村入滹沱河。清光绪年间泉水已涸。

（7）恒阳第一泉亦名甘泉。在县城西门外仓南护城河中。

（8）城西北泉在县城西北角外，有泉 50 余穴，其水入护城河。1964 年泉水已涸。

（9）西北角楼泉在县城西北隅角楼下，有泉数穴，其水经崇因寺、隆兴寺后，由东北水道泄入护城河。

（10）柳泉在县城东北隅，约半亩，泉旁植柳。其水由隆兴寺后东北水道泄入护城河。

（11）莲花池在县城西南隅，其水向东，由东南水道泄入滹沱河。1964 年泉水干涸。

（12）东南角楼泉在县城东南隅，其水由东南水道泄入护城河。1964 年泉水已涸。

第二节　正定民俗的历史文化空间

地域文化理论认为，"地域文化对生活在其中的人有着深层的约定，人对生存在其中的文化有着一定的积淀和传承"①。历史是事物的发展过程和个人的经历，过去的事实；文化是事物发展生成的物质文化和精神文化的总和，特指精神文化。历史文化是在事物的发展过程中所形成的物质文化和精神文化的总和。空间是物质存在的一种客观形式，是物质存在广延性和伸张性的表现，众所周知，民俗文化的特质在于它是一种"活态"文化，文化空间是民俗文化赖以传承的载体与其存在传承的环境，是民俗文化继续保持的人们的生活方式。历史文化空间可确定为民间或传统文化活动的地域，是文化表现活动的传统表现场所。历史文化空间作为地域中最具生命力与变化的区域和活力细胞，是一个地域精神文化记忆与传承的最重要载体。

一 正定的历史源流

正定的历史源远流长，拥有7000多年的人类史，历史上与保定、北京并称为"北方三雄镇"，至今正定南城门还嵌有"三关雄镇"的石匾额。清代大诗人朱佩莲曾赞道："九通京华路，真称北镇雄。波警徒骇侧，云压太行东。"

正定的立县，始于秦始皇时期，已有2200余年的历史，一度成为河北地区的中心城市。而"石家庄"从一个小村庄崛起为小城镇，始于1907年，经过百余年的发展，成了省会特大城市。历史的发展就是这样变幻无常，正定反过来成了石家庄的附属。

正定可大书特书的历史，可以追溯到先秦时代。北方游牧民族白狄，在燕、赵、齐三强的包夹中建立的中山国，就在这里传承了百余年。后人贾谊在传世名篇《过秦论》中，甚至将其与燕、赵、韩、魏等相提并论为战国九雄之一。此后，秦始皇统一六国，于此设东垣县——为正定历史上设县立制的滥觞。公元前196年，汉高祖刘邦亲自率兵平息诸侯叛乱，激战数月才夺回东垣城。为盼政权稳固，希望天下政权从此真正安定，改东垣县为真定县②，此后一直沿用至清代。

东晋十六国时期，各少数民族政权在河北一带反复征战，滹沱河沿岸

---

① 高震：《地方电视媒体对区域文化的传承与构建——兼论〈家住西安〉的本土化策略》，《声屏世界》2004年第2期。

② 正定，自1723年之前，为了避清王朝皇帝胤禛的名讳，改真定为正定。行文中为符合历史，故清朝之前均用真定。

的战略地位就格外突出。公元350年，后燕大将慕容恪率军进攻常山郡城真定（东垣），隔滹沱河，在河北岸修筑了军事堡垒——安乐垒。

时光在战乱中流逝，安乐垒在战争中崛起。在连绵不息的战争中，这座堡垒的地位日益加强，不断得到扩建，成为与常山郡城真定隔河相对的新的名城重镇。直到有一天，一个看似偶然的因素，安乐垒迎来了嬗变的新机遇——随着一位新主临幸，军事堡垒升格为郡城，开始了中心城市的新纪元。河北中南部的政治经济中心，从滹沱河南迁移到了滹沱河北。

那是公元397年，北魏道武帝拓跋珪攻克后燕国都中山（今定州），灭掉后燕，第二年，他来到常山郡城真定（东垣），兴致勃勃地登临北望，看到隔河相对的城市，听到该城名叫"安乐垒"，不禁赞叹：安乐，多么美妙的名字。心中不由一动，一个念头冒出：将常山郡治移到安乐垒。

帝王一言九鼎，常山郡一下子就和做了数百年中心城治的真定（东垣）挥手告别，渡河北去，在安乐垒安营扎寨。安乐垒不仅取代了真定（东垣）城的中心地位，而且连城名也沿袭了去。

时移事变，从公元398年常山郡城移至此地起，真定相继为常山、恒山郡治，恒州、镇州治，中京、真定路、成德军、大都督府北都首廓，真定、中山、正定县治，其地位日益显赫。虽然中间一度有变化，就是在北齐时，常山郡又迁回到河南的真定（东垣），在安乐垒设中山县。很快，北周时，安乐垒成为恒州和中山县两级政区的治所，又取代了真定（东垣）城的中心地位。这把河北中南部地域的头把交椅，一坐就是1500多年，直到20世纪初，另一个偶然事变，才又改变了这一地域的政治格局。

正定的第一次兴旺，缘于唐代幽州节度使安禄山、史思明反唐的"安史之乱"。

这场标志着唐王朝由盛转衰的哗变，不由分说地把真定卷入了历史的乱局，却也阴差阳错地成就了这座小城在历史上的第一个辉煌时刻。

"乱世出英雄"，正定的这次兴起绕不开一个叫李宝臣的关键人物。

在今天正定县城的解放街剧场北侧，有一通高大的唐代碑刻。碑额篆书"大唐清河郡王纪功载政之颂碑"，当地俗称"风动碑"。所谓的"清河郡王"，正是唐肃宗李亨赐予李宝臣的封号。当年安史叛军气焰正盛之时，安禄山的一个义子张忠志坐镇真定城，出任恒州刺史，掌控着周边十几处富饶城池。

当安禄山和史思明先后被自己的亲生儿子所杀，据守真定的张忠志自觉大势已去，迅即审时度势，率领恒（今正定）、赵、深、冀、易、定6州兵卒5万人"起义投诚"。不仅打开井陉口的土门关，迎接王师，还协助官军攻打负隅顽抗的莫州（今河北省任丘市州镇）。张忠志从叛臣贼子摇身变成了平乱功臣，获赐皇姓"李"，取名"宝臣"，受封赵国公，享免死权。

此时的唐王朝，被内乱耗竭了气力，早已经败絮其中，根本无力重整山河。只能让李宝臣继续出任节度使，盘踞河北，统领"成德军"，管辖相当于今天石家庄市、保定市、衡水市全境和邢台市北部。

但是李唐王朝打错了算盘。重兵在握的李宝臣胃口大得很，在政治权力上也要攫取一杯羹。他圈地为国、自署官吏，拒不缴纳赋税，甚至擅自指令自己的子孙世袭节度使之职。成德军长达百余年的藩镇割据史就此展开。作为成德军节度使治所的所在，这里成为河北地区的核心城市，在藩镇割据的小王国中，享受着"国都"的待遇，经济、文化在世事纷乱中得以独立、稳定的发展。如今的正定城中，隆兴寺、开元寺、临济寺……处处古刹，举步即是，俯仰可见。这些佛教遗迹得以保存至今，就有李氏节度使的一份功劳。

北宋时期，是真定城垣建筑迅速发展的一个重要时期，城市道路、寺院、道观、水利设施、园林建筑都得到长足的发展。由于河北西路、真定府、真定县三级行政官署都集中在这里，官署、官仓、义仓、常平仓及驻军营所等建筑显著增加，园林、商业也随之发展。开宝四年（971），宋太祖敕令在龙兴寺内的最宽大之处重铸真定大悲菩萨铜像，同时兴建了高大宏伟的大悲阁，这处唐代兴起的名刹由此成为皇家重点扶持的寺院，各种配套建筑相继建成，逐渐成为拥有天王殿、大觉六世殿、大悲阁、摩尼殿、慈氏阁、转轮藏阁6座恢宏殿阁的北方名刹，也成为真定城内一座代表性建筑和重要建筑景观。高达10丈的大悲阁及阁内身高72尺的全国最高的站立式铜菩萨像，重檐九脊四面抱厦的摩尼殿，以及转轮藏阁及其阁内高大精美的巨大木结构转轮藏经橱，都是当时国内佛教设施的极品，名扬全国。真定的园林也名冠大江南北。大凡记述中国园林建筑史的著作，无不提到真定的潭园、海子。

金元时期，真定成为燕京（大都）以南的第一名城。

据《金史·地理志》记载：到金朝鼎盛时期，真定城是当时人口最密集，手工业、商业最发达的城市。至元代，更成为这一地区的政治、经济、文化中心，成为燕京（大都）以南的第一名城，人口10万，与大都相同。元代，在真定设置真定路，隶属中书省。作为河北中西部地区的政治、军事、经济、文化中心，在政治、经济、文化方面，都得到长足的发展。尤其是在杰出政治家史天泽及其侄子史枢等人治理真定期间，注重发展经济，重视教育，培植人才，为真定经济文化的发展奠定了基础。由于多民族的融合，促进了商业发展、文化繁荣和宗教的多元化。此间，重修了前期创建的重要建筑阳和楼、十方定林禅院、观音院，创建了道教宫观——玉华宫。唐宋时期名冠全国的丝纺织业在元代得到进一步发展。唐宋以来开掘的纵横交错的人工河渠到元朝继续发挥排灌和漕运作用。

明朝，真定的地位到了历史最高点。真定路改为真定府，形成了以真定城为中心城市，统辖5座州城和11座县城及若干关城构成的城市体系。真定府城，不仅作为政治中心发挥着管理5州和11县的行政作用，尤其是明成祖朱棣迁都北京以后，真定的地位更为显赫。明成祖朱棣夺取皇位之后，为了培植根据地的实力，频繁向河北地区调兵，在真定城建立神武右卫指挥使司，作为真定、保定府及周围诸州包括衡水在内驻军的最高指挥机构。这时的真定城，军事中心的地位，与同样拱卫京师的天津卫具有同等重要的地位，而且城市规模和建筑规模、历史文化积淀等，都远远超过天津卫，也比元代才开始兴盛的保定城地位高得多。真定城这种特殊的军事地位，使之成为河北中南部具有重要战略作用的中心城市，直辖于京师，成为拱卫京师的重镇，控制燕晋咽喉，沟通京师与西北、西南的交通中心。

明朝真定的卫所军屯，在真定府城市和农业经济发展中发挥着重要作用。真定卫所军屯的设置，对于弥补真定府及各州县人口不足、发展经济、建设城市发挥了重要作用。元末明初的战争，值得真定府一带"人物凋耗，旧存者十仅二三"[①]。洪武、永乐两朝，曾多次由政府组织从山西、江苏、山东等地向真定府大量移民，大兴民屯、商屯。在这种背景下，真定卫所军屯的建立，无疑为真定府增加了重要的人力资源。这些卫所军卒和军屯军丁，为真定府的经济发展做出了重要的贡献。

---

① 嘉靖《真定府志》卷6。

这一时期的城市面貌，出现了前所未有的繁华景象。由于悠久的历史文化积淀，佛教寺院、道教宫观、名人别墅、达官宅第等，构成了真定城独具魅力的城市景观。由于真定卫、神武右卫等卫所的设立，不仅强化了真定城的地位，也带动了真定城市建设的发展。真定府和真定卫、神武右卫的官署以及军政官员的宅第，成了真定城最显赫的城市建筑。雄伟恢宏的龙兴寺大悲阁，是真定城规模最大、建筑结构最具魅力的大型建筑，碧瓦红墙，掩映在绿树修竹之中。天宁寺的凌霄塔，平面呈八边形，通高41米，是当时真定城内最高的建筑物。因为它是佛教浮屠造型与中国传统楼阁相结合的一种建筑形式，挺拔高峻，因此也称为天宁阁。位于真定南大街正中、跨街而立的阳和楼，是真定城内一处独具特色的楼阁式建筑，楼下双门供行人车辆通行，上面为重檐双层楼阁，经过元代重修后，更加壮观，到明代成为一处重要的城市景观。真定城东北隅有一处旺泉，被当地人称为"恒阳第一泉"，是一处重要的城市风景。

到了清代，基本沿袭明朝旧制，真定府仍辖5州11县。顺治十三年（1656），设立保定巡抚，驻真定，1659年改为直隶巡抚，迁往保定。真定城的政治地位逐步让位于保定。清朝统治者十分重视对真定城内一系列名寺古塔的修缮和利用，在客观上维护了真定城市景观的完善，带动了城市建设的发展。康熙四十一年（1702）开始，皇帝亲诏大修真定龙兴寺，和硕裕亲王亲自赴真定估工，员外郎萨哈齐主持，历经7年，浩大工程才告竣工。康熙四十九年到五十二年（1710—1713）康熙皇帝又亲笔为真定大佛寺题写了寺额"敕赐隆兴寺"，并亲笔御制长篇碑文，建造御碑亭，增加了这座千年古刹的建筑景观。还为该寺的天王殿、大觉六师殿、摩尼殿、戒坛、慈氏阁、佛香阁等主要建筑题额19处。康熙的儿子雍正当上皇帝后，也效法康熙皇帝的做法，对佛教禅宗临济派的祖庭——正定①临济寺进行大规模修葺，进一步改善了正定城内宗教建筑景观。自称为"十全老人"的乾隆皇帝，对正定城的佛教寺院也关怀备至。乾隆十一年（1746），他去五台山祭佛，归途中驻正定，瞻仰了大佛寺、广惠寺、崇因寺等正定名刹，并效法康熙皇帝的做法，为隆兴寺撰写了御制碑记，题写了匾额。1748年在大佛寺的佛香阁月台之前建造了御碑亭，丰

---

① 1723年，真定改为正定。

富了大佛寺的景观。乾隆十五年（1750），他巡视河南北归途中，再次驻正定，诏修广惠寺，并为广惠寺华塔题写了"妙光演教"匾额。乾隆二十六年（1761），他在去五台山拜佛时再次驻跸正定，诏修天宁寺，历时一年多竣工。乾隆四十六年下诏重修崇因寺，并拨巨款助修。道光二十二年（1842），在清王朝国力渐衰的情况下，正定府还得到朝廷支持，大兴土木，重修隆兴寺五佛殿。

经过清朝200多年的经营和完善，正定城内的宗教建筑，不仅建筑规模是历史上空前的，而且建筑物的艺术水平、景观价值也是史无前例的。在正定这座文化古城中，宗教建筑不仅是城市的代表性建筑，而且也是最重要的城市景观和最具特色的城市风貌。

二　正定的历史经济

正定一带是经济富庶之区。早在新石器时代，这里的先民就开始了农耕，发展了制陶、纺织等手工制造业。到春秋战国时期，这里的制陶业、纺织业已经比较发达，经秦汉400多年的发展，至唐代已有很高的生产水平，成为重要的纺织业基地，细缣、绵纩是全国有名的纺织品，特别是孔雀罗、瓜子罗、春罗成为丝织佳品，直到五代时期，真定以"锦帛如山，美女如云"而闻名遐迩，引得北方契丹人垂涎三尺。北宋时期，真定的经济发展到了高峰时期，在纺织、冶金、建筑、农业水利等领域创造了前所未有的成就。朝廷在真定设绫锦院，云集了大批织作高手，所织的锦绮绫罗享有盛名。特别值得一提的是，在隆兴寺铸造的高约21米的大悲菩萨铜像，以宏大的气势、精湛的艺术创造力，反映了当时高超的铸造技术水平，直到今天，仍然是艺术精品，成为国宝。元代设织染提举司和纱罗兼杂造局，明代设织染杂造局，真定仍是全国绢的主要产地之一。明初，真定一带开始种植棉花，棉纺织业逐渐发展，到清代，在正定设工艺局，纺织、刺绣、木器、砖瓦、制陶、锻造、铸造等行业都有较大发展。在科学技术领域，明清时期正定府最辉煌的成就当推崇因寺的铜铸毗卢佛（现存隆兴寺毗卢殿内），俗称"千佛墩"，铸于明万历年间，构思奇巧，设计精美，造型独特。铸件分上中下三层，每层四尊大佛像，各朝一方，居于莲座之上。每层莲座的每个莲瓣上各铸一小佛，共计1072尊佛像，通高8米，是中国古代铜造像中的珍品之一。

战国时期，真定一带就有商业活动。特别是成为"市"以后，商业贸易就逐渐发展成为重要的行业。唐宋时期，是真定城繁盛时期，街市成了重要的商业场所。唐代，城南门外是繁荣的"市"场，宋代，市、坊合建，商业移至城内。此时河北西路转运使司驻此，官、民贸易兴盛，为全国二十一大商埠之一。定窑、磁窑的瓷器，太原的铜器，山东的水果等都由此转销外地；真定、定州的丝织品卖与外商，官方也从这里购粮秣供军需。金元时期，真定发展到鼎盛，据《金史·地理志》记载，真定城是金朝人口最密集，手工业、商业最发达的城市。元代，不仅内地人来此贸易，西域人也来此经商。明代，除各行业商店以外，在城内街道和四关设市，十天一轮。清代，城内有工商户 400 余家。

明代，作为中心城市的真定，商业空前繁荣。商品经济的出现，导致了商人阶层的大发展。商贾云集，大批晋商、徽商到真定城行商。随着商品经济萌芽的出现，各地开始形成具有一定区域性优势的经济特色，真定以生产木材为大宗商品，砍伐西部太行山森林资源，成为当时真定府的一大重要商品经济优势，吸引了大批贩木材者。

商品经济的发展，带动了集市贸易，城市集贸市场成为市场与城垣结合的典型形式。集市贸易成为城市最重要的商业活动，在城市居民的生活和经济活动中占有十分重要的地位。由于明朝令河北民间按户养马，所以真定城的马市非常兴旺。原来在南关火神庙前设马市。万历年间，真定知县周应中经过请示两院批准，决定真定城四个大门都开市场，"每关各开五日，周而复始"。

日用消费品交易的集市，真定城内十分频繁。初一西关集，初二小十字街集，初三县府前集，初四阳和楼集，初五南关集，初六顺城关集，初七东关集，初八北关集，初九北门集，初十龙兴寺门前集，各集每十天一轮，周而复始。这期间，发生了一件在今天看来匪夷所思的事。真定有一个知县叫徐天宠，在任期间，清正廉洁，深得民心。后来，他病逝于彰德府，真定城的百姓竟然罢市一天来悼念他。

清代，正定府一带的棉花种植迅速发展，占到农作物种植面积的十分之二三。棉产带动了棉织，于是，山西商人蜂拥而至，常常是布还没有脱机，就被买去，并且出价高。正定府因"郡近秦陇，地既宜棉，男女多事织作，晋贾集焉，故布甫脱机即并市去，值视他处亦昂"①。山西

---

① 乾隆《正定府志》卷十二。

的商人肯出高昂的价钱抢购正定府的棉布，说明这里已经具备了棉花种植和纺织业的商品经济优势，从而导致正定等城市棉花和棉布贸易兴盛。乾隆年间直隶总督方观承在《棉花图·织布》中记载：直隶人织布，"惟以缜密匀细为贵……保定、正定、冀、赵、深、定诸郡，所出布多精好"。

正定的城市集贸市场异常红火。一个明显的证据是税收增加。正定府的税收逐渐严格，对集市贸易照章征税。再有就是随着商业的发展，促进了封建社会传统牙行制度进一步完善，正定府和各州县官署，利用牙行管理和监督商税，登记和监督商人的贸易活动。牙行还经常代官府收买民间商品。另外就是城市典当业的出现，并发展成为一种重要的商业门类。正定城在乾隆年间有当铺20家。

在历朝历代的经营下，正定城垣规模宏大，这从正定城墙的规模可见一斑。城墙始建于北周，原是石城，唐代扩建，改为土城。明正统十四年（1449）又扩建为周长24华里、高3丈、上宽2丈的土城。隆庆五年至万历四年（1571—1576）改建为砖城，周长仍为24华里，高3丈2尺，上宽2丈5尺。城平面似旧制官帽，设四门，上建城楼，各门均建瓮城、月城，出入城须过3层门洞。城四角各建角楼。清光绪二十六年（1900）在西北角与北门间增开一门，俗称"小北门"。

商品经济的发展，促进了正定府各城镇集市贸易的兴旺。每个县都有几个大的集镇轮流作为贸易场所，当然，以正定为中心的城市集贸市场最为红火。在这种经济条件下，正定府的税收也逐渐严格，对集市贸易照章征税。正定"牛、驴、花布、烟、油等税银三十五两七钱九分"，但是，时有上下浮动，"增减不等"。顺治年间，"坐贾本县及各集场落地税银共三百四十两"。

商业的发展，促进了封建社会传统牙行制度的进一步完善，正定府和各州县官署，利用牙行管理和监督商税，登记和监督商人的贸易活动。牙行还经常代官府收买民间商品，牙行的牙侩是一种官府特许的商业经纪人，由官府定额发给牙贴，培植一些具有良好信誉的商人充当牙侩。各府州县"额设牙贴，俱由藩司衙门颁发，不许州县滥发"，意在规范这些牙侩经纪人的商业行为。

城市典当业也成为一种重要的商业门类，几乎所有城市、城镇都有当铺。正定城作为方圆百里的经济文化中心，典当业尤为发达。乾隆年间有当铺 20 家。随着商业竞争的加剧，典当业作为一种高利润的行业，兼并、倾轧、竞争非常激烈。到光绪年间，正定城内"有当铺六座，每座税银五两，共税银三十两"。

三　正定的历史生活

今天偎依在石家庄身旁的正定，已经看不到昔日商贸重镇的喧闹。一条正定历史文化街，诉说着昔日的回忆。

正定便利的交通和紧临大都的绝佳地理优势，吸引了各路权贵商旅。其中，有一个特殊的群体，就是"西商"。所谓"西商"，特指来自西域或欧洲的商客。当时西商手持皇家颁发的制书和驿券，便可享受优渥的经商条件，这使他们乐此不疲地往来于各个城市之间。而正定得天独厚的优势，使它很快成为"西商"们主要的货品集散地之一。富庶的正定城一定让大批的西商赚得盆满钵满，因为在元代官修政书《经世大典》中，频繁出现这一带西商给蒙古军队提供马匹和给养的记录。

西商在真定从事的大宗买卖中，有一项重要的内容，就是丝织品。早在元朝中统三年（1262）忽必烈就曾下诏，劝诱百姓开垦荒田、种植桑枣。元代统治者对于农桑的重视，使真定如鱼得水。

真定的丝织业有着悠久的传统。根据《元和郡县志》的记载，唐代时"恒州（今正定）贡罗、赋绵和绢"以及"孔雀罗、瓜子罗、春罗"等，已被列为上等贡品。元代时，为了便于管理和货品流通，索性就把织染局、绫锦局以及管领诸路促办交纳绵丝的提领所，都设在了紧邻大都的真定。据一位名为纳新的元代学者在《河朔访古记》中的记述，元代的"真定丝织厂"——绣女局，就位于城中开元寺北。不仅如此，真定的绵课税还供养着大都附近 16 位皇亲贵族。官营手工业的发达为真定的经济注入了无穷的活力。马可·波罗在他的游记中这样写道："恃工商为生，饶有丝，能织金锦丝罗，其额甚巨。"

真定到底有多富？看看这组《元史·食货志》中的数据：真定路每年收乳牛课税银 208 锭 30 两、酒税银两万余锭、醋税银两千余锭。到了元朝中期的 1329 年，真定商税收入已接近 6 万锭，财富总额比 60 年前增长近 300 倍。

之所以称元代是真定的"全盛时代"，是因为除了经济的繁荣，它的文化艺术也达到从未企及的高度，展现出空前的多元化。当时的真定富庶安定，吸引了大批金、宋遗民迁居于此，汇集了文学家元好问、元曲四大家之一白朴、数学家李冶、教育家张德辉等一批文化大家，颇具"故都之遗风焉"。多元的人群带来了多元的宗教，真定一城之内，佛教、伊斯兰教、基督教数教并举，"塔殿栉比"。其中的道教宫殿玉华宫，是元世祖忽必烈为祭祀太祖父母所设影堂，"重门紫载，广殿修庑，金碧辉映，宏壮华丽，拟与宫掖"。每到忌日，各路中央使臣官员，函香致礼前来，行三献之礼，真定便真正成了权贵云集的"贵城"。

真定城的富贵安宁，一直维系到了元朝末年。此后一场前所未有的灾难，几乎使真定变为人间地狱，却又给它带来了新生。

明朝初年的"靖难之役"，河北平原是最惨烈的战场之一。建文帝先后派出了耿炳文的 13 万大军和李景隆的 50 万大军驻守真定，迎战燕王。鏖战多年后，真定一带备受摧残，十室九空，以致陷入"春燕归来无栖处，赤地千里无人烟"的境地。1404 年，明成祖效仿秦始皇迁六国富商的举措，从南直隶（今江苏省、安徽省、上海市）"迁大姓实畿辅"。政府组织的官方移民很快引发了连锁反应。随着河北地区人口的恢复，和畿辅之地地位的确立，真定吸引了不少逐利的商人和寻梦的旅者，一些金元时期南逃的北方人，也纷纷返回故里。

一时间，"四方豪杰来居，敷教宣化"，真定这座几乎毁于战火的小城，趁势屡得人才。民风也因此得到了改善，"士以学问相当，以礼仪相尚"，崇尚学问和礼仪蔚然成风。

源远流长的历史，给正定留下了风格独特的名胜古迹，人称"三山不见，九桥不流，九楼四塔八大寺，二十四座金牌坊"。"三山不见"指的是历史上正定曾用过中山、恒山、常山（一说恒山、常山、近山）名字，但正定却没山；"九桥不流"说的是正定大佛寺三桥、府文庙圣人殿三桥、县文庙三桥。凡桥大都因流水而修，而正定九桥则为供人观赏消遣而建，桥下并无流水，所以称为"九桥不流"。"九楼"指东、西、南、北四座城门楼，以及四座城角楼和阳和楼。据历史记载，城门楼乃明万历初年所建，后经明清两代几次重修。阳和楼，位于南大街中段，是具有独特风格的建筑物。楼周围庙宇较多，形成了"庙夹道，道夹庙，十字路口五条道"的格局。阳和楼基高约 3 丈，宽约 2 丈，长约 15 丈。历代帝王、名贤曾为阳和楼题词、题字、建碑，刻着南宋理学家朱熹题写的"容膝"二字的方石嵌放在楼上正中央，明崇祯年间名贤敬送的"广大高明"横匾挂在楼外北侧,另外还有题写"舞鹤齐云""砥柱"的匾额、碑记等。"四塔"为高耸入云的凌霄塔,造型奇特的华塔,端庄秀丽的须弥塔及佛教临济宗的发祥地的澄灵塔;八大寺指的是隆粉寺、广惠寺、临济寺、开元寺、天宁寺、前寺、后寺、崇因寺。"二十四座金牌坊"是过去正定拥有的大小 24 座牌坊,像较大的许家牌坊、梁家牌坊、常山古郡圣德通天、德配天地、木铎万世等。

历史上,正定人杰地灵,名人辈出,"常胜将军"赵子龙、"四部尚书"梁梦龙、"收藏家"梁清标、"北洋三杰"王士珍等均籍正定。据史志记载,仅明清两代正定文武进士就达 118 名,见于史料的文人达 170 多人。作为历代北方文化中心,造就了古城正定的璀璨文化,孕育了正定深厚的文化底蕴。白居易、欧阳修、文天祥等历代文人雅士都在正定留下光辉诗篇和剧作。正定曾是元杂剧鼎盛时期的中心之一,历史上保留了大量诗、词、歌、赋,享有"元曲四大家"之一美誉的白朴更是其中的杰出代表,他的《墙头马上》成为元曲中的标志性作品。正定佛教文化传承不衰,历代高僧大德辈出,涌现出慧净、义玄等一代佛学宗师,特别是临济寺作为临济祖庭,在佛教界和海内外地位之高,影响之大,世所罕见,是中华文化兴盛时期的"佛教重镇"。

古城正定,是首都的南大门,历史上曾与保定、北京并称为"北方三雄镇",至今南城门还嵌有"三关雄镇"的石额,正定是三国名将赵子龙的家乡,也是曹雪芹先祖曹彬的故里。

虽经历代王朝变迁,风雨剥蚀,古城内仍有隆兴寺、临济寺、开元寺、凌霄塔、华塔、古文庙等众多文物古迹。现有国家级文物保护单位 7处,省级文物保护单位 5 处,县级文物保护单位 24 处,颇有历史文化名城的风采,1989 年被列为省级历史文化名城,1993 年被国务院批准为国家级历史文化名城。

正定长期作为郡、路、府、州、县的治所,为北方著名古镇。自有史以来,这里交通便捷,地处要冲,人文荟萃,经济繁荣,文化发达,不仅为我们留下了优秀的文化遗产,更为旅游观光业的发展奠定了良好的基础。如在文化方面,自秦汉至今,帝王将相、才子佳人、能工巧匠、高僧大德,代有人出;诗词文赋、雅音古乐、戏曲小调、民间花会,历代不绝。在旅游资源方面,历代遗留文物众多,自隋代以来,寺院道观、官署民居、塔堂楼宇、碑碣刻石,遍布城区,因而享有"九楼四塔八大寺"

三关雄镇

"古代建筑博物馆"的美誉。千百年来，国内外的文学家、游历家用不同的文体加以记述和赞颂。元朝时期意大利著名旅行家马可·波罗游历正定后，盛赞正定为一"贵城"，可见正定在中国古代对国内外游览观光客的重要影响。

近年来，随着正定的不断发展，正定依托众多的文物古迹，不断开发新资源，自 1986 年以来，先后兴建了荣国府，宁荣街，西游记一、二宫，封神演义宫，探险乐园，军事游乐园，野城和赵云庙等一批旅游新景观与游乐场所。一处处现代化旅游新景点与古城内规模宏大的古寺古塔珠联璧合，相映生辉，每年吸引着数百万中外宾客前来观光游览，古城正定已成为石家庄市规模最大的旅游胜地。

第二章　正定物质生产民俗文化

马克思曾说过，人只有吃饱了饭，才能从事其他的一切社会活动。物质的生产是人类生存、繁衍、娱乐等一切活动的基础。"物质生产是人类生存文化的主体。人类依赖物质生产得以生存，物质生产依靠人类的劳动得以实现。"物质生产民俗就是首先为了保证人类能够吃饱而产生的重复的文化形态，正是这种重复，使生产成了群体所共同遵守的一种活动方式，成为约定俗成的规范。因此，物质生产民俗文化是指人们在创造物质财富过程中所不断重复的、带有模式性的活动，以及由这种活动所产生的带有类型性的产品形式。① 物质生产民俗文化是伴随着人类的生存过程而产生的民俗文化形式。一个人所采取的工作方式，仅仅是个人行为，只有区域或民族之内大部分人共同采取的工作方式，才能成为一种生产民俗文化。生产民俗是一切民俗文化的基础，由当地居民占主要地位的、遵循共同规范的生计方式所决定。

物质生产民俗文化所涉及的内容非常广博。就正定而言，由于正定是内陆平原地域，其物质生产民俗主要包括农业民俗文化、交易商贸民俗。

第一节　正定的农业生产民俗

农业生产民俗历史非常悠久，内容和表现形态丰富多彩，表达着信天由人的自然农业的习俗特点。农业生产完全按时序节令来安排，季节性非常强。春耕、夏收夏种、秋收冬藏，都是农业生产按时序节令季节长期实行而形成的。人们常说的"庄稼不等人""季节不饶人"，表达的就是农事不能违背时序节令这个季节规律。随着现代农业和科学技术的发展，这

---

① 陈华文：《民俗文化学新修》，浙江工商大学出版社 2014 年版，第 120 页。

种局面在逐步得到改变，设施农业的推广，使季节这个千百年来人们一直必须遵循的规律，发生了微妙的变化。农业生产民俗中存在大量经验性的预测农事的习俗。这既是人们在长期的生产过程中形成的经验总结，也是人们遵循天地自然变化规律的写照。在正定一带，有许多谚语都是这种预测农事的习俗。如：

> 立了冬把地耕，能把土里养分增。
> 小雪雪满天，来年必丰收。
> 副业生产冬天搞，莫把农闲空过了。
> 惊蛰地不透，不过三五天。
> 杨絮长，大麦鞲。

在众多的民俗系统中，人们首先从所处的自然环境出发，创造出与生存和发展相适应的生产民俗，并在此基础之上逐渐形成了与之配套的社会民俗、信仰民俗等。人文环境是指由于人类活动逐渐形成的文化环境，主要是人为因素造成的。正定由于滹沱河形成的冲积平原的自然环境，产生了历史悠久的农业生产及独特的生产民俗。生产民俗又随人口迁移和文化交流，而产生出多种多样的传承与变异。

农业生产民俗是伴随着中国古代农业经济生活而产生的文化现象。它具有农业生产的季节和周期性特点，是农民在长期的观察和生产实践中逐步形成的文化产物，既是生产经验的总结，又是指导生产的手段，具有明显的传承性。因此这类民俗涵盖农业生产的全过程。具体包括农业耕作的时序、节令习俗，占天象、测农事的习俗，卜农事丰歉、祈福、禳灾的习俗，农业禁忌、祭祀习俗，农业生产过程习俗等。

一　正定农业生产区域

正定县域地势平坦，但土壤盐碱较多，新中国成立以前曾用挑沟起埝的办法形成埝子田来治理盐碱，埝下存水，埝上种田，但不能根治，三年后埝上又泛起盐碱。周汉河两岸和城内，地势低洼，盐碱较重。春天，不下透雨不长苗，长了禾苗之后，遇小雨又被碱死。雨季一到，遍地积水，内涝成灾。人们对盐碱地的描述是："春季一片白茫茫，夏季雨来水汪汪，旱涝粮棉不结籽，不旱不涝几斗粮。" 对于河滩的风沙危害更是无力抗拒。春季风起，沙浪滚滚。1945年至1949年，被流沙吞没良田1.4万亩，水井250眼。[①]当时，人们描述沙区为："无风遍地白花花，风起沙飞打庄稼，灾小粮棉收一把，灾大籽种不回家。"经过治理，大部分耕地土质肥沃，保水保肥，光热资源丰富，气候温和，适宜小麦、玉米、棉花的生长。按照区域和种植结构，全县分为中部轻壤粮棉区、南部轻壤粮菜区、西部稻麦区、北部沙壤粮棉油作物区。

中部轻壤粮棉区。位于县境中、东、西部，包括永安、三里屯、朱河、诸福屯4个乡的全部和南牛、曹村、吴兴、东权城、冯家庄、北早现、韩家楼乡的部分村庄。这一地区土壤肥沃，水利条件好，种植棉田占全县总棉田1/3，适宜各种作物生长，是正定粮食高产区。

南部轻壤粮菜区。位于县境南部，包括正定镇、西兆通、留村、宋营、二十里铺5个乡、镇。这一地区土质好，肥力高，保水保肥能力强，水利充足，以粮为主，兼种棉花和蔬菜。

西部稻麦区。位于县境西部，包括曲阳桥、南岗、西柏棠、韩家楼、北早现乡部分村庄。这一地区以轻壤土为主，有部分水稻土，保水保肥力强，有机质含量较高，是丰水地带。水稻种植面积和产量占全县的一半以上。以稻麦轮作为主，米质好，产量高，水稻面积占该区粮食作物面积的近一半。20世纪80年代以来持续干旱，水稻种植面积减少，但仍然保持在2万亩左右。

北部沙壤粮棉油作物区。位于县境北部，包括里双店、南楼、完民庄、西平乐、新城铺、冯家庄6个乡、镇和南牛、吴兴、曹村、韩家楼4个乡的部分村庄。土壤质地差肥力低，适宜种植粮食、棉花、花生。

二　农作物种类

1. 麦

秦汉时期，大麦有冬播、春播两种。小麦多为冬播。清代至民国时期，正定境内的大麦有芒大麦、光头大麦之分；小麦也有长芒和不长芒之分。小麦俗称"麦子"，与其他粮食作物比较，小麦口感好，营养丰富，因而民间称为"细粮"，将小麦加工为面粉，分为"细面""粗面"和

---

① 参见河北省正定县地方志编纂委员会纂《正定县志》，中国城市出版社1992年版，第225页。

"麸子"等。其中，"细面"是正定人爱吃的食物；"麸子"则作为饲料和工业原料，将麦草打碎为麦穰，作为牲畜的饲草或烧草、沤制绿肥等。麦草的下半部分俗称为"麦根草"，梳理整齐用作草屋的覆被材料；麦草的上半部分俗称"麦秸""麦秸莛""麦秸草"等，常被用作草编材料。

种麦农活儿有送粪、浇地、撒粪、耕地、耙地、耩麦、浇麦、划锄、治虫、割麦、打场、扬场、晒场等。小麦是秋播作物，秋收作物收获后即耕地、耙地，在秋分前后趁墒情好即开始播种。旧时正定农村种麦有耧播和撒种两种方法。撒播即先用牲畜拉耢开沟，耢子后带一铁圈儿，以拓宽垅沟的宽度，然后播种、施肥，用盖条盖土，7—10天后麦苗即出土。在封冻以前浇一次封冻水。初春，地表土化冻后即开始耧麦，即用三齿钩或两齿钩、钉耙、柴草耙将麦地耧一遍，既能清除枯叶又能松土保墒，提高地温。然后施肥浇返青水，待垅背长出青草后要锄一遍。小麦拔节时浇一次拔节水，开花时再浇一次灌浆水。旧时，浇麦田多用辘轳打水，既费人力，浇灌速度又慢。大多数农家靠天等雨，遇到干旱年，就会收成大减。

正定收麦季节多为芒种时。用手拔麦或用镰刀割麦，用两束麦子打成腰子捆麦捆。将麦子捆成捆运至麦场。旧时多用牲畜拉碌碡轧，现在多用打麦机打或联合收割机直接在地里收割成粒，节省了大量人力。

在正定，有关小麦的农谚极多。如关于小麦种植的农谚说："白露早，寒露迟，秋分种麦正当时"；"白露麦，不施粪"；"麦子不怕草，就怕坷垃咬"。关于小麦浇水的农谚有："冬天麦盖三层被，来年枕着馒头睡"；"浇好越冬水，来年有块好麦地"；"浇足小麦起身水，快快准备盛粮囤"。关于小麦治虫的农谚说："小麦不治虫，半年希望半场空。"关于小麦收割的农谚说："收麦如救火，龙口去夺粮"；"三秋不如一麦忙，三麦不如一秋长"。关于小麦晾晒的农谚说："乘着午后毒太阳，小麦晒场快入仓"；"麦子入囤烫手，一年半载虫没有"。这些农谚是民间对小麦生产规律性的总结和体会，有着一定的科学道理。正定还流传着一首《种麦歌》：

　　种麦好，种麦好，
　　晚麦长得好不了，
　　一到秋分就快快种啊，

呷个呀儿哟,

你说多好有多好。

种麦地,要赶早,

轧进豆叶和百草,

叶草烂了就是粪哪,

呷个呀儿哟,

这个办法真是好。

种麦地,必擦好,

千万莫叫坷垃咬,

精耕细作平如镜啊,

呷个呀儿哟,

每块蓬蓬好麦苗。

2. 玉米

玉米在正定俗称为"苞米""玉蜀黍""棒子""棒棒儿"等,有春播与夏播之别。玉米秸被称为"苞米秸",是饲草、燃料和沤制绿肥的材料。玉米穗皮被称为"苞米皮",是较好的草编材料。玉米磨面后被称为"玉米面",可做食物和饲料,也是重要的工业原料。

明清至民国时期为农家自选品种——"小黄棒子"。1949 年以后,引种"大马牙""金皇后""英粒子""白八趟""邯杂一号""掖单二号""唐抗一号"等品种,玉米产量不断提高。

玉米有春播和夏播两种。春播一般在清明节后,夏播多在夏至前后,有耧播和点种两种形式,播完种子后即浇一次水,称为坐水下种,水渗下后盖土。

小苗出土后即用锄在两条垄中间锄一遍,俗称"拉背儿"。因头一遍锄地时,野草很多。待苗高一尺后即锄二遍地,要求锄得周到,深浅均匀。苗三尺高时锄第三遍,出天穗时锄第四遍。锄地口诀是"头遍浅,二遍深,三遍四遍不伤根"。第四遍锄过后即垄青。垄青就是用粑子在两垄苗之间粑成一道沟,既利于排水,又为玉米根部培了土,防止倒伏。垄青之后即挂锄,直到收秋。个别地方有榜子粒的做法,即玉米粒灌浆时再锄一遍地,称为榜子粒。收获时,将玉米棒子掰下,运至场中剥去外皮,放入用高粱秸扎制的玉米栏子里晾干。

3. 水稻

水稻在明洪武七年（1374），真定府韩太守从四川省带来稻种，在曲阳桥一带教给人们种植水稻。至民国时期，其品种多为农民自选。新中国成立后，在曲阳桥、西汉、西叩村种植"银坊""水源300粒""水源500粒""白金""黄金""垦丰五号""喜峰""中丹二号"等品种，自己培育了抗逆性强、稳产高产的"正定一号""正定二号"水稻良种。水稻种植在清明节前后，即在水源条件较好的地方做苗床播种，待稻苗长至六七寸高时，可拔秧往大面积水田里移栽，每撮五六棵。插秧能手插秧不仅速度快、棵数准、不浮苗，而且站在田边看，一撮撮稻秧，横竖成行。待苗缓过来之后，即开始根据秧苗的长势情况进行挠秧和施肥，使苗根部土质松软有肥力。至稻熟，田中始终要保存足够的水量。有条件的地方，采用流动的活水养稻子，使稻米格外香甜。收获稻子均用镰割。在田边用打稻机（旧时多用脚踏式混桶打稻机）打成稻谷运至场中晾干储存。食用时用石碾（现用碾米机）碾掉稻壳即成白花花的大米。

4. 谷子

秦汉时期有禾。东汉时覯，植禾春播，禾为夏播。魏晋以后，粟（谷子）为人民之主粮。种植面积较大。民国时期，农村普遍种谷，为农家自选品种。此外，还种少量的黍稷和龙爪谷。

5. 豆类

秦汉时期即有菽。西晋时有小豆、大豆。宋元时种植大豆、黑豆。晚清时种植豌豆、蚕豆、大豆、黑豆。民国时期，有青豆、黄豆、黑豆、豇豆、绿豆、豌豆、扁豆、蚕豆、红小豆等。

6. 甘薯

甘薯，俗称山药、白薯、红薯，是一种食用块根的植物，多为红皮白肉。甘薯除可做熟食外，还可粉碎漏成粉条等。薯秧可作牲畜饲料。明清至民国时期，多为农家自培自选品种。春天，人们把留作育秧的红薯母子摆放到在田间地头挖好的薯炕上，上面覆盖一层细沙土，下面烧火加温。等出土的秧苗长到半尺时，剪下来栽到地里。甘薯种植，要经过打垄、刨埯、坐水、抹秧、封埯等程序。待薯秧缓过来后，即进行锄榜，待秧爬满垄后要拔草翻秧。甘薯多在霜降前后收获，割除薯秧，用大镐刨出块根，存放在地窖或甘薯井中。

为了来年育秧，于当年夏季（麦收季节）在春栽的薯田里剪一些薯秧，再剪成若干段，栽到打好的垄上。秋末收获时，这种甘薯块根小但芽眼多，有利于秧苗的繁殖，要很好地井藏。

7. 棉花

明代永乐元年（1403），真定县开始种植棉花，品种为中棉（后俗称小棉花）。其长势：茎高、秆细，叶黄绿色，果枝短，每铃三瓣棉，尖短籽小。后来有紫花棉花。长势与小棉花相同，棉絮为土黄色。用这种棉花织的布不褪色，是正定一带群众最喜欢穿用的布。正定有"枣芽发，种棉花"的谚语。种植棉花的农活有冬耕、春耕、下粪、选种、浸种、播种、间苗、锄地、去枝叶、抹赘芽、打顶心、打边心、治虫、摘棉、晒棉等。正定一带谷雨前后播种，播种前先把棉种浸泡一下，使其努嘴即将发芽，并用适量炉灰搅拌一下，以便发散，不布团，好播种。土壤墒情好时，用耧播种，深约3厘米；土地墒情差时，用锄头刨坑，用水饮坑，进行点播。不论耧播还是点播，行距保持40厘米左右，株距八寸为宜。在藁城市耿村，还实行大小行的做法，即大行一尺八寸至二尺，小行一尺。棉苗出土后，要适时间苗补苗，以后要适时中耕松土，遇旱浇水，并整枝打杈。旧时没有改良品种，棉株小，只掐顶尖，不用整枝打杈。后来有了优良品种，棉株大，要适时整枝打杈，打群尖，打顶尖。要适时喷洒农药，以防治蚜虫、棉铃虫、红蜘蛛等虫害。冀南一带摘棉高峰在中秋节前后，霜降前摘完。在冀南一带，棉田常间种芝麻等作物。

有关棉花的农谚有"谷苣种棉花，气死两邻家"；"棉花锄八遍，棉桃像蒜瓣"。

正定民间有《棉花段》的歌谣：

　　　　天上里星星滴溜溜里转，
　　　　我给你讲个棉花段。
　　　　先说南京归西府，
　　　　后说北京正定县。
　　　　说张三道张三，
　　　　张三使着俩牛打打趔趔上村南。
　　　　把地耕把地翻，
　　　　擦子擦里平坦坦，
　　　　棉花籽找灰拌，

种到地里一大片，

出来了挺好看，

锄头遍拉二遍，

连锄代耪七八遍，

头伏天掐了尖，

开黄花黄落三，

结上桃了一串串，

开里棉花像雪团。

叫大姐叫二姐，

上村南去摘棉，

大姐摘了一包袱，

二姐摘了一幄单，

叫张三担子儿担，

担子儿担到我家鸾，

两头支上木板凳，

当间架着大沙杆，

铺箔子晒籽棉，

晒里籽棉嘣嘣干。

《棉花段》是正定老百姓在长期的生产生活中积累的棉花种植经验。

8. 花生

花生俗称"长果"，果仁称"花生仁""长果豆儿"等，可用于榨油。油俗称"花生油""长果油"；油渣饼称为"花生饼""长果饼"。种植花生的农活儿有耕地、整地、浸种、点种、清棵、锄地、拔草、刨花生、摘花生、晒花生、剥花生仁等。正定县从 19 世纪中叶开始种花生。其品种有"珍珠花生"蜂腰花生"浙江小花生"等。

9. 芝麻

宋元以来，芝麻一直是本地农家品种。1949 年以后引进了一些新品种。

10. 蔬菜

秦汉时期，蔬菜品种有瓜椒、韭、葱、蒜、芜菁、芹、胡瓜（黄瓜）。魏晋时期，新增品种有胡荽、冬瓜、茄子、蔓菁。宋元时，开始在温室栽培韭菜，"至冬移（韭）根于地屋荫中，培以马粪，暖而即长，高可尺许，不见风日，其叶黄嫩，谓之韭黄"。明清时期，又增植萝卜、莲藕、白菜、芥菜、菠菜、雪里蕻、云针菜、南瓜。民国时期，引进西红柿、莴苣、葱头、苤蓝。

新中国成立后，蔬菜种类主要有西红柿、白菜、冬瓜、南瓜、北瓜、黄瓜、金丝瓜、茄子、马铃薯、葱头、菜豆角、芸豆角、小茴香、芹菜、芫荽、萝卜、葱、蒜、芥菜、菠菜、韭菜、莴笋、苤蓝、芜菁、芦笋等。

正定县种植蔬菜历史悠久，传统特产有西关韭菜、三桩包头大白菜、绿萝卜、心里美萝卜等。

西关韭菜源于明代。有独特的风味。品种分为"紫根笨"和"白苗菜"。"紫根笨"抗寒力较差，适应春季种植。清明节即可割头茬，一年三茬，亩产达1.5万斤。叶片黑绿，根系发达，味浓口鲜。"白苗菜"抗寒力强，是保护地栽培的理想品种。"西关韭菜"纤维少、肉质嫩，远近驰名，清代曾为贡品。

三桩包头大白菜是四合街特产，过去，按原地名称"南仓大白菜"，种植历史悠久。正定南仓居民半农半商，以农为主，种粮又种菜。这里出产的大白菜很有名，到了清代，地以物传，就叫"南仓大白菜"。这种白菜棵大叶肥，颜色白嫩，里面的叶子互相重叠，外面一叶满球包顶，不但好看好吃，而且好熟，所以又叫"开锅烂"。① 清代以来，其白菜籽运销湖北、湖南、山东、山西，半个中国都晓得"南仓大白菜"。关于种白菜的农谚说，"白菜不吃五月土，味要变样又难煮"。

绿萝卜、心里美萝卜色泽鲜艳，品质细腻，糖和维生素含量高，生吃脆甜爽口，开胃消食，尤其在食用肉食之后，吃几口绿萝卜，顿感清胃爽口，油腻全然清除，故有"绿萝卜赛鸭梨"之赞誉，熟吃香甜四溢，理中益气，老少皆宜。

过去，农民挖地窖储存蔬菜，以保证冬季对于白菜、萝卜等的需求。现在，蔬菜大棚技术兴起于山东，后传至正定。

11. 瓜果

（1）西瓜，新中国成立前有"花皮""黑皮""三白"品种，个儿大，皮厚，瓜瓤沙甜，都是农家自选品种。新中国成立后的品种有"黑油条""黑崩筋""梨皮""花狸虎""核桃纹""三白"等。20世纪70

① 贾大山：《贾大山小说精选集》，作家出版社2014年版，第175页。

年代，引进山东农家品种"喇嘛瓜"（又名长密瓜、西洋枕），推广了本省优种"三结义""高顶白""大麻子""柳条青"等。80年代的主要品种有"中育6号""枣花"（旭东瓜）"蜜宝""琼酥""兴城红""苏密1号""郏州3号"。还有杂交一代良种："石密11号""石红1号""石红2号""丰收3号""郑杂5号""新澄1号""金花宝""金钟冠龙""新红宝""美国乌皮黑"等。由于品种更新，产量不断提高。

（2）甜瓜，有花皮、黑皮、翠绿皮以及红籽、白籽等品种。还有面瓜、羊角蜜。

（3）菜瓜，有黑皮长型、翠绿皮长型以及红籽、白籽等品种。

（4）酥瓜，翠绿皮圆形。

明清时期，一年两熟制普遍推广。从一年的轮作，发展为多年轮作，并开始间作套种。有大、小麦和黍轮作，粟、豆和薯轮作，豆类与粮食、经济作物间作套种等。民国时期，棉花为春播，一年一熟。粮食作物水浇地为一年两熟或两年三熟，沙地、盐碱地为一年一熟。新中国成立后，间作套种、复播轮作不断发展。实践中形成了小麦以三七垄、四六垄和三密一稀，麦垄点播玉米一年两种两收的耕作制度，适合正定的土壤、气候等自然条件，是粮食增产较好的耕作制度。

三　农业工具

战国时期，有铁犁、铁耨、镬、锸椎等。汉代，铁农具有犁、锸、锄、耨、镰、耙和三脚耧。犁有大中小各种类型，并装铁犁壁以翻土。东汉时犁锋角度缩小，刃部加宽，有了全铁曲柄锄和锻镰。魏晋南北朝时期，有犁、铁齿人字耙、劳（用树枝编成）、陆轴、锹、镭、锄、镞和一脚耧、二脚耧、三脚耧等。隋唐时期，犁改为短曲辕，控制深浅。人字耙、方形耙均改为木制。有砺礋、碌碡。宋元时期，对农业生产工具作了科学分类，并有很多改进和创造，使之一具多用。耕地工具有犁；整地工具有人字耙、方形耙、劳、挞、碌碡、砺礋、镬、锸等；播种工具有耧车、砘车、瓠种；施肥工具有耧车附加肥料箱，将肥随种施下；中耕工具有耨（短柄锄）、锄（长柄锄）、镫锄、铲、镰。明清时期，整地工具有犁、耙、擦、铁锹、铁镬、铁耙子、刮板；中耕工具有锄（宽板、狭板、长条、丁字）、耙（四齿、六齿）；播种工具有双脚耧、三脚耧、砘子。民国时期，仍使用过去的耕作工具。

新中国成立后，增添了五时步犁、七时步犁。合作化初期，使用了双轮双铧犁、三铧耘锄、七铧耘锄。

春秋战国时期，镰刀用于连杆刈获，铚用于刈穗。秦汉时期，有镰、铚、枷等。魏晋时期，铁制镰刀上装木柄，刈禾更为方便。宋元时期，收割工具有麦钐、麦绰、麦笼、粟鉴、镰、推镶、铡等。脱粒工具有杵臼、石碾、碌碡、扇车、连枷、耙子、刮板、箕、帚等。明清时期，有禾镰、麦铲、两齿叉、三齿木、碌碡，连枷、扇车、刮板、耙子、木锨、推桓、筇箩、簸箕、筛、帚等。民国时期，仍然使用镰刀、镢头、钐镰、推板、木叉、铁叉、扇车等。这些工具一直使用到合作化初期。

合作化后逐渐推广使用脱粒机、收割机、联合收割机、扬场机、打稻机等机械。

灌溉是正定农业的根本。汉代，正定县出土的汉代陶器，有在井架上装滑轮用环式绳索柳罐从方口井中提水的模型。魏晋时期，人们已普遍使用辘轳、戽斗、柳罐提水灌田。唐代，开始有水车，以木桶相连，汲水于井中。宋元时期，使用畜力拉水车，多数农民用辘轳浇地。明清至民国时期，中等以上的农户使用畜力拉八卦水车灌田；贫农家仍用辘轳浇地，后期有了管子水车。新中国成立初期农村普遍使用八卦水车和管子水车，有部分农民使用辘轳浇地。机械灌溉和电力灌溉机具逐渐推广。

四　耕作习俗

在漫长的严寒里人们熬了一冬，盼来春节。春节过后农夫们几乎天天翻着那个皇历，立春、雨水、惊蛰……口里数念着"七九河开，八九雁来，九九加一九，耕牛遍地走"。随着天气渐渐变暖，桃花开了，杏花落了，农家平整土地、运肥、耙地保墒，人人挽起衣袖下田劳作。"谷雨前后，点瓜种豆"，谷雨是春季最后一个节气，气温稳定，冬小麦已经一尺来高，正是播种棉花、谷子等农作物的大好时机，遍地骡马驴牛，遍地男女老幼，播下种子，播下一年的希望，盼风调雨顺，五谷丰登。

七八月，谷子、玉米、高粱长到一人多高，棉花、豆子长到齐腰深，把大地封得严严实实，雾烟不透，大豆、谷子等农作物的花大都隐蔽小巧，没有耀眼的五光十色，却也散发着清香。北方的青纱帐是神秘的、诱人的。古往今来它演绎过多少动人的故事。这时气温高，闷热，蒸发量大，老百姓讲，"伏里天，五天一大旱，三天一小旱"，老天爷不下雨，地里的水车昼夜叮叮当当响，浇地的人急得心焦，累得回到家爬不起来。农家说"伏天旱，卡脖旱"，眼看粮食要到手了，若不下雨浇地会绝收，是最令人焦虑不安的。

北方自然灾害多，水灾、旱灾、虫灾、雹灾等平均两三年一次，农家抗御自然灾害能力差，即使辛辛苦苦耕作一年也难以把握自己的命运，仍是靠天吃饭。连年灾害常常逼得农家走投无路，尤其是那小户人家更是难以忍受煎熬之苦。久旱不雨农夫会成群成伙求神拜佛，祈天赐大雨，拯救一方黎民百姓。

农民种地不同于经商，土地一方绝不会耍手段，设圈套，坑蒙拐骗农民，土地会毫不自私地将肥力、水分奉献给扎根于它的庄稼。农家取得好收成的经验是"粪大水勤，不用问人（收获）"。农民从播种到收获是三五个月或更长时间，一个周期则需一年功夫。投入心血大，但收获如何，很大程度看天年（气候），不完全由人。耕作使农民渐渐养成"勤劳、淳朴、节俭"的良好品质，同时也造就了狭隘、自私、守旧的意识。

场是农村特有的一种劳动处所，集体化以前，每家会有自己的场。集体化后每个生产队就有一块自己的大场，特别是麦场。麦场有固定和临时之分。

每到阳历5月底、6月初，麦田开始泛黄的时候，人们都会在靠近村边、交通便利的田间地头，硌出一块场来。场的大小，因土地面积的多少而定。首先到事先选好做场的地头拔麦子。之所以用手拔而不用镰刀割，是为了不留麦茬，好保证场面的平整。拔麦是件很费气力的活计，一片麦田拔下来，即使是久作的老手，也难免会生出水泡来，通常一个早晨下来，场面也就拔出来了。

场面拔出来之后，便是硌场了。人们把沟畦稍作平整后，便洒上水，上面再铺一层干草麦秸，然后用拖拉机，或牛，或马拉了重重的石碌碡，满场地轧来轧去。两天过后，把早已轧碎的草秸清理干净，一块整洁干净平滑的场便呈现在了人们的眼前。接下来便是搭窝棚、抻电线，并拉来大水缸以备防火之用，摆放在场的四周。

等把这一切收拾停当，从其他田里收割而来金黄的麦捆就开始上场了。半个月后，场上原来那堆砌如山的麦捆垛不见了，取而代之的是农户门前状如蘑菇的麦秸垛和房顶上那金灿灿的麦粒。农村的麦收结束了，场院也复归于平静，水缸送还了各家，就连窝棚也拆除了。于是又是在一天的早晨，把场犁了，种上萝卜、荞麦等生长期短的农作物，以待秋收时再作场用。

正定农村打麦场

打场是严肃而欢乐的事。谷场晒一上午一中午，便早早起晌用牲口拉碌碡轧三遍，除去轧碎的秸秆，其余部分借自然风力用簸箕扬，扬去糠剩下一粒粒金灿灿的谷子或豆子，再装入口袋，一袋袋戳立在场上，再按耕种亩数、收成粮数算算每亩收多少。扬场、装口袋绝不允许人们说些不吉利的话，尤其要管好小孩子们的嘴，农夫认为"说"会散财的。

秋收季节是繁忙的、劳累的和喜人的。从白露开镰到刨山芋、割棉花秸净地时间长达两个多月，多数人家收割早熟的黍稷后，将土地泼些水、加柴草用碌碡轧几遍作为打谷场，收割谷子、豆子后，一垛垛的打谷场里，夜间得有人看守。

割谷子、掐谷穗、掰棒子、摘棉花，都是一家男女老少齐上阵，有时还请人帮忙或雇短工，许多人聚在田地里，热热闹闹，不时有人说个笑话，开个玩笑，对于平时交流不多的小农来说，这么多人在一起是件新鲜事，集体劳动尤其给那平时很少出门的大姑娘小媳妇带来无限快乐，休息时人们围个圈儿席地而坐，到自家地里拔个蔓菁或挖些胡萝卜，用鲜嫩鲜嫩的缨子拧拧泥土，咬着那水灵灵清脆脆的萝卜、蔓菁，咽下去感到格外爽口香甜。有的人年龄不大辈分大，尤其是那些小婶子是人们逗笑的对象，动嘴动手，泼泼辣辣，常常引起人们捧腹大笑，甚是开心。

五　农业灌溉

正定春天多旱，秋季多涝，是旱涝灾害经常发生的地方。正定过去大部分土地都是旱田，种地靠天收，即便有水井，如遇旱年亦会干涸。所以，雨就成了农业生产的命脉，它直接影响到粮食收成的好坏，对老百姓的生活稳定起到了举足轻重的作用，所以民间有"春雨贵如油""及时雨"等说法，这也说明雨对于农作物是何等的重要。因此，农田水利建设自古以来就受到农民的重视。为抗御春旱，过去打井较多。汉代，井为方形，井口有"井"字形木框。在东柏棠村东发现汉代古井12眼，其中两眼用陶瓦衬砌。汉代已用井架滑轮提水。民国时期仍有很多旱田。隋代以前，用辘轳提水灌田。唐代，开始用简单的吊桶水车。清代，用木制八卦水车和辘轳。民国时期，用铁制八卦水车和辘轳。民国二十四年（1935），南高家营村何剑发明一种手摇管子水车，日灌田8亩。20世纪40年代，正定县始有畜力拉的管子水车。新中国成立后，政府重视发展水利事业，领导群众打新井、修旧井，推广管子水车。70年代消灭了旱田，达到百亩耕地一眼机井。

过去遇到大旱之年，无法度过，民间要举行"求雨"，以求上天开恩下雨。由于当时人们对气象知识知之甚少，人们把干旱无雨视作得罪了龙王爷而遭到惩罚，为此老百姓自发组织设坛祭祀，祈祷龙王爷开恩赐雨，人们称此举为"求雨"。正定求雨上至朝廷下到知县，历代都被官家所重视。

请龙求雨仪式和其他地方大致相同，县城以西的村街一般都到曲阳桥的"老龙池"去求，自己村里有龙王庙的，无须再到外村祈求；县城内求雨大多是在城隍庙设坛，由当任知县、道士率众百姓行二跪六叩首礼，诵"求雨词"，礼毕抬上龙王爷的坐像，浩浩荡荡，敲锣打鼓，鸣放炮仗，奔西北街"龙王堂"而去。从城隍庙到西北街"龙王堂"约5里之遥，所过之处扫拭一新，净水泼街，临街住户各自或水缸或水桶等，注满水后置于自家门外，供求雨队伍过来喷洒。在这上头没有哪一家偷懒而不去预备，按老百姓讲这叫行好。

求雨的人们皆手持柳枝，头戴柳条编制的帽圈，赤背裸足而行，他们一边走一边用柳枝向路边的水桶内蘸水挥洒，一边喊着"龙王爷，下雨吧！"有的拿着足有两三米长用竹子做的水枪，就像儿时用一节竹竿、一根筷子做的那种玩具水枪一样，从水桶里汲水，然后反过来墩在地上，两手抱住竹筒往下按，由于竹筒粗阻力大，有时两个人一起按，顷刻间被挤出的水柱银蛇般蹿向空中，随后哗啦啦落下，人们不躲不避，有的干脆就直接将水枪冲向人群喷射，喷到谁谁吉利，意味着沐浴圣水；县太爷和大家一样，不分尊卑，赤背行走在求雨队伍中。

求雨队伍中还有一个重要的角色，一名属龙的老者，被一条十几丈长的铁链锁住项背，然后蹓着铁链的另一端前行，被锁老者为龙头，铁链为龙尾，这叫缚龙。铁链是由手指粗的铁环相连而成，非常沉重，故此，铁链两边还有帮链人员，他们手拿一根带钩的铁丝，钩住铁链一起向前拽，如若拽到某一家门前路是干的，没有泼街，那么这些帮链人员就会将铁链提起，悬空走过，意思是告诉这家主人，你家在求雨时没有付出劳动，等龙王爷赐雨时也要揭过你家地。其实，这也是人们对神灵的一种寄托，对风调雨顺的一种期盼。

如此锣鼓喧天，熙熙攘攘地来到"龙王堂"后，人们把龙王爷放到北墙根下暴晒，意思是让龙王爷品尝一下烈日烘顶的滋味，大家上供拈香，诵经叩拜，口中祷念着"龙王爷，把基登，多下雨，少刮风，五谷丰登好年景"等祈福词，祭祀完毕从"龙王堂"取一瓶水带回来放到城隍庙，意味着将雨求回。求雨队伍不走重道，去时走此路，回时走彼路，不过再怎么累，求雨人中途是不会休息的，因为在哪里休息雨就会降在哪里。

据说当时求雨很是灵验，一般一两个时辰内，不管大雨小雨，总会慰藉一下虔诚的百姓；若不降雨，属龙老者的铁锁不卸，并将其囚禁一屋来日再求。此老者的选取采用自愿方式，被视为做善事，如若降雨就会唱戏，以谢龙恩。

随着社会的进步与科学的发达，农民浇地用上了潜水泵，政府拨款打了深水井，什么时候想浇地，只需轻轻一按开关，清冽的泉水就从百米以下被抽上来。求雨成了历史。

六 正定农村养殖习俗

作为农业大国，中国农民除种植之外，一般还以家庭养殖作为副业。

养殖民俗是指在以家庭为单位的动物养殖中所形成和传承的民俗，包括对各种动物保护神的祭祀习俗，养殖动物过程中的禁忌习俗和养殖过程中积累的经验经世代相传演变而成的习俗。

春秋时期，正定人民即以农业生产为主业，放弃了畜牧业。战国以来，农民饲养大牲畜视为代人耕田，未将畜牧作为主业。农民历来有饲养猪、羊、鸡的习惯，均为副业。新中国成立后，农民有了土地，大牲畜迅速增多。合作化以后，随着农业机械的增加，大牲畜逐渐减少。随着农田基本建设的开展，猪只不断增多。回民养羊，多数户圈养一两只，少数户群养放牧。20 世纪 80 年代以来，发展商品生产，出现了养奶牛、奶山羊、肉牛专业户，笼养鸡、圈养鸡专业户，养猪专业户等。

传统饲养的大牲口有牛、马、驴、骡子等，畜禽类有猪、羊、鸡、鸭、鹅等。正定的耕畜历来以外购为主，繁殖为辅。新中国成立以来，大牲畜的品种有蒙古马、关中驴、渤海驴、荷兰牛、蒙古牛、南阳杂交牛等品种。生产队时大牲口统一喂养，有规模较大的牲口棚和专职饲养员。这些大牲口主要用于农业生产，如耕耩砘耙、拉车驾辕。农村责任制后，牲口分到农户；随着机械化的发展，到 20 世纪末，饲养牲口的农户明显减少，如今大牲口在农村已不多见。1976 年兴建奶牛场，开始养奶牛。此后，奶牛在全县迅速发展。

战国时期，农户养牛，忙时家养，闲时放牧，这种饲养方式沿续很久。秦汉时期，割青草饲养牲畜，富有营养价值的"苜蓿"（又称光风草）已传入。北宋时，草茂时放牧，放前先饮水，然后食草，则不腹胀。将青草与干草铡细和匀，夜间喂养。无青草时家养。民国时期，大牲畜多为家养，放牧甚少。新中国成立后，大牲畜全为舍养。饲草以谷草为主，兼喂花生蔓、红薯蔓、豆秸等以及棉籽皮。饲料以黑豆、高粱、玉米为主，兼喂红薯干、麸皮、花生饼、棉籽饼等。白天使役，中午、晚上喂养。

汉代，正定县农家已开始设圈养猪，既积肥又食肉。农谚曰："种地不养猪，等于秀才不读书。"清光绪年间，民间喂养黑猪和杂交大白猪。民国时期，正定的猪为地方杂交品种。新中国成立后，大部分农民喂土种杂交猪，城东和南部的部分农民喂深县猪。后来陆续引进了昌黎猪、约克夏、巴克夏、长白、芦白、新金、金华、荣昌、内江等猪种。自古以来，农户养猪喂以糟糠、剩饭菜等。元代，用青粗饲料搭配精料发酵后喂猪。明代，"熟喂"已很普遍，并注意饲料多样化。猪多时，总设一大圈，再分为数小圈，每小圈只容一猪。民国时期，正定县北部村庄农民放养母猪和仔猪，其他村庄仍为分户圈养。新中国成立后，奖励养猪积肥。沿滹沱河、老磁河村庄的农民喂养母猪、放养仔猪的逐渐增多，其他地方仍为分户圈养。集体化后实行集体养猪与分户养猪并举。这个时期的粗饲料有粉碎的农作物秸秆、红薯蔓、花生蔓和青贮饲料。精饲料有糠麸和华北药厂的玉米渣以及酒厂的酒泥等。普遍推广发酵饲料或糖化饲料，结合青贮饲料打浆喂养。过去，农村每家每户都养着一两头猪，多用于年终宰杀过年。用于过年的猪不管公猪母猪都要在半大猪以前阉割，所以当时喊叫"劁猪毫"的人，经常推着挂红布条标志的自行车走村串巷，为农户"劁猪"。一般村里有一个或几个宰杀技术熟练的人，进了腊月就忙起来，这家请那家叫，不但管一顿饭，还要割几斤脖头肉捎走。

正定农家养鸡，历史悠久。千家万户分散喂养，数量不一。品种以传统紫鸡为主，还有九斤黄、十斤青，以及少量莱航鸡。自古以来，正定农户多在院内放养三五只、十来只鸡，自觅食为主，兼喂粮食、糠麸等。院内建鸡窝，或夜栖树上。这种饲养方法，一直延续至今。家庭主妇对母鸡感情最为深厚。在以前的贫苦生活中，养鸡既是农家日常摄取蛋白的重要途径，也是日常零花钱的主要来源。因此如何饲养好母鸡，便成为家庭主妇的重要话题，以至于流行着这样的俚语："老婆婆三桩急：闺女、外甥、老母鸡"；"老太太半条命：母鸡、闺女和外甥"，蛋鸡是家家都养的禽类。过去，每到柳絮飘飞的时节，村子里就响起"我卖小鸡儿喽，我卖小鸡儿"的叫卖声。村子里几乎每天都要来驮着装满鸡雏的笼子的人，他们把几个鸡笼摆在树荫下，让人们挑选。这时候买的鸡雏，一般到秋后就能下蛋。鸡雏里出现的公鸡，大多到年前就自己宰杀或到集市上卖出。也有自己家孵化鸡雏的。遇到出现抱窝鸡时，一些农户就放十几个鸡蛋让它孵化、带养。孵化时只有家庭主妇监管，禁止男人靠近，认为男人一接触就要出现孵不出鸡雏的毛蛋。

从元代起，回民陆续迁居真定，养羊业随之发展，一般为家庭分散饲养。品种有大尾巴寒羊、小尾巴寒羊、蒙古绵羊、土种绵羊、本地山羊和奶羊等。

过去，周汉河沿岸村庄和正定镇一些农户利用当地水面放养鸭子，作为家庭副业。个别户养鹅多为看家。20世纪70年代后期，养鸭、鹅作为商品生产得到发展。曲阳桥、刁桥、韩家楼、里双店、平乐，朱河等地养鸭较多。咬村、新城铺、平乐、曹村等养鹅较多。

现在，一般农户除了养鸡、养羊，大多不再养猪。原因是猪要圈养，在院子里放养太脏乱，而且各种规模的猪和蛋鸡的养殖场遍及农村，规模效益比单养效益明显提高。

七　农业谚语

正定称农业劳动为"营生""活儿"，称从事农业劳动为"干活儿""下地""做营生""做庄稼活儿"等。正定有预测收成的习俗，民间有预测农时和总结农业生产经验的习俗，形成了一套民间谚语：

一九二九冰上走，三九四九不出手，五九六九沿河看柳，七九河开八九燕来，九九十九耕牛遍地走。

二月二龙抬头，万物复苏年开头，羊年吉祥好兆头，大地小草抬了头，风调雨顺看日头，二月二龙抬头，庄稼树木绿了头，乙未发展有来头，农民生活有奔头，和家团聚羊领头，说话不要过了头，夸夸咱这好年头。

桃三杏四梨五年，枣树栽上就见年。

冬天麦盖三层被，来年枕着馒头睡。

头伏萝卜，二伏菜，三伏种荞麦。

秋分早，霜降迟，寒露和麦正应时。

芒种见麦茬，前晌不拔后晌拔。

谷雨前，种织棉。谷雨前后，点瓜种豆。

六月六，怀谷秀，花上花，四十八。

立夏见麦芒。

进入夏至六月天，黄金季节则抢先。

到了夏至节，锄头不能歇。

去暑不露头，割下喂了牛。

有钱难买五月旱，六月连阴吃饱饭。

三月三的风，四月四的雨，麦子黄疸，谷子秕。

五月连雨阴天日，大锄小锄把锈生。

种地不按节，必定把嘴噘。

霜降不出葱，必定半截空。

不宜早，不宜迟，小满套种正应时。

芒种三天见麦茬。

收麦如救火，不能往后拖。

夏至地里草，胜似毒蛇咬。

夏至定禾苗。

小暑前，草锄完。

棉花入了伏，三天两头锄。

头伏打顶，二伏打杈。

立了秋，挂锄钩。

立了秋，大小一齐揪。

立秋十天动镰刀。

处暑见三新（棉、谷、豆）。

白露谷子秋分豆，穿插就把玉米收。

秋分麦入土。

秋分奶白菜。

早谷晚麦，少收莫怪。

早谷晚麦不上场。

霜降至立冬，翻地除害虫。

立了冬，麦不生。

地冻车响，白菜正长。

立冬萝卜小雪菜。

夜冻日消，冬灌正好。

地不冻，犁不停。

大雪忙起土，冬至压麦田。

立夏风头死。

清明前后麦怀胎。

清明麦田漫乌鸦。

谷雨麦打苞。

第二节　民间贸易民俗

正定地处交通要冲，经济较为发达，从而形成了特色独具的贸易民俗。

一　集市

集市是民间贸易的重要场所，也是贸易民俗诞生和成长之地。通过集市，可以看到正定贸易民俗的一些特点。在正定，集市被统称为"集"，到集上买东西称为"赶集"，没有要紧事而到集上看看，被称为"闲赶集""逛集"。

集市有固定地点。集市地点的选择，一般都选在经济较为发达或交通便利的地方。集的命名也多以所在地而称。集市的具体地点，或定在所在地的街道上，或位于附近空旷之地。

某个集市的兴起，自然与商品经济的发展有着密切关系。现在集市设立要经工商管理部门批准，若在过去则要通过几个村的有权威的人商定。新设立集市谓之"立集"，其仪式有请财神、烧香祭奠等。同时，要请戏班唱大戏，而且一连唱几天。唱戏的目的无外乎有两个：一是让周围村庄的人们知道将有一个新的集市兴起，二是吸引做买卖的人到集市上来经商。这样，一来二去，集便越赶越大了。至于那些生意不能迅速兴旺起来的集市，来买卖的人会越来越少，以致集市规模逐渐萎缩，最后竟消失了。相反，在商品经济较发达的城镇，当每五天一个集不能满足贸易的需要时，便有了"三天集"。

正定自古就有集市贸易。唐代，真定的"市"在阳和楼南，贸易已很繁荣。宋代，真定府设市易务，管理集市贸易。元代，真定的集市贸易仍在阳和楼南。明代，集市增多。每月一日西关集，二日小十字街集，三日县前集，四日阳和楼翦集，五日南关集，六日顺城关集，七日东关集，八日北关集，九日北门里集，十日隆兴寺前集，周而复始。上市商品有粮食、蔬菜、农具、土布、药材、麻类等农副土特产品和瓷器、染料等日用手工业品。另外，先在南关设马市，后改为四关都有马市。清初，集市日期为：每月一日至五日县前集，六日至十日石牌坊集，十一日至十五日东门里集，十六日至二十日南门里集，二十一日至二十五日西门里集，二十六日至三十日北门里集。嘉庆年间，集市日期为：城内二、七日，南十里铺三、八日，新城铺四、九日，曲阳桥四、七、十日，大河二、七日，南二十里铺五、十日，南村四、九日，柳辛庄五、十日，北高基四、九日，雕桥一、五、八日，北孙村一、五、九日，东权城二、五、八日，七吉三、八日，傅家村一、五、八日，朱河四、九日，诸福屯五、十日，南牛屯三、八日，东塔字口二、八日，肖家营三、八日，宋营二、七日。清末民初，留村、吴兴、韩家楼、八方先后立了集。

　　集有定期日期为约定，一般每隔五天一个集，日子的计算方法依农历，或一六，或二七，或三八，或阴九，或"逢五排十"。农历有小月，小月没有三十那天的集被安排到初一赶，这一集谓之"小集"。被称为"小集"者，还有以集市的规模较小而论的，与其相对的则为"大集"。大集全天都进行贸易，小集至午即散。有的小集甚至有仅赶一个时辰者。集市按贸易商品的不同设"市"立"行"，如粮食行、布行、铁器市、水产市等各市各行都有固定的营业区域。大的集市设"行"，划分较细，主要有粮食市、柴草市、蔬菜市、水果市、鱼市、鸡蛋市、铁器市、木头市、条货市、骡马市、牛市、猪市、杂货市、花鸟市、破烂市等。各个集市的"市"与"行"设立与否没有统一的规定，完全根据各个集市的交易需要而定。有歌谣唱道：

　　　　南牛家，真心齐，
　　　　一心要赶"三八"集。
　　　　"三八"集是好看，
　　　　越超越大越方便。
　　　　粮食上了几十圈，
　　　　线子上的控成山。

　　目前正定各村集市日期如下：

　　　　西洋村　一四七
　　　　西柏棠　二五九
　　　　西上泽　五十
　　　　南牛　三八
　　　　东邢家庄　一五

南永固　一五

东杨庄　一六

曹村　二五十

树路　二六九

牛家庄　二七

东洋村　四九

西杨庄　六十

西平乐　一五七

东平乐　二六

东杜村　二八

南化村　三六十

大寨村　三八

中杜村　四九

西安丰　四八

东安丰　六十

诸福屯　五十

北圣板　五十

固营村　一六

朱河村　二四八

南圣板　二七

蟠桃村　四九

罗家庄　四九

北孙村　三六九

雕桥村　二五八

东吕村　二五九

南早现　一五八

南楼村　一四七

巧女村　一五八

许香村　一五八

傅家庄　一五八

厢同村　二五九

北石家庄　三六九

里双店　四七十

曲阳桥　四七十

胡村　二五九

韩家楼　二五九

高坪村　四七十

南白店　四九十

新城铺　四九

小吴村　五十

小邯村　一六

中咬村　二七

西咬村　三八

东白庄　六十

西白庄　六十

新安村　一三七

吴兴村　一三六

西慈亭　一四七

东权城　二五八

柳树科　三六十

七言村　三八

正定集市

过去集市上买卖的商品，往往因季节的不同而呈现着规律性的变化。进入腊月之后，农家就开始置办年货，集市交易的商品主要是年货，故将这时的集市称为"腊月集"。在腊月集上，除衣帽、布匹和百货等日常消费品的种类和数量显著增加外，还增加了年画、鞭炮、对联等与新年有关的商品。腊月集上，买年画俗称"揭画儿"，买神像、祖谱俗称"请神""请祖谱"，买香也说是"请香火"。过小年前，家家都要"请"灶王神像，可以到画棚中买，也可以在地摊上买，还可以从沿街叫卖的小贩手中买。腊月集上的鞭炮有很多种，鞭论"挂"，二踢脚论"捆"。

二 商业民俗

传统社会里的服务业不同于现代社会中的服务业，它主要是指除农、林、牧、副、渔之外，为正常的社会生活提供便利的所有行当——包括商业、餐饮和各种为生活提供便利的行业。

它们是随着技术的进步、生产力的发展、城镇的扩大和非物质生产者的大量出现而逐步发展起来的。在长期的发展中，形成了一套极具民族特色和地方特色的民俗，包括行业规范、经营场所、经营方式等各种民俗。

例如商业民俗中最有特色的要数坐商（有固定摊位和店铺，并有规定营业时间和专营商品的商贩）使用的招牌——幌子和流动小贩的"市声"（包括叫卖声和敲击声）。今天，实物、旗帘等幌子几乎绝迹，只有招牌被发扬光大——几乎每一个店铺都有自己的招牌；而市声也随着流动小贩的减少而近乎销声匿迹，现在只有收废纸与磨刀具的小贩还保留着传统的吆喝，想要了解旧时的吆喝可以听相声《卖布头》《卖估衣》等。

清代，正定有商户400余家（多为前店后厂，工商不分），多数在城内，一些大村镇有小店铺和摊贩。集市贸易进一步发展。城内和新城铺、南牛屯、东权城、曲阳桥、雕桥、赵陵铺、十里铺、南村等大村镇有集市。城内商店有粮食、绸缎、棉花、土布、饮食、木业、铁业、医药、杂货、瓷器、裱画、茶叶、酱菜、饮食服务等行业。其中粮食、棉花、土布在城内和乡村集市都是较大的行业。食盐为官营，禁止私贩。清末，洋货进入正定市场，有了洋货店。

正定县地处冀中平原，历史上曾长期作为我国北方桑、麻、棉的重要产区和织造地，是我国古代纺织业最为发达的地区之一。民国初期，由于石家庄的兴起和废除府的建置，正定的商业逐渐衰落。唯有棉花、土布行仍很兴盛。有棉花店十来家，他们收购籽棉，加工成絮棉，打包运往上海、天津、山西等地。土布在集市上是一大行，广大农村妇女到集市卖絮棉、卖土线或土布，布商收购后运销归绥（今呼和浩特）、包头、大同、忻州等地；西部山区县也有商人前来贩运土布。城内集日平均有几万匹土布成交，冬春季成交量更大，有几家专营土布的商店。

新中国成立前，正定的棉花种植业和家庭纺织业较之其他地区也毫不逊色。正定成年妇女没有不会纺线的。农民普遍有纺织技术，家家户户有纺车，约1/3的人家有布机，城镇集市有专门的棉花、线子、土布市场。可以说，从种棉、轧花、弹花、纺线、织布到产品运销，早已形成完整的产销体系。棉花多由农民纺织成土布，纺线首先要把棉花撕成两寸宽一尺来长的棉条，将一根略长于棉条的高粱秆放在棉条中央用力搓成长长的棉花条。再把这些棉花条用手摇纺车纺成线穗，之后拐在线拐上。然后把线挂儿放在白面浆汤里揉过，将棉线浸在面浆里，然后捞起一挂挂地挂在浆线杆子上。然后是络线、经线、印布。一般都会有几个人帮忙把浆好的线挂儿挂在撑开的风撑子上，不远处放一个凳子，凳子撑上绑好一根火柱，线络子就穿在火柱尖上，再把线挂儿上的线绕在一个个的络子上，之后选一个晴天日子，在院子两头各钉一排长长的铁钉或木橛，再把集成一束的线绕着挂在两头的木橛或铁钉上。印布是用簸箕盛放在"人"字形以粗树枝加工成的木拖耙上，引出线头，一根根穿过竹篾上的空隙，用梳子将浆好的线子梳理得清清爽爽，然后一根根并列绕在桄子上，最后上机织布。织布机一般安装在院内的地窖里。织布时把事先准备好的纬线绽穿在梭子里，右手投梭至左侧，左手推机框，脚踏在脚板上，两脚交替踩踏两只脚踏板，带动机楼上的活动轴，使两只缯上下交错，上下的两层经线就不断交织，如此往复，一线一线把布织就。土布幅面一尺二寸，手感松软、略显橙色，甚至蓝红相间，除供农家自己穿戴，其余多卖给土布店。本地有这样说法，"不怕过歉年，就怕织纺不赚钱"，这说明家庭副业收入占相当大的比重。

土布店集中在城内焦家角一带（现在胜利街南头），都是行唐和忻州人在正定设庄收购。大同、归绥、包头、崞县等地商人都来此贩运土布，形成行市。平日每集有几万匹土布上市，春秋旺季，每集可达4万多匹。土布收购后，集中行唐县，用骡子驮出山北运。

由于种棉面积占耕地半数以上，粮食不能自给，粮食店增加到几十家，他们从山西、河南、芦台、东北等地贩运粮食回正定销售，也为当地农民调剂余缺。正定的菜籽业有七八家，经营范围很广，大白菜、绿萝卜籽远销湖南、广东、四川、河南等地，久负盛名。民国十七年（1928），城内商业有22行，260家。其中，粮行60家、（棉）花行12家、杂货行32家、洋布行18家、绸缎行8家、酒行6家、铁货行4家、药材行13家、茶叶行8家、点心茶食行8家、酱菜行7家、瓷器行5家、鞋行12家、皮条行8家、带子行6家、锻楼行9家、织袜行5家、板箱行5家、饭馆行14家、南纸行3家、烟行5家。还有理发店、旅馆、澡堂等服务业。食盐仍为官营。民国二十六年（1937），城内有商店353户，主要经营杂货、饮食、医药、粮食、百货、煤油、食油、烟酒、副食、木业、铁业、皮革、麻绳、挽具、布匹、棉花、干鲜果品等，还有照相、理发、旅店、修理等各种服务业。棉花市场主要有县城、白伏、北贾村、北孙村、岸下村等。

新中国成立前城内的私营店铺如下。

西大街：文兴成糕点杂货海味店，亨茂号糕点杂货海味店，宝丰样茶庄，北接饭庄，富顺祥酒店，甘小红蔬菜店，玉记鞋庄，广顺正茶庄，马家小百货店，玉润瓷器店，天义居酒醋店，郑家酱菜园，天合公煤油行，郎家黑白铁铺，焕臣澡堂，保禄茶馆，福祥饭馆，贾家杂货铺，曹记成衣局，晋泰恒中药店，寇记理发馆，裕成公杂货铺，第一春饭庄，翟记文具店，武家锡匠铺，西烧锅，田景饭铺，奎光号日用杂货店，煤场，挂面、面条坊，张记理发馆。

东大街：文美斋烟草杂货店，荣泰成蔬菜种籽店，史老五干鲜果品店，顺兴号干鲜果品店，王家小百货店，山西程记铁货店，荣茂春茶庄，正生大南漆杂货庄，隆盛西栈（南贷杂货庄），金全昌布庄，宝合样布庄，泰盛永布庄，范家箱镜瓷器，育华书局，正大书局（文具纸张），宝庆银匠楼，天瑞祥茶庄，鞋店，学门口两侧茶馆，学门口肉市，振伦镶牙馆，维新石印局，梁记刻字局，庆异阁百货庄、照相馆，庆异永茶庄，元庆荣绸缎布庄，济和堂中药店，兰森镶牙馆，娄记钟表店，振家修车铺，瑿氏黑白铁店，崔家磅秤老店，亚洲西药房，刘记修表铺，小杂货铺，小中药铺，小酒店，小饭馆，包子铺，烧饼铺，侯记小杂货铺，隆盛兴杂货庄，袁家茶馆，丽容照相馆，理发店（2家），成衣局，亨利源卷烟专卖批发庄，小酒店，醋店，振兴居餐馆，常山饭店，麻糖铺，张老红寿棺铺，庆元架轿铺，焦家麻糖铺，邢家饭馆，苇席店，闻家烘炉作坊，正定食盐总店（盐库），大寺前饭馆，茶馆。

南大街：永茂荣山西陈醋店，秦记小南楼馄饨馆及分座，张记小南楼馄饨馆，芝兰芳中药店，获鹿李香油坊，永庆南楼饭庄，回回西域大饭庄，马臣香油坊，双慎荣中药店，文学裱画店，唐家被画店，裕华澡堂，刘小贲理发店，朱瑚茶馆，杨顺寿棺铺，王老增寿棺铺，宋家老店，张老董架轿铺，刘培德挂面坊，故献耿家风箱老店，故献赵家风箱老店，赵三元饱于坊，天庆公杂货店，傅振生抻面馆，茶馆，当铺，蔬菜早市。

北大街：容盛斋烟草店，马家饺子馆，乾义居醋店，杜家麻绳皮条店，韩家麻绳皮条店，荣泰昌粮行，复盛永粮行，庆幸长粮行，丰格公粮行，蔚记粮行，祥记粮行，合益隆银号，翟记理发店，鞋店，山西染布坊，张老布土布行，郄家南竹杂货店，小饭馆，小酒店，北烧锅，秀峰茶馆，伍秀山（棉）花店。

府前街：徐竹卿中药店，翟家大车店，文海理发店，张家粮店，得味长饭店，万庆成银号，益恒昌银号，天昌银号，郭家修车铺，郭家酱肉铺，高顺义饭馆，晋义恒杂货店，理发店，土布、土线、絮棉市场。

此外，尚有正定风味小吃，如太平街高家粉浆、西门里胡家扒糕、西门里霍家老豆腐、回民王世贞炸糕蜜麻糖、回民底玉春螺转油酥烧饼及牛肉罩火烧、回民壬省长烧麦包、小红庙邢家煎素卷卷、胜利街赵家牛杂碎、姜老牛水煎包子、翟四成油炸花生仁及冰糖葫芦、北楼锅贴炸茄合。

各行有自己的行业组织——行会。

理发行。清代正定即有理发行会，名罗祖会。会头由本行业公推。对外代表全行业并维护本行业的利益，负责召集本行业的会议，解决各种问题和纠纷。该会规定：每人每天交一个大子儿的行会钱，用以资助本行业的困难户或遭天灾人祸的户。该会在小北门外有义地7.2亩。路经本地的同行业者遇有困难也能得到行会帮助。过去，每年农历七月十三全行业停止营业纪念罗祖诞辰。在城隍庙（后在龙王堂）搭台唱戏，设宴席，边吃边看，称为吃会。会间，祭奠罗祖；磕头认师，订立师徒合同；互相交换意见，解决纠纷。该会口传《净发须知》，以刀、剪、梳、篦等工具的别名编成诗歌，成问答式作为行话。

木工行。木工行会名鲁班会。过去，会员于农历每月初一、十五日为鲁班烧香，磕头，以示纪念。

每年农历五月初七早晨，木工师傅身着长衫，手持长寿香、点心、烧纸，集合到鲁班庙（今二轻机械厂楼南）祭奠祖师。从这天开始，在城隍庙搭戏台唱戏4天，戏台每边摆若干桌酒菜，由木工行全体参加，边看戏边吃喝，称为吃会戏。部分瓦匠、铁匠、石匠也参加。会戏由会头主办，会头每年轮换一次。会戏一切费用由该行全体分摊。

粮行。会址在三皇庙（今民主街路西自行车市处），公推行头（会头）。行头参加商会会议，转达政府法令，代收各种捐税。雇1人处理日常工作。民国十七年（1928），粮行有60余家，会员100余人。民国二十九年（1940），改为粮行同业公会。

过去，该会每年农历四月二十八祭火神。全体会员手举各式彩旗，上画火鸽、火龙等（其中一面黄边红底大旗上写"洞阳大帝"），列队从三皇庙出发到火神庙进香磕头，祭奠火神。

该会每年农历五月初五祭瘟神。会头于初四到瘟神庙（今木制厂西边）给瘟神装饰，栽须。上挂3块木牌，从左至右依次为："届天中""歌舞竞渡""逢蒲节"。初五下午，会员到三皇庙集合，身着新装，手举彩旗（其中一黄边红底大旗上写"纯阳大帝"），列队到瘟神庙祭奠瘟神。在祭神的日子里，从五月初三到初六唱4天会戏。戏台两侧搭看台设宴，边吃边看，叫作吃会戏。会戏的一切费用由粮行分摊。

药行。民国十七年（1928），药行有13家，行业代表是马津卿。1940年改为药材同业公会，有20余家。过去，每年农历四月二十八，药行到安国药王庙进香祭药王，并进行药材交易。

菜籽行。新中国成立前，正定菜籽行有7家，每年从农历五月十七城隍庙会开始，在大十字街以南举办菜籽贸易市场，时间长达两个多月。菜籽商为菜农调剂余缺，更换品种，同时收购大量菜籽远销南方。

"正定大白菜"是驰名全国的优良品种，这种白菜，帮小叶大，包心紧密，棵大头圆，易于贮放。正定萝卜也很有名，白萝卜色白肉嫩，"心里美"青萝卜，绿皮紫芯，甜而不辣，贮至来年春季，生吃好像苹果鸭梨，可以消食顺气，深受广大民众喜爱。这些蔬菜在北方窖温下度过严冬，第二年春天露地栽培，抽穗开花结籽。但在湖广地区，由于气温高，不能完成阶段发育，白菜、萝卜只能长茎叶，不能抽穗结实，因此，南方每年要从北方购买白菜、萝卜籽种，由此正定菜籽远销湖南、广东、河南、四川等地。当时正定城内经营菜籽业的有七八家，有坐商和摊贩。正定城内每年五月十七城隍庙会开始，在大十字街以南聚成菜籽贸易市场。三里五乡的菜农和远近各县的菜籽商贩，推车挑担运来菜籽赶市，大路商品就是白菜、萝卜。资金雄厚的行商此时大量收买，转销外地，本小利微的商贩就地整趸零销。有的专营成交，从买卖者双方抽取酬金。菜籽贸易集市繁荣兴盛，一直到立秋才渐渐疏落。[①]

---

① 中国人民政治协商会议正定县委员会文史资料委员会编：《正定文史资料》第 2 辑，1996 年 10 月。

第三章　正定的物质生活民俗文化

物质生活民俗文化是指与人们衣、食、住、行等日常生活休戚相关的各种民俗事象，包括饮食、服饰、居住、建筑、器用及出行等方面的民俗文化。

物质生活最先只以满足生理需要为目的，如以饮食满足维持生活的需要；以服饰满足遮身蔽体、防寒保暖的需要；以巢穴房屋满足抵御风雨侵袭、防御野兽伤害的需要；以器物用具扩展延伸人体器官功能，实现增强生活能力的需要。① 物质生活民俗在无意中自然形成，久而久之成为一种不用言状的共同遵守的生活规范。随着社会的发展和社会分工的复杂化、等级身份的严格化、生产条件的差异，人生礼仪的繁复，重大历史事件的作用，以及宗教信仰、审美观点、政治观念、社会心理的差异等，物质生活民俗也日趋多样化、复杂化。在这些差异的形成过程中，无意识逐渐退居次要地位，自觉意识逐渐居于主导地位。

物质生活民俗的形成取决于农业生产的品种，并受地理环境、社会经济、群众心理等条件的制约，正定以滹沱河为界，南北之间存在一定的差异。服饰是人类用来保护身体和美化自己的，反映了民族和区域经济、文化的水平，也反映了每个人的文化修养与精神面貌。服饰、饮食、居住建筑等因性别、年龄、职业、社会地位等区别，而有所不同。

物质生活民俗文化的每一个侧面，几乎是该地域传统观念的外化，它不仅造成成员之间的共识性，产生彼此身份的认同感，而且还可以强化其宗教信仰、伦理观念和政治观念，增强其内聚倾向。所以，物质生活民俗在物质生活和精神生活中占据重要地位。

---

① 钟敬文主编：《民俗学概论》，高等教育出版社 2010 年版，第 58 页。

第一节　正定的服饰

一个居民聚落点,有什么"样式"的风尚、习俗,就会产生什么"样式"的服饰,出现什么样的着装形象。服饰不但是一个国家或一个民族的风格、习尚、风情的产物和载体,从服饰还可以观察到民族过去与现在文化心态的外化面貌。[①] 服饰的发展变化,当形成固定状态以后,也必然丰富一个国家或一个民族的风俗、风情。人在着装以后已构成服饰形象,也就是说它还显示出一种无形心意民俗。服饰应该是历史和现实活生生的人的精神活动的物化反映,因此,服饰既是民族文化的历史发展,又是理解人类大文化的一条渠道。

影响到服饰民俗变迁具有历史性、自发性、地域性、传承性和变异性,但借助于权力所影响的服饰,只能推行一时。虽然有时服饰的某些细节会传承下来,但总不如在民俗传承下出现的服饰流传久远并富有生命力。当然,服饰也随着物质民俗生活的变异而变异。民俗既映现出物质文化特征,也映现出精神文化特征。服饰是这种反映的最直接、最生动的现实。民俗是内容,服饰是形式。

人类要生存发展,离不开衣、食、住、行,而"衣"在人类四种基本物质需求中据首要地位。衣亦称衣服。古人把衣服分为头衣(冠帽巾)、体衣(上衣下裳)、胫衣(裤)、足衣(鞋袜)。饰,指能增加人形貌华美的东西,有首饰、衣饰、佩饰等。于是便有了服饰之称。服饰民俗具有实用、顺应体形、礼仪传统性、流行色彩和审美等特点。这些特点不是随意出现的,也不是孤立的,而是受人们所处的历史时期、地理环境、社会生产水平和文化传统等多种因素的制约与影响。

20世纪,正定与全国各地一样经历了清朝末年、中华民国和中华人民共和国三个历史时代。20世纪正定的服饰变化之巨,与整个大时代的变迁相适应。时代决定服饰,服饰反映时代。不同时代政治制度、经济水平、文化氛围决定了服饰的形式和内容。

---

① 华梅:《服饰民俗学》,中国纺织出版社2004年版,第1页。

一　服装原料

新中国成立前，正定农村属产棉区，人们穿衣戴帽，大都靠自纺自织。姑娘们从八九岁开始，第一件女工，就是要学纺棉花。首先把从棉田里摘回来的棉花在房屋上晒干，掠去叶子和僵瓣，用手工轧车轧去棉籽（皮棉），再在弹床上弹成棉絮。拿一光滑像指头粗细的小木棍（有用高粱穗头下面一尺长的疙瘩）撕一小块棉絮放在木板或砖上，搓成一尺来长内有空心的像蜡烛一样的集结，一把一把扎在一起，准备纺线用。

农村中一般都在村子中央或是空地上挖一个大地窖子，里面能放十几辆甚至二三十辆纺车。不分昼夜，姑娘、媳妇们，还有上年纪的大娘大婶们，坐在自己用稻草或是麦秸编拧的大蒲墩上，一面说一面笑着各自纺着自己的棉花。那时候，农村没有电，由每个纺线者轮流出灯油（棉籽油）。一般的快手每夜能纺二两棉花，一般的只能纺个一两半两的。

妇女们把纺的一头粗一头细，形似葫芦的棉穗，用竹签挑着慢慢拐在纺车上，拐成一拐一拐的棉线，经过一番打捞就可以织布了。

农村集市上都有线子市，纺线者也可以拿着自己的线子去卖。集市上有专门卖线子织布的。卖线者把秤杆插在脖领里，腾出手来去查看线子的均匀粗细，洁白程度。集市很像现在的农贸市场，叫卖声、吆喝声此起彼伏，很是热闹。

农村中一般人口多的户大都有织布机（手工操作），完全是用脚蹬手拽，利用梭子来回地穿动，一线一线织成布的。这种布面宽一般为一尺二或一尺三，长度为三丈六或四丈二，三丈六的谓"小布"，四丈二的谓"大布"。

织成布后，就要由妇女裁衣，一般女子在出嫁前得学会做最简单的衣服。那时候没有缝纫机，全靠妇女一针一线地去缝制。

新中国成立后，20世纪50年代至60年代，干部、职工、学生和社会青年普遍穿机织平纹布、斜纹布、咔叽布、哔叽、华哒呢、府绸等布料做的衣服。颜色有白、灰、浅蓝、学生蓝、灰蓝、藏蓝、黑、花等。款式有学生服、中山服、军便服、衬衣、短袖衫等。针织衬衫、秋衣、绒衣已普遍穿用，不少人穿毛衣、皮鞋。青年妇女在新中国成立初期曾一度穿列宁服，后来改为学生服或小翻领上衣。在社会女青年中，花布衣服很流行。多数妇女已不再穿花鞋、戴绢花，改用颜色鲜艳的丝绸扎辫子。农村的中老年妇女仍穿中式的粗布衣服。

20 世纪 80 年代以来，土纺土织在民间已越来越少，各种化纤织物和毛呢已成了人们衣服的主要原料。20 世纪末以后，随着技术进步和生活水平提高，羊毛、羊绒、蚕丝等高级面料也逐渐走进普通人家。随着人们服装舒适性、安全性和环保意识的提高，纯棉面料老土布又开始重新获得人们的青睐。

二　衣服款式

清末至民国初期，无论男女老幼，衣色以青、蓝、黑为主。衣料贫富殊异，按其家庭经济状况而定，少数富户男子穿绸缎和细洋布长衫、马褂，衣式如长袍、长衫为礼服。出门做客，外加马褂，以示庄重，最次也是洋布制作。一般民众的衣料均为当地出产的土布。

男性不论长衫、短袄，一般都是圆领和大襟，从脖领处至右臂下缀铜扣或结蒜疙瘩扣。劳动者除夏季外，多是短袄、长裤。大襟式有长的——棉的叫袍子，单的叫衫子（或大衫儿）；短的——棉的叫袄，单的叫褂子。男子一般都是穿粗白布对襟小褂，前襟左右下方各有一个上平下圆的明兜，纽扣是用缝好的布条绾成的，既美观又实用，衣服穿坏了，往往纽扣还是好好的。农村姑娘到十二三岁要学绾扣，为的是长大做媳妇时不受歧视。绾扣是有讲究的，一般上衣必须缀五对蒜疙瘩扣，象征"礼、廉、智、仁、信"，若是绾成四个或六个，则被人耻笑为"四六不知"。口袋（多为双）明缝于前襟下部。有条件的财主、商人则穿平布（洋布），有穿青或蓝长衫，外套马褂，有钱人用麻、纺织品做小褂。

妇女们服装大都把白布送到染房染成蓝色或青色（黑）。正定周汉河一带邵同、白店、东汉西汉等村庄的妇女在夏日把整匹布铺在荷花池畔，让一些男孩子跳下池子去挖藕泥，挖好泥浆以后涂在布上暴晒。干了就洗掉，再敷再晒。反复五六遍以后白布便成了夹褐的灰紫色。村里的女子几乎都穿这种布。

男女单裤同式：宽腿大裆，另上五六寸宽的裤腰。穿时于前面折叠掩紧裤腰，系上粗线织成的厚布腰带，俗称"掩腰裤"，前后不分，一样能穿。男子夏装多为原白色或紫花色；女子兼有浅蓝色、蓝色及白底蓝线条或蓝方格诸色。冬季穿棉袄、棉裤（内絮熟棉），肥大臃肿，男女款式悉如夏装，颜色多为蓝、黑，口袋缝于前襟内层左右两侧（女子只留 1

个），开口于腑下的顺手部位，插手很方便。有的男子外套件偏掩大襟、长至脚踝的大棉大袍，或是较小棉袄稍肥大而前后左右均留衩口的对襟"扼领带"，老年人还习惯在棉袍或"扼领带"之外系一条粗而长的布腰带，俗称"战带"。经常推车挑担、从事脚力者好穿"衩裤"，其样式如棉裤，裤脚前面及两侧与裤腰连接，后面臀部全部暴露，穿此裤必须内套单裤。女子棉袄外面常套件布衫，其色多为浅蓝色或靛蓝色。春秋穿夹袄、夹裤，其样式、颜色均如冬装，除夏季年轻人不绑裤腿外，其余季节，人们均习惯用一寸宽、二尺半长的黑色绑腿带将裤管下端缠扎，俗称"绑腿"。

农民穿的裤子是清一色的紫色布，有六至八寸的白布裤腰，又肥又大，这种肥大的紫花色裤子很适合农民在田间劳作。后来，农民也有种一种叫小棉花的，棉花就是浅赭石色，不用染色就是紫花色的。紫花裤的颜色和泥土的颜色基本相同，有一定的实用价值和科学性，是农民在服饰上的一个鲜明的特点。

妇女们的裤子除去颜色外，形式基本相同。上衣则是大襟的，即扣在右腋下，纽扣也是五个，领口、肩头、腋下等处。一般也是用小布条绾成，有钱人家也有用铜疙瘩扣的。女褂仍为清代流传下来的款式：小圆领，偏大襟（一般偏向右侧），自领口顺右前肩、腋下，沿大襟缀 5 对蒜疙瘩或铜制纽扣，并在大襟覆盖的小襟上缝个口袋，右手自腑向前下侧插进装取东西。

婴儿夏季穿"兜肚"，颜色多为红或绿；冬（棉）及春、秋（夹），穿露屁股的"连衣裤"，上衣后襟带个能护住臀部的大尾马，（或另做一块护臀布，上面系于腰）；三五岁间，夏穿带松紧绳的裤衩，冬（棉）及春秋（夹）穿豁裆"连衣裤"肩上相连，暴露胳膊，另穿插小袄；六七岁开始穿"掩腰裤"，对襟上衣，和大人的服式相同，仅颜色较之鲜艳，"缯花"较普遍。

到了冬季，有钱的富户穿大褂长棉袍（相当于现在的大衣），还要套上一件马褂，以显示阔气，穷人则穿小棉袄，俗称蹶犊子小袄。颜色一般为蓝、青、灰三色。后来也有用平布做的。

一般人的小棉袄也是五个扣，左右两侧各留一个暗兜，准备天冷插手或放烟袋火石用。棉裤与单裤基本相同，只是多一层裤里和一些棉絮罢了。上了年纪的人还喜欢青布带绑腿，走起路来显得轻快潇洒，干起活儿来也干净利落。直到现在农村中还有绑腿带子，花色品种繁多，青、蓝、灰、白都有。白带子是为披麻戴孝之人准备的。

穷苦劳动者还有以下几种特殊的衣服。

衩裤，没有腰带，也不缝裤裆，两条裤腿分开，并在每条裤腿上端缝有带子或扣子，穿时系结腰间。推横头车搞长途贩运的人，推车时外边就穿这种裤子。汉族最初的裤子就是两只分开的无裆衩裤，古时称其为"绔"。绔跟跨近音，指的是两腿各跨一只的意思。

油布衣，在白布上涂桐油，呈黄色，做成上下衣，用以防雨。

蓑衣，用野生蓑草编织而成，里边像网但较平滑，外部是长草状，雨天配草帽穿着防雨，是夏季放牧人的雨具。

少年儿童和少女们都穿用粗白布染成的红、绿、蓝三色布衣。随着社会的发展，花色品种日益增多，布料有平纹布、斜纹布、咔叽布、哔叽布、华达呢、条绒、的确良、尼龙，直至全毛、丝织品，颜色更是万紫千红。

服饰的变化剧烈。20 世纪 20 年代起，改穿对襟褂的多起来，城镇青年逐步流行西式裤，即"一面穿"带左右兜的裤子；民国二十年（1931）以后，城镇男子流行列宁装，出现中山装。妇女兴褶子罗裙，但为数较少。新中国成立后，男女衣着多去长就短。男子穿长衫的越来越少，中山装先在干部中流行，乡下农民把"四个兜"作为工作同志的标志。20 世纪 50—70 年代，农村中老年妇女春秋着大襟夹衣夹裤，中青年春秋女服装与中老年服装相似。城市公职人员，上穿小翻领，下穿制服裤。内穿背心、衬衣衬裤，外穿军绿色仿军服和制服裤。中老年妇女夏装为大襟布衫、掩腰裤。中青年妇女，内穿女针织汗衫或背心，也有穿自己做的短袖圆领汗衣，外穿衬衣制服裤或自己做的掩腰裤。女青年和学生夏装，上身内穿女汗衫、针织背心或胸罩，外穿女衬衣，下身穿短裤、长裤、背带学生裙或褶裙。中老年妇女冬装，上身内穿单褂，外穿大襟棉袄，掩腰棉裤。

现在，衣服款式有学生服、青年服、军便服、中山服、猎装、布西服、夹克、风雪衣、登山服、连衣裙、羽绒衫、运动服、呢子大衣，名目繁多，举不胜举。

20 世纪 80 年代，服装开始趋向多样化。中青年男子上衣多穿西服、夹克衫、港服，下衣多穿筒裤、喇叭裤、牛仔裤、老板裤等。冬季，中青年男子多穿皮夹克或呢料大衣。夏季，中青年男子多穿短裤、衬衣或带袖汗衫，中青年女子多穿短袖衫、裙子、旗袍、短裤，着长筒丝袜。

20世纪80年代以后，制衣行业蓬勃发展，市场供应量充足，女装呈现多姿多彩的状况，买成衣逐渐成为人们的穿衣时尚。

内衣。农村青年女性多穿针织背心、裤头，戴胸罩；中年妇女则穿背心或宽肩背心、裤头；老年女性少数穿针织圆领汗衫、裤头，多数只穿裤头，有的汗衫、裤头都不穿，而是直接穿外衣。

衬衣。内穿衬衣、衬裤、秋衣、秋裤的人渐多起来。

春秋装。城乡青年女性有的穿休闲式的薄料绒衣绒裤，有的穿牛仔装，多数穿在缝纫店制作或在服装店买来的西服套装。中老年则内穿秋衣秋裤，外穿对襟式外衣，下穿制服裤。少数农村老年女性仍穿大襟布衫或夹衣，下穿掩腰裤。

夹克衫，成为中青年女性常穿的上衣。

夏装。各种款式的连衣裙较盛行，上身短袖衫、针织汗衫，下身褶裙、长裙、牛仔短裙、肩带裙等成为城乡中青年女性，特别是青年女性的时尚。上穿短袖汗衫，下穿长至膝下的休闲裤也成为青年女性的时尚。中老年女性则多穿对襟式长袖或短袖上衣，下穿制服单裤，有的上穿圆领针织汗衫；少数农村老年妇女仍穿带襟布衫和掩腰单裤，有的穿圆领针织汗衫。

冬装。内穿毛衣毛裤或绒衣绒裤，外穿西服套装或对襟、立领中式褂，下穿制服裤。为了保护胸腹，又使胳膊活动方便，多数在毛衣外加穿毛线或棉坎肩、皮坎肩、羽绒坎肩等。

20世纪90年代，呢绒外衣、呢绒短大衣、呢绒长大衣、皮夹克、皮外衣、皮大衣、防寒夹克、防寒外衣、羽绒夹克、羽绒外衣、羽绒长大衣等，开始在城市中青年妇女中流行。

三　鞋袜

谚云"男人莫忘秋刹地，女人莫忘伏纳底"，每年伏天，妇女们趁气候潮湿，搓麻绳、纳鞋底，准备做鞋用。清末民初，春、秋、夏三季，鞋子多为深色、黑色，男子普遍穿低帮、"双脸"鞋，前头平缀两道鼻子，故又称"双鼻子夹鞋"，后跟立缀一道皮脸，线纳鞋底轮廓，麻绳纳底儿，底面平直，两脚可以换穿。还有一种深山区流行的类似"双脸双鞋"的鞋，但前端两鼻子是个钗形，俗称"牛鼻子鞋"。后逐渐为玄色、圆头、低帮的布平鞋，俗称"馒头鞋"或叫"没脸鞋"。

弓鞋，是旧时裹脚妇女穿的一种木底绣花鞋，实际尺寸为三寸，前尖后宽，有深帮和浅帮两类。有的鞋脸前有缨子，鞋后有压根，鞋口两侧缀鞋带儿。

大脚妇女穿镶花鞋，鞋面和鞋帮绣有各式花朵。冬季多为蚌壳形的棉鞋，男女皆同。

20 世纪初开始"没脸鞋"逐步兴起，较"双脸鞋"稍显轻便，样式从鞋口上断更新，如圆口鞋、尖口鞋、方口鞋等。布料除富裕人家用直贡呢、哔叽外，一般均用黑色土布。

新中国成立后，一度盛行"绑带鞋"。女子兴"挎篮鞋"，这种鞋穿着合脚，但绑带系扣麻烦。以后又兴起了有松紧口的"懒汉鞋"。鞋面的布料有帆布、条绒、平面绒、礼服呢等。20 世纪 60 年代以后，各种式样的塑料底鞋、凉鞋、皮鞋以及雨鞋、球鞋等上市。

不会走或刚会走的娃娃，春、秋、冬之季都要穿连脚裤和虎头鞋。夹棉连脚裤一般比较肥厚，需要穿较宽大的鞋子。虎头鞋正有这种特点，并且有保护裤脚和保暖作用。在群众的心目中，一提及虎字便自然感受到威风和震慑感。人们不仅希望自己的孩子健康成长，而且希望长得虎头虎脑，有虎一样的内在气质，于是便给孩子做虎头鞋，借用虎或虎头图案来避祛邪祟，增加孩子的虎气。虎头鞋的特点之一是注重写实，人们不仅下工夫绣制虎头，而且在鞋帮上绣制虎身，把后提跟绣成虎尾巴。正面看是虎头，侧面看是一只完整的虎。特点之二是有繁有简，各展风姿。纷繁的用彩线、花边、布块、毛线、毛皮、珠子等精心绣制，外观效果显得繁复而浓重；简练的则只用彩线，在图案的眉、眼和嘴上下工夫，显得简练概括而传神。特点之三是以虎头图案为主，灵活多变。除各式虎头鞋外，还有猪头鞋。

新中国成立以前，多数人家穿家做的粗白袜子，富有人家的年轻妇女开始穿针织线袜。"穿坤鞋，洋袜袜，里绑腿，外扑拉"，就是形容当时女子穿上线袜，不绑裤腿，故意使其露出。新中国成立后，针织线袜兴起，初为长达膝盖的高腰袜，需用袜带系住，后变为低腰袜，低如现在的袜头。各种针织线袜，穿着都要上底，"袜子不上底，穷人穿不起"，袜底上绣有各种图案或花草，年轻妇女相互模仿、攀比，显示着她们的针线技术。20 世纪 70 年代后，各种花色的维尼伦丝袜取代了棉线袜子，式样美观，穿着舒适，结实耐用。现在，回归自然和崇尚舒适的心理使人们对纯棉袜情有独钟，而各种各样的丝袜则为爱美的女士提供了很大的选择余地。

农民穿的鞋袜也有很多特点。一般男子穿圆脸布鞋或尖口鞋。鞋底是用破旧布洗净后蘸着面糊一层一层地粘起来的。做鞋底时有用五层、七层的。首先备好鞋样，一片一片剪好，有的为美观还在每片鞋底边缘粘上一层白布条，然后把这几层连在一起，用纳底绳一针一针纳好，俗称纳底子。在人民公社时，人们随时可以看到，在干农活儿休息时，那些大姑娘、小媳妇都从自己怀里拿出鞋底一针一针地纳起来。大部分鞋底都是靠在干活儿空隙或在饭前饭后纳好的。心灵手巧的妇女还能在鞋底上纳上各种各样的图案，看起来美观匀称。一般这种鞋底能穿三四个月。

鞋帮大都用青布做成，鞋里用白布，脚后跟多垫三两层。冬季穿棉鞋，形式与单鞋大同小异，也有从张北塞上买来的毡鞋。回来后上一个鞋底即可穿，这种鞋行走不便，适合买卖人站柜台脚不冷。

鞋的形式很多，有豆包式、出底式、千层底、皮底。新中国成立后出现五眼鞋、解放鞋、球鞋、力士鞋、塑料鞋、旅游鞋、老板鞋、拖鞋、室内鞋、皮鞋等。现在市场上只要有卖的，农民就有钱买来穿在脚上，显示了改革开放后农民的生活不断改善。过去妇女纳鞋的场面已不多见。

农民穿的袜子大都是用粗白布缝制的，其形式很像舞台上武生们穿的薄底快靴，只是里外两层布罢了。后来有了手摇织袜机，手工可以织白色筒袜，当时农民就感到很知足了。现在农民们都穿着尼龙袜，姑娘们穿着丝袜，有长筒袜，还有连裤袜，真是名目繁多。

四 帽子、头巾

民国前期，一般男子春、秋只戴瓜皮帽，俗称"瓜壳"；冬季加戴上露瓜皮顶部、下护双耳及脖颈的"麻护"，或者戴"毛脸筒"帽，夏季外出和下地时，戴自制的麦秸草帽或苇篾凉帽。少数士商则戴礼帽、三块瓦皮帽和巴拿马帽。农村男子习惯在头上包扎一条白毛巾。白色表示哀伤，相传包白头是纪念常山赵子龙的。正定民间流传着一首歌谣："常山百姓缠白头，为的是纪念顺平候。"上了岁数的人兴戴帽壳（瓜皮帽），孩子们大都戴粗布圆帽或毡帽头。妇女们则在头上包一块蓝布或青布。新中国成立后，妇女都包上了围巾，有方形、长方形以至发展到现在的毛围巾、纱巾、马海毛巾、真丝巾等。还有年轻姑娘喜欢戴帽子的，圆形的、八角形的、有檐的、无檐的、头顶有绒球的，有上橛橛的。男青年有学生帽、工人帽、瓜皮帽、太阳帽、大檐帽、礼帽、栽绒帽、钻猴帽……品种多样。

中老年妇女除夏季以外，常戴前缀朴素帽花的箍帽和包包帽（又称老婆帽），或者缠扎五尺多长的黑色手帕。少女戴华丽的箍帽：或红或绿或紫或蓝，前面高起，上绣花朵、云勾，下垂黑丝流苏如发帘，双侧绣有各种图案，后边带有一个宽约半尺，长六七寸的帽尾披肩，全帽彩绦裹边，戴上露头顶。小女孩戴仅有刺花、流苏而无帽尾的箍圈；小男孩戴前饰虎面而不露头顶的"麻护"彩帽，上边交叉缀上两条绦带。抗日战争时期，男子不分老少，均戴棕色或白色毡帽。里层剪开，天冷时掀开里层，苫住耳朵。新中国成立前后，男女都蒙羊肚手巾，男子白色，女子间有花色的。20世纪50年代中期，男子开始戴军帽（多为灰色），围针织长围巾，妇女用方形线巾（酱色或蓝色），对折成三角形，蒙在头上。"文化大革命"期间，兴起戴绿军帽之风，年轻妇女戴此帽的亦不少。20世纪80年代，男子戴多种呢料蓝、灰色鸭舌帽，青年妇女还围红、蓝、绿等各色毛料长围巾。进入20世纪90年代后，花样更是年年翻新，特别是女子礼帽、围巾花色品种层出不穷，新潮不断。

五　发型、首饰

清代发型，男子留长发，梳单辫于背后，姑娘前额留有"刘海儿"，后梳单辫。出嫁时绾成发髻，用线绞去脸上的汗毛，俗称"开脸"。民国至新中国成立时期，政府令乡镇女青年剪辫子。辛亥革命后，少数官宦子弟和在外边读书的青年开始剪辫分发。修分头、平头者渐多，城镇男子开始剪成齐脖刷；中老年男子多剃光头，少部分是平头、圆头，后通行为三七分西式发型。姑娘们开始由单辫改为短发或梳双辫于背后；媳妇剪去发髻，多为"一刀齐"。女孩子后面剪"半月亮"或养辫子，后为"拨浪鼓""犄角辫"。

乡村男孩多为"前不丢儿"，或前脑门、后脑勺各留一小片头发，或是头顶、下半部都剃去，绕头留发一圈；迷信者因恐不寿，也有蓄小辫的，以至十二三岁还不剃去。成年男子剃光头者也不少。

旧社会，女子长到十三四岁算是到了及笄的年岁，即结婚的年龄，出嫁后梳成"年屎颡"叫盘头。20世纪30年代开始，男女发型增多，绾发髻和剃光头的减少。20世纪50年代，城镇男女青年出现火烫发，20世纪60年代开始有电烫，20世纪80年代后吹风、化学烫传入。而今，各种档次的美容美发屋为人们设计适合自己的发型，而款式繁多的假发则为爱美者提供了追求时尚而又简单易行的方法。

清代至民国初期，妇女盛行的首饰有簪、钗、耳环（坠子），手戴金戒指（俗称镏子）、银镯子等，这是姑娘们出嫁的必备饰品。耳环、头簪种类繁多，质地悬殊，富豪家女孩还有项链等，均因贫富而质地有异。

民国中后期，发髻饰品逐渐减少，"文化大革命"期间绝迹。进入20世纪80年代，城镇女青年戴耳环、戒指、项链者大增。现在，除了金、银首饰外，木质的、石质的、塑料的等多种极具个性化的装饰品广为流传，尤为年轻女性所喜爱，还有仿真饰品以其款式新、价格低风靡市场。

第二节　正定的饮食民俗文化

民以食为天，饮食在人们生活中占有十分重要的位置。它不仅能满足人们的生理需要，而且因其具有丰富的文化内涵，在一定程度上也满足了人们精神层面的需求，从而形成丰富多彩的饮食文化。饮食民俗，正是这种饮食文化的形象化表现。正定在历史上是"北方三雄镇"之一，是北方通中州的交通要道，南来北往的客商途经这里，促成这里饮食民俗文化的繁荣。

一　正定的日常饮食

新中国成立前，正定县农村贫苦农民含辛茹苦，一年到头汗珠子砸脚面，把收获的大部分好粮都交了租子。除去少得可怜的一丁点儿种子外，剩下的尽是些落秸秕子，只得过起那"糠菜半年粮"的悲惨日子。

正定县历史悠久，地处燕赵故土，历有土瘠人众、居民杂处的特点。人民历经战争创伤，又有滹沱河水泛滥，把一片土地从中隔开，自然形成了河北、河南两个区域。南岸的土地比较肥沃，水井虽够不上星罗棋布，但一般的土地能浇上水，一般年景收成较好。再者，河南岸大部分村庄与石家庄市毗邻，有不少人去经商，手里有了钱，在饮食上自然要比河北岸好一些。

河北岸土地贫瘠，又有许多沙薄漏地，尤其是处于老磁河故道的陈道疃、里双店、傅家村、良下、南北二楼，东西慈亭一带村庄，人民生活更是雪上加霜。这些农民，包括一些富裕中农，他们的早饭都没有饼子吃，只能喝些山药干菜粥。

1. 河北片的早饭

大部分农户把秋天刨下来的山药（也有叫红薯地瓜的）用礤刀擦成巴掌大小的薄片，晾晒在刚犁过的土地上，也有晒在自家屋顶上的。农民把晒干的山药片收拾回来放在囤里（用苇席围成圆筒状），待冬春食用。

做早饭时，拿些山药片用清水洗净后放在水里煮。等到七八分熟时，再放上一些山药面或是玉米面，做成或稀或稠的山药面粥。

吃糟黄菜冬天可以发暖，夏天可以败火。因糟黄菜是经过发酵的，有一定的健胃壮脾作用，在数九寒天吃它也不会闹肚子，在炎热酷暑还会生津止渴。

糟黄菜的做法也很简单，秋天把收下来的胡萝卜、白萝卜叶，没有裹成心的大白菜，洗净后放在沸水中翻两个滚，赶紧捞出来，晒晾后一码一码地摆在净底瓮里，浇上些热米汤，用干净石头压起来，使其发酵，一个月后便可食用。这种黄菜清脆味美，略带一些酸味，含有大量的氨基酸和维生素。这种菜无论热炒或是凉拌都是农民最喜爱的主菜。

农民用一种特制的大碗（20 世纪 50 年代还有这种碗，相当于现在的两三碗，后被搪瓷碗代替）舀上山药片粥，盛上一大勺子黄菜，到自己的家门口去吃。

农民为什么要端着饭碗到大街上去吃呢？这里还有一个有趣的风俗。尤其是靠近灵寿、新乐、行唐一带的村庄，这种现象更甚。家庭中主要成员在吃早饭时，必须端上饭碗到大街上去吃。一般村庄在大街上或是农户门前总好支起一块石头或是置放一个碌碡当坐物。大家端着饭碗连吃带说，讲述着本村或是附近村庄的新闻趣事。过去村庄中没有收音机，实际上这些人便是一个小小的广播电台，张三家的事，李四家的事，都会从这里传播出去。

中华民族历来就有省吃俭用、节衣缩食的光荣传统。对于那些大手大脚、大吃大喝、奢侈浪费者一向瞧不起。所以每户家长都不愿意落个好吃懒做的名声，端上饭碗来到大街上吃饭，就是向大家表示自己是勤俭度日的。

正定县处于老磁河故道一带的村庄，农民生活更是处于水深火热之中，有些农户就连这山药片粥也摸不着，只能吃上些萝卜缨子粥。放菜的名曰"菜粥"，不放菜的名曰"瞎粥"。

2. 农户的午饭

一般农户在中午要吃一顿饼子。因为干了一前晌午重活儿，中午不吃饼子是坚持不到下午的。农民吃的饼子大都是玉米面的，也有高粱面、山药面的。蒸饼子用的都是大铁锅（七印锅、八印锅、对口锅），锅盖是用高粱秸豁成篾子编成的，叫作"拍子"。

蒸饼子时，先用柴木烧开锅，用响水（半开水）泼面，再用凉水递一下，焖一会儿。手沾水，抓一把面，在手掌来回拍打，然后贴在锅的上半部。盖上拍子，大火烧20多分钟即熟。这种饼子实际上是一边蒸，一边烙，一面软，一面有嘎巴儿。吃起来又香又脆，是北方农村中农民的主食。这蒸饼子也有出笑话的，那些笨媳妇蒸饼子时做成一锅瞎粥的。农村中有句歇后语叫作"新媳妇蒸饼子——出溜了"。

别看这蒸饼子，其中还有许多学问。关键在泼面，水烫了，蒸出来的饼子比较黏牙；水凉了，蒸出来的饼子硬得像石头，农民好说用饼子砸死狗的笑话。

那时候有钱的富户也吃饼子，所不同的是他们在磨面时掺上一些青豆、黑豆或是豌豆，这样蒸出来的饼子又香甜又暄和。

在平时农民要想吃上一顿白面（小麦）是不容易的，只能在麦收或是立秋大忙时吃上三大顿或是五大顿（白面馒头、烙饼、面条等）。

一般农户中午都吃饼子，也熬一些米汤。有钱的富户也有吃水饭的，把米饭用凉水洗几过，再吃，有点儿像现在的冰激凌。菜一般是汤菜，也有炒菜的，春天炒个小白菜，夏天炒北瓜，秋天炒萝卜，冬天炒黄菜。个别户也有在炒菜时放上些豆腐、粉条的，当然这是极个别户了。更比不上现在这么多的菜了。

3. 农户的晚饭

晚饭一般是两种饭：一盆子菜粥，一盆子杂面条。菜粥是给妇女孩子或是不出工的人准备的，杂面条则是让做活儿的人吃的。

杂面是用少部分小麦，再掺上一些青豆、黑豆或者豌豆什么的，在磨子上磨成面，擀成面条吃，这种杂面条一直延续到现在，人们还有吃这种面食的。能吃上白面细粮还是在改革开放之后，老百姓可以说天天过起年来。

正定县滹沱河以南的村庄的农户的饮食要比河北好一些。一般在早饭都能摸着饼子吃,有菜粥和瞎粥,就着咸菜吃。有的在中午时还能吃上一顿混合面条,当然也有个别户能吃上馒头的。

新中国成立前,正定中等生活水平的人家,每日三顿吃玉米面饼子。有的人家在磨玉米面时放些黄豆,使蒸的饼子更好吃一些。穷苦人家吃高粱面或山药面饼子、糠饼子、菜饼子、"苦垒"等。晚上喝菜粥,用少量小米,放入红薯、蔓菁、干菜、胡萝卜之类熬成。人们常说穷苦人家糠菜半年粮。多数人家烧柴做饭,锅内下半部用小米熬稀粥,上半部靠边贴一圈饼子,饭热饼子也熟了。饼子背面有一层锅巴,酥脆香甜。城北一些农户在炎热的夏季习惯吃小米水饭。劳动强度大的人喜欢吃小米干饭。冬季吃两顿饭。小麦面平时根本吃不上,只有逢年过节吃一顿或几顿,整个三夏大忙季节也不过吃"三大顿"或"五大顿"。富裕人家也是以玉米饼子为主食,午饭好一些。经常吃大米、白面的只是一些富户的当家人。

新中国成立后,人民生活水平逐渐提高。20 世纪 70 年代以后,人们经常吃的食品有馒头、包子、面条(麻酱面、炸酱面、卤面、原汤面等)、油条、烧饼、烙饼、饺子、大米粥、小米粥、玉米面粥等。逢年过节或待客,一般是 8 个盘子的酒菜,8 个碗的饭菜。近年来发展为 16 个盘子、8 个碗的菜。滹沱河南的群众待客,除上述菜以外,最后每人一碗杂烩菜。城北一些村庄的群众待客是先吃饺子,然后再上菜喝酒。

回民以米、面为主食,吃四掌教宰的牛、羊、鸡的肉,忌食非反刍动物的肉,喜浓茶,忌烟酒。

新中国成立前,即使在新中国成立后 20 世纪 50 年代初的岁月里,农民都在企盼着一年中的几个大节日——春节、二月二、端午节、六月六、中秋节,遇到这样的节令即使再困难的户,也要千方百计,捅窟窿,挖眼睛,用农民的话说,就是砸锅卖铁也要让一家人吃上一顿带腥的菜,或是吃一顿白面细粮。大年初一吃饺子是不用说了。二月二农民称为龙抬头,这一天兴吃面饦,把白萝卜擦成丝,在沸水中煮八九成熟捞出和面粉拌成饼状,在锅里放点儿油煎熟,随着醋蒜吃。又香又辣,老少爱吃。正定还有这么一个风俗,就是春天吃萝卜也有炸麻糖(油条)吃的。五月初五(端午)一般都吃粽子,贫苦户买不起红枣有的要吃瞎粽子(没有枣),还有的要在江米中掺上一些大米或是黄米。"六月六,见谷秀"意思是丰收在望，要吃一顿大饼或是饺子。八月十五是中秋节，这一天大多家庭是要动腥的。别管是猪肉、羊肉，都要割上一斤半斤的，全家老少吃一顿豆腐粉条菜，农民管这种菜叫"杂烩"。九月初九是长短工上工下工的日子，在这一天要决定明年用不用做工的。所以在这一天，一般的家庭都要吃一顿好吃的。

二　正定的饮食种类

正定过去贫穷，细粮少，多食粗粮，为了吃得更舒服，搞出了不少粗粮细做的花样食品，主要有以下几种：

1. 锅贴饼子

玉米面或高粱面、谷子面、山药面、谷糠面等和面（玉米面和谷子面都要先用开水泼面），趁热锅贴于锅边，饭熟饼熟，挨锅一面烤焦成黄褐色，酥脆可口。

2. 菜饼子

用玉米面或红薯、玉米混合面掺入萝卜丝、叶、榆钱、榆叶，和面蒸成饼子，蘸蒜或就辣椒食用。

3. 黏饼子

用黍米面做成饼子，将红枣摁在饼子上，蒸熟食用黏甜可口，一般在春节食用。

4. 豆渣饼

豆腐渣掺玉米或高粱面，再加花椒大料面及少量食盐，和面擀成饼子（比锅贴饼子个儿小），蒸熟食用。过去每逢过年，家家做豆腐，豆渣饼是春节期间的主食，生活富裕点的加玉米面，生活差点的加高粱面及细糠面。

5. 包甜饼

枣面掺水调和，用"水磨面""疙瘩面"或玉米面做皮，捏成饼子，蒸熟食用。

6. 柿子饼

用玉米面掺黄面，用软柿子和面，捏面饼子，蒸熟食用，黏甜可口。

7. 菜团子

用玉米面或玉米、高粱面混合做皮，把萝卜丝、南瓜丝、北瓜丝或干菜、白菜剁烂，加油盐做馅，包成圆团，蒸熟后就醋和辣椒食用。

8. 豆包

小豆、豇豆或绿豆，加红枣或山药（红白糖更好），煮烂搅拌做成馅，用稷米面或白面做皮，包成圆形，上锅蒸熟食用。

9. 稷米面馒头

做法与白面馒头一样。

10. 银裹金花卷

黄玉米面、白面各擀为片，黄在内，白在外，卷好蒸熟，即为花卷。

11. 黏火烧

用黍米面或黏高粱面做皮，枣泥或红糖做馅，包好后压成扁圆状，在煎盘内涂油，煎熟食用。

12. 黏糕

以黄米面加糯米面掺枣摊于笼箅，蒸熟切食，既黏且甜。

13. 缸炉烧饼

以白面为原料，加入鸡蛋、油盐，制成瓦状外撒一层芝麻，在陶土炉中烤贴烙熟。

14. 油酥烧饼

以油和面，制成圆形烧饼，蘸上一层芝麻，在铁鏊上烙熟。也有用发面做的，较暄；也有加入火腿肠泥，或糖馅的，叫作黄桥烧饼。

15. 合折

稷米面发酵，加水拌成糊状，倒入合折锅内摊匀，烙成焦黄色，熟后趁热对折起来，挨锅有油的一面在外。

16. 肉合子

以软面为皮，内包肉泥菜类馅，在煎盘上炸煎熟后食用。

17. 苦垒

野菜、青菜、榆钱、榆叶、洋槐花等，掺上玉米面或高粱面，加水放到锅里蒸，熟后拌蒜泥或辣椒食用。

18. 拿糕

谷糠细面掺少许榆皮面，放入锅内加水成稠糊糊，状如糜，弄到碗内用筷子捱着吃。故俗有"拿糕不能拿"的说法。

19. 扒糕

以荞麦面为原料，蒸成饼子形熟食，切小块，加蒜泥、香油、麻酱等佐料，凉用。有独特风味，尚有治糖尿病之功效。

20. 抿絮

抿絮也叫"抿蝌蚪"。用玉米面、豆面，掺白面和成软面，用抿絮床抿于开水锅里，边抿边煮，煮熟后捞出，形似蝌蚪，浇卤汤即可食用。也有在咸饭锅里抿抿絮的。如果在开水锅里滚白菜、菠菜或萝卜片再抿上抿絮，喷上葱花（油喷），味道更好。

21. 杂面

绿豆和豇豆，有的配少量黄豆，加些小麦、小米，磨成细粉即为杂面。吃时和成硬面，擀成极薄，切成极细的面条，做成菜饭或另打汤食用。

22. 菜饭

以小米、红薯、蔓菁、蔬菜、杂面同锅煮食。荞麦面、小麦面、薯干面或高粱面等，掺榆皮面和面，放置于床里压成条状至开水锅内，浇卤食用。

23. 水饭

将小米煮熟，捞于凉天水或冷水中，炎热的夏天中午，配冷菜或饼子食用。

24. 糜

用黄米和小米掺和，加枣、豆或红薯，煮成粥状，辅以凉菜或炒菜食用。

25. 炒面

谷糠面（炒）掺炒黄豆面，再加入煮熟切好的嫩杨叶或柳芽、榆钱等，放进碗内，加少量水，用筷子边拌边吃。

26. 菜面粥

小米或玉米浸透，磨成细面（现用玉米面），炒熟，拌上杏仁、花生、芝麻、豆腐条，煮成粥喝。

27. 面叶

多以白面为原料，制成薄片，切成角形，煮熟后，加卤汤佐料。

28. 咸食

用小米面，掺上细菜（葱、韭菜等），加水调成糊状，在煎盘上摊成薄饼，两面涂油，就醋蒜食用。

29. 锅贴儿

面粉加一些开水，烫面做成面团，做成面剂，可以包上各种肉馅或者素馅，在铛上生煎至熟。

30. 煎饼

煎饼是用面粉加一定比例的米粉，搅成稀糊状，然后在鏊子（一种生铁铸成的圆形的平锅，中间高，外面低，好像锅盖形状）上摊成的薄饼，需用一个特制的小木拐将面糊摊得又薄又圆，下面烧火，必须用柴火，温度才均匀，最讲究的是烧"炊帚糜儿"（就是去掉籽粒的高粱穗，并且在打谷场上用碌碡轧扁，现在人们还用来制作笤帚、炊帚），火焰均匀，又比较耐烧。

31. 煎素卷卷儿

将面粉糊在鏊子上摊成薄片，卷上用豆腐、豆芽、粉条做成的素馅（正定人把这种馅叫"全馅"），在铛上煎制而成。

32. 橡皮儿

橡皮儿的主要原料是米粉，为了防止"折角"，加入少许面粉，搅成糊状，发酵后在生铁铸成的专用的"橡皮儿锅"内烙成，烧火也是用"炊帚糜"。技术高的，一个人可以并排摆上三四只锅，连烧火，带摊橡皮儿，速度很快。"橡皮儿锅"有锅有盖，因为是生铁铸成的，所以呈黑色。过去有一条谜语，谜底就是橡皮儿，谜面是"黑爹，黑娘，养了个孩子焦黄"。还有故事说，有一个皇帝微服出巡，饿得不得了，一个老太太给了他橡皮儿吃。皇帝回宫以后，想起这种食品好吃，就命令御膳房给他做"一面蒸，一面烙"，御厨们怎么也做不成，被杀了好几个。后来一个聪明的厨师打听出了由来，才给皇帝做成。

33. 豆花儿糕

豆花儿糕是蒸制食品，主要原料是黄米面。先蒸好面团，然后作剂，包上甜味馅料（红糖、豆沙、枣泥等），在面剂外粘上绿豆豉，在笼屉中蒸熟即成，又面、又甜、又黏，非常好吃。

34. 豌豆黄儿

豌豆黄儿是在碾子上把豌豆去皮，并把豌豆碾成豆豉，经过泡发后，摊在笼屉里蒸熟，切成方块即成。口味又甜又面，是一特色。

35. 江米凉糕

江米凉糕是用江米（现在称糯米）泡透后，加上红枣，在笼屉上蒸熟，然后用屉布将其包裹，蘸上凉水，隔着屉布将蒸好的米和枣拍成厚五六厘米的米糕，使红枣均匀地嵌在雪白的米中。晾凉之后，就可以到街上用刀切了卖。

36. 捻捻转儿

捻捻转儿是将七八成熟鲜大麦或小麦颗料蒸熟，然后放入石磨轧成条状而食。这种小食品现在很难看到、吃到了。过去农民有自己的地，春天小满过后，小麦长到麦仁刚刚发硬时，将麦穗剪下来，烧熟或者炒熟后，把麦仁从麦穗上脱下来，然后必须在石头磨子的轴上垫上一个铜钱才能加工而成。全是用青麦仁做成的捻捻转儿，绿色的，粗细好像细电线，长的有三四厘米，短的有一二厘米。卖捻捻转儿的挑着大席篓，在大街小巷吆喝着卖。捻捻转儿可以凉拌了吃，也可以用葱花儿炒了吃，别有一种风味。

上述饮食风俗大部分保留下来，延续至今。20世纪80年代以来，人们生活水平有了很大提高，膳食结构有了很大改变，白面、大米已成主食，粗粮细做一般只为调剂口味。鸡、鸭、鱼、肉、海鲜等已成为城市餐桌上常见之物，在富裕乡户中也不少见。现在随着健康饮食理念的流行，膳食讲究营养搭配已渐成风尚，粗粮又成了希望保健身体人士的新宠。

三 正定的特色饮食

老正定有这么一句话——"花花正定府，锦绣洛阳城"，可见正定在其历史上曾经是怎样的繁华。正定城里有着许多传统美味小吃，一谈论起来每每让人有大快朵颐和垂涎之感。而如今，当年那么多"好吃的"随着时光的流转、城市的变化、传统习俗的冲击、经营利润化的追求逐渐退出了人们的视线，这些老传统小吃儿或是发生了变异，或是失传乃至绝迹，最终成为一辈人抹不掉的回味和怀念。现在，人们能津津乐道、口口相传、引以为豪的，仿佛就是正定传统小吃三大"宝"：扒糕、粉浆（或者饸饹）、豆腐脑儿，或者是马家卤鸡、王家烧麦、脊丁崩肝了，其实，正定的传统美味小吃有很多，有歌谣为证：

> 烧麦饸饹豌豆黄，牛眼包子吃粉浆；
> 豆汁豆脑老豆腐，麻花麻叶炸麻糖；
> 炸藕合、煎糖糕，芝麻球球肉火烧；
> 枣饼子、素卷卷，煎饼果子鸡蛋泡儿。

其他的还有很多，如凉粉、年糕、豆沫粥、扁豆黄、炸油香、杠子面卷子等。下面介绍一些正定的特色饮食。

1. 正定县三大传统名吃：扒糕、粉浆、豆腐脑儿

扒糕，荞麦独特的味道加之肥润清凉之感总让人入口难忘。扒糕的原料是荞麦面。荞麦是一种速生型的小杂粮，"红杆绿叶开白花"，其果实就叫荞麦，麦粒呈三棱卵圆形，棱角锐，生长期很短，不耐霜，主要产区在张家口、内蒙古一带。过去正定一带农民种春玉米，收获玉米以后，还不到种小麦的季节，于是马上耩上一茬荞麦，荞麦收获以后，还赶得上播种冬小麦。所以，荞麦是一种优良的填闲补种作物。因为荞麦基本上不含糖分，非常适用于糖尿病人食用。

扒糕就是用荞麦面粉加上适量的盐、五香粉等调料，在大锅内加热搅成熟面团，然后用手拍成圆饼状，而且还要在上面摁上几个指头印儿，晾凉以后即是扒糕。过去卖扒糕的都是挑一副担子，在街头或者集市上打地摊，哪位要吃扒糕，掌柜的就在手上托着扒糕，用刀切成棱角条状，放在瓷盘中，吃者蘸了醋蒜食之。吃扒糕有专用的工具"扒糕叉"，用厚约0.5厘米，宽约1.5厘米，长约10厘米的竹板，将竹片的一头约2厘米的中间部分去掉，只剩下两边的两根竹棍削尖作为叉尖，打磨光滑后使用。

粉浆，它的主要原料就是生产淀粉的浆。过去，正定城里开着几家生产粉条儿、粉丝的作坊，人们叫它"粉坊"。过去生产粉条儿、粉丝的原料是绿豆，粉浆的做法很简单。将绿豆完全用水泡透，然后磨浆，滤出渣子，沉淀后就是绿豆淀粉，就可以做粉条或者粉丝了，沉淀中澄出的水就是粉浆。这些水放在大瓮中，过几个小时或一两天，就会不同程度地变酸，这就是粉浆的原料。人们喜欢这种味道，于是就用水桶到粉坊去买，用很少的钱就可以买一担。虽然很便宜，但也是粉坊的一部分收入。后来制作淀粉用红薯、土豆，滤出的浆就不能用了。

买回粉浆原料之后，有的自己家里做来喝，有的做好了到街上去卖，因为是古城的特色，老正定人都喜欢喝上一碗。自己做就是把买来的浆倒入锅中，沸腾之后，煮进黄米（用黍子碾制的米），熬制的时间要长，一直熬成米粒全部悬浮在浆中的稀粥（正定人叫"把米熬得一个赶着一个跑"），粉浆就算做好了。喝粉浆的时候，烫烫的，有一股特殊的酸味，再就上香油拌好的咸菜，能"哑"出一种独特风味来。有一个关于粉浆的笑话：有一个山东人来到正定看到好多人在小吃摊上喝一种米粥，刚好他也挺渴，索性也模仿别人坐下来要了一碗，结果酸酸的粉浆让他有点纳

粉浆

闷：这正定人怎么这么傻，粥都酸了还喝呀，干脆他找到摊主悄悄地说："老板呀，你也别给俺要钱咧，俺也不给你宣传咧，你的粥呀都酸咧。"

　　不少人可能喝过北京的"酸豆汁"，北京人还说"酸豆汁"是北京的独一份，以这种小吃而自豪。实际上，正定的粉浆与北京的酸豆汁是同一类的小吃，味道也是相同的。据老人们讲，过去北京的几家粉坊都是正定人在那儿开办的，掌柜的都是正定人，北京的"豆汁"就是因为正定人到北京开粉坊，从正定带去的小吃品种。只不过北京的"豆汁"中有一些淀粉没有去净，而且没有进行再加工，没有煮成黄米粥而已。应该说，北京的酸豆汁来源于正定府。

　　豆腐脑儿。"三桩宝"中的豆腐脑儿指的是正定城里特有的"卤豆腐脑儿"。正定豆腐脑儿有三种：一种是"老豆腐脑"，卤水点豆浆做成的，吃时放韭菜花儿、辣椒酱；一种是"石膏豆腐脑"，石膏点豆浆做成的，吃时放姜末、蒜泥；一种是"卤豆腐脑"——石膏豆腐脑浇卤。[①] "卤豆腐脑儿"讲究碗儿大和卤好：金针、木耳、粉条、面筋，什么都有，再加上香菜和香油。豆腐脑儿的原料是豆浆，用石膏点成，又白又嫩；卤汁中有粉条、面筋、金针、木耳等原料，淀粉勾芡。卖豆腐脑儿的也是挑一

---

① 　贾大山：《贾大山小说精选集》，作家出版社 2014 年版，第 178 页。

副担子，一头是豆腐脑儿，用一个裹着棉被的圆桶装着，用来保温；一头是下面加着火的卤锅，卤锅保持着开锅的温度。摆开地摊，长条儿地桌，长条儿小板凳，有的干脆把扁担的两头支起来作为板凳儿使用。用红铜打制的浅勺儿舀上几片豆腐脑儿，浇上滚烫的卤，加上酱油、虾皮、芫荽，再滴上几滴香油，闻起来喷儿香，吃起来特嫩。现在的豆腐脑儿，就失去了原来的风味。

现在正定的街上卖早点的不少，其中卖豆腐脑儿的也不少，但是现在都是用一种叫"内酯"的东西来点豆腐脑儿，都不是用石膏了，所以味道也打了折扣，他们做的卤也不再放过去那么多的材料，有的只是一锅芡粉汤，什么佐料都没有，已经失去了过去的风味。

老豆腐是清朝末年传入正定的小吃，主料是优质大豆，用太行砂岩石磨细研成浆，卤水点化结晶，五成鲜嫩于豆腐，五成醇厚于豆腐脑儿。原汤如水浮云朵，佐以韭菜花的鲜绿，伴上辣椒酱的艳红，一脉碧水春山。吃时用扁平勺将豆腐脑儿舀入碗中，加入纯红薯粉熬制，内有海带丝、金针、细粉条的卤汤，放上香菜、虾皮，再点入小磨香油，真是鲜糯清醇，豆香四溢，别有风味。老豆腐和缸炉烧饼是绝配。老豆腐舀在勺里似羊脂白玉，入口似羹，细嚼若肉，和缸炉烧饼一干一稀，一刚一柔，美出了一支传唱百年的民谣。传统缸炉烧饼，缸的胚胎是滹沱河细沙泥做的，用井陉老炭烧成无底大瓮，烤炉劈柴则是赵州鸭梨树的百年香木。缸炉烧饼的品质是"焦、脆、柔、韧，有三分红焖肘子的醇，三分脆皮烤鸭的嫩，又捎带了四分煎鱼的鲜"。

2. 炸盘算

炸盘算又叫炸麻糖、炸白片儿、炸对饼儿、炸果子，就是炸油条的一种，只是形状区别。为什么叫"炸盘算"呢？在过去，生活条件不算好的家庭为了改善生活，就会盘算着做点儿好吃的，做什么好吃呢，就认为炸油条好吃，最香最解馋，也不能天天炸麻糖吃呀，又费油，又费白面，吃不起呀。普通老百姓家逢年过节或者招待亲戚朋友摆不起席面，怎么好呢？那就盘算着吃吧，吃啥呢？吃麻糖吧！油炸麻糖两道街香，又解馋又好看，就这么着炸麻糖就成了炸盘算，也算是过去"好吃嘴"的人的自嘲吧。

炸盘算有白片儿和带糖醒之分，白片儿就是直接炸面饼，爱吃甜食的就可以要上带糖醒的——就是在面饼的表层附一层麦芽糖稀，再下油锅炸，香甜可口。赶集上庙的人，吃俩"炸白片儿"香香嘴，解解馋，那也是一件奢侈和值得骄傲的事呢。炸麻糖是老正定城街头早点中的美味小吃。老正定从前有一首有趣的童谣：

> 麻衣翘（方言土语，就是灰喜鹊），
> 尾（地方口语，念 yi）巴长，
> 娶了媳妇忘了娘，
> 把娘背到山沟里，
> 把媳妇抱到炕头上，
> 三烧饼，
> 俩麻糖，
> 媳妇媳妇你尝尝。

油炸食品除炸盘算外，还有麻花儿、麻叶儿。

一种麻花儿就是现在仍然在市场上卖的麻花，是用发酵的面粉加入少许糖炸制的，过去俗称"老婆纂麻花儿"。

一种是用发酵面和酥糖面垫在一起，将面剂翻转，炸好麻花儿后裹上糖蜜汁的"蜜麻花儿"。

一种是把面粉和好后拧成麻花儿，炸制的长约 30 厘米的脆麻花儿。

一种是把面粉和好后搓成条，卷在圆的小擀面杖上，连小擀面杖一同入油锅炸制，等到面条变硬，形成圆筒形状以后撤出擀面杖继续炸制，直到炸成的也是长约 30 厘米的筒形脆麻花儿。

麻叶儿是将面粉加上盐或者糖，和成面团，擀成非常薄的薄片，用单层或者多层切成长方片，反卷过后炸制的脆片，叫作麻叶儿，如果将麻叶儿裹上糖蜜汁，叫作蜜麻叶儿。

3. 正定八大碗

在河北农村，无论是过红白事还是过年过节，都讲究吃"席"。而在正定，用"八个碟子八个碗"待客的风俗也一直流传至今，婚嫁时招待亲朋"八大碗"成了必不可少的菜式。正定八大碗已被河北省列入非物质文化遗产。

正定八大碗，是正定一带民间传统菜肴的主要代表，此技艺创造经过历史演变和战乱，直到唐代才基本定型并开始广泛流行。吃八大碗时很有讲究，用八仙桌、坐八客、食八菜（八冷碟、八大碗菜）。

　　再追溯更早的历史，则有这样一个民间传说故事。传说，赵子龙打胜仗之后，常用四大碗肉菜和一些素菜犒劳将士。跟随赵子龙的厨师与一些将士返乡后，就把这些菜肴的做法带回了正定，发展成了"八个碗"。随着人们生活水平的提高，"八个碟子八个碗"也发生了演变，碟子由于小，盛菜少，演变成了盘子，由"八个"演变成了"十二个""十六个""十八个"等，盘子里菜的内容也非常丰富。但是"八个碗"由于做工烦琐，对技术要求高而没有大的变化，只是叫法由"八个碗"变为"八大碗"，碗里菜的内容基本没有变化，所以"正定八大碗"成为一种颇具特色的民间传统菜肴。

正定八大碗

　　正定八大碗主要包括四荤、四素。四荤以猪肉为主，四碗肉分别精选前膀肉、中肋肉、后臀肉、肘子肉，这四碗肉用的肉料不同，每一碗肉都有名字，分别为扣肘、酥肉、扣肉、方肉。四素一般选料为萝卜、海带、粉条、豆腐为主。八大碗不仅选料精良，做工更是讲究。先将选好的猪肉放在大锅中煮熟，煮熟后要趁热在肉皮上抹上一层蜂蜜，然后放进油锅中炸，直到肉皮成为黄红色出锅。等肉冷却后，再按照四荤碗的要求切块装碗。八大碗对刀工要求较高，切肉讲究方块则四面见线，方方正正；切片则长短协调，薄厚一致。切素讲究识菜下刀，错落有致，宽窄有矩。将肉碗装好后，上笼屉蒸。第一次蒸需要武火（大火）蒸一个时辰（两个小时），这次蒸不放任何佐料。大火蒸了两个小时后，肉中的油大部分被蒸出来，将这些油倒出来，接着再蒸。第二次蒸要用文火（小火），还是不放任何佐料，这次需要蒸半个时辰（一个小时），到时间后再将蒸出的油倒掉。

传统的八大碗需要传统的灶来完成。这种灶为长方形，顶头是一口大锅，为蒸碗所用，大锅向后为一溜对称的6个或8个小锅（也叫后锅），灶的顶端为烟囱。大锅在蒸碗时，后面的小锅用来炖素菜。

蒸碗蒸了两次并不算完，在吃之前将多种佐料熬成的汤加入每一个碗中，然后再上笼屉蒸一个到两个小时，这样才能使肉碗具有特有的味道。素碗的素菜直接从锅中盛到碗里就行。热气腾腾的八大碗还未端上餐桌，香味已经飘入人的鼻孔。八大碗上桌之后，最令人嘴馋的要数那四碗肉，碗中的方块肉肉皮为金黄色或红褐色，皮下肥肉为玉白色，再下面的瘦肉为酱红色，令人食欲大增。而用中肋肉做成的酥肉，则是一层肥肉一层瘦肉，玉白和酱红相间，使人垂涎欲滴。碗中的肉，看似肥腻，吃起来却没有腥味，肥肉的柔滑入口即化，瘦肉的美味唇齿留香。素碗中的菜，也有蒸碗的特色，平时粗硬的海带变得柔柔顺顺的像粉条，平时柔顺的粉条变得滑滑溜溜的像凉粉，平时软软的豆腐变得怀揣高汤味道醇美，平时平平凡凡的萝卜白菜也变成人们的最爱。

八大碗主要包括四荤四素。四荤以猪肉为主，并精选其肘子猪后座。四荤分别是扣肘、腱条、山药肉、米粉肉，而四素则分别是酸辣萝卜、蒸海带、蒸粉条、蒸豆腐。

正定八大碗是正定县、乡、镇婚庆及重大节日招待客人不可缺少的一套菜肴。正定八大碗的技艺主要在选料、刀功、火候掌握以及配料的选购等，由此制作的菜肴八大碗，制作精良，选材考究，经济实惠，肥而不腻，老少皆宜，且色、香、味、型俱佳，兼具显著北方菜系特征，荤素搭配，营养丰富，吃法讲究，现已形成一套完整、规范的工艺流程和技艺标准，不断被不同食用人群所接受和喜爱。同时，也被不断地发展完善。

八大碗制作技艺充分体现了正定县人民民风淳朴、热情好客的优良传统和精神特征。

八大碗的做法：

扣肘：猪前肘一个，先把肘子煮八成熟捞出，用毛巾把皮擦干净，抹上甜面酱，用油炸成皮起泡捞出，改刀定碗，用葱姜蒜、花椒、大料炝锅出香，加入高汤，再加盐、味精、白糖鸡粉浇在碗里，蒸一个半小时即可。

山药肉：山药切片过油炸至金黄色捞出，五花肉切片，然后一片肉一片山药码好定碗，放入红糖、白糖、盐、料酒、花椒水蒸40分钟即可。

米粉肉：炸好五花肉切片，用炒好的糯米放在五花肉上，粘满糯米后定碗，用高汤、盐、味精、料酒浇在定好的碗里蒸30分钟即可。

腱条：五花肉切片定碗，浇入高汤及兑好的酱汁，蒸40分钟即可。正定八大碗的荤菜均是运用独特工艺先煮后蒸，按照严格的程序和工序。

酸辣萝卜：萝卜切条，用辣椒炝锅，加入味精、鸡粉、米醋调好，浇在碗里蒸制15分钟即可。

蒸海带：海带发好后切条，用猪油花椒、大料炝锅，加入调料和高汤，再蒸制10分钟即好。

蒸粉条：泡好粉条，再用花椒、大料、葱、姜、蒜炒香，加入甜面酱、高汤、盐、味精、白糖、鸡粉调好放在碗里，上火蒸10分钟即好。

蒸豆腐：豆腐切三角片，用油炸至金黄色捞出。放入调好的汤蒸15分钟即好。

需要注意的是，正定八大碗不是固定的这八种搭配，可以根据个人喜欢事先点好，更换搭配。而且，正定八大碗随着时代的变迁也有不同的变化。据老师傅们回忆说，过去人们比较清苦，那扣肉都是切得飞薄的，夹都夹不起来，但是碗却是大海碗，油比较大的。

正定八大碗制作技艺以"宋记"最为正宗，最具传统风格。

正定八大碗的特点是荤菜不油腻，素菜不寡淡，与馒头、大米饭相搭配，吃起来满口留香，咽下去回味无穷。八大碗制作技艺充分体现了正定人民民风淳朴，热情好客的优良传统和精神特征。在正定一位姓宋的师傅做了几十年的传统八大碗，并将八大碗从民间的餐桌上搬到了酒店里，还将八大碗由八样开发到了十几样。他靠自己的功夫和技术，使"宋记八大碗"于2007年入选河北省省级非物质文化遗产。进入饭店的八大碗与玉米面饼子、小米粥、玉米粥等粗粮相搭配，吃起来不仅可以体验古人那样大块吃肉的潇洒，享受大碗喝酒的痛快，还可以佐以粗粮，讲究营养均衡和科学饮食。

4. 正定古城一绝——崩肝

古城正定名吃崩肝，早在唐代就已闻名，至今已有一千多年的历史。古城正定历史上与保定和北京并称为"北方三雄镇"，经常有战事发生，据说与唐代大将郭子仪有关。相传，唐明皇初年，郭子仪带回兵驻防真定（今正定）。一天，晚饭将熟的时候，忽然探马来报，城西擅马口发现敌情。郭子仪顾不上吃饭，立刻披挂上马，率众将士出门迎敌。三个时辰后，得胜而归，揭开锅一看，临出门时那一锅热气腾腾的生炖牛肝，这会儿已经自然煨干。但是，炖肝虽已煨干，却不糊不焦，色泽金黄，入口松脆清香，很受将士们欢迎。军帐内一位西域名厨由此得到启示，将鲜牛肝或羊肝切丝用香油蒸、炒，又加以葱、蒜、生姜、丁香、八角、茴香等调料，制成"美味崩肝"，流传后世。由"生炖"变"煨干"，的确算得上一种出其不意的变化，"崩肝"之名也许正源于这番最原始的背景。

正定古城一绝——崩肝

崩肝是个凉菜，用猪肝或牛肝切成很细的丝再拌上香油。正定"崩肝"做法独特，首先要挑选合适的动物肝脏，煮好（微硬最佳），之后的刀功、油温、火候都要恰到好处，崩好之后还要放在卤汤里面浸泡至少三天，工序非常复杂，称得上是"正定一绝"。崩肝色泽酱红，入口鲜香。长期以来，"崩肝"一直以家庭作坊生产为主，主要是现卖现做。牛肝有养血、补肝、明目、治血虚萎黄、虚劳羸瘦、青盲、雀目等功效。男女老少均可食用。

5. 马家卤鸡

马家卤鸡是正定的著名地方特产。马家卤鸡起源于明末清初，迄今已有 300 余年历史。清同治八年（1869），有记载的第一代传人马洛发，把祖传的卤鸡定名为马家卤鸡，并在正定府开设了马家老鸡店，有了相当名气。自从 1901 年慈禧太后品尝、赞赏后，马家卤鸡一度成为贡品，名声大振。近一百多年来，马家卤鸡世代传承，现已经为第 6 代传人。

马家卤鸡的制作工艺严格。（1）选料考究：一律活鸡，多精选一年龄的散养柴鸡，以公鸡为主，从不外购加工过的半成品。（2）严格屠宰：马家卤鸡所用活鸡，出栏后和宰杀前均有动检部门严格检查，合格的活鸡严格按伊斯兰教规，全部由清真寺掌教掌刀屠宰，然后褪毛开膛，除去内脏洗净控水。（3）造型独特：将白斩鸡一翅插入口腔，脖颈弯回，另一翅折叠，两腿别起，爪入膛内，呈琵琶状。（4）百年老汤：汤是制作卤鸡的关键和核心技术，汤的配方世代传承已为百年老汤，即使这么多年也不舍弃，而是用黄蜡封存深埋，因而汤中胶质氨基酸、芳香类物质十分丰富，每次卤煮新鸡，都要更换新料，添加丁香、砂仁、肉蔻、白芷等 20 余种名贵佐料，配以碘盐及花椒大料、小茴香等调味品，根据鸡龄掌控火候，每次煮过之后都将老汤沉淀过滤，去除杂质，保持汤鲜味美。（5）秀色可餐：煮好的卤鸡黄里透红、颜色鲜亮、油香扑鼻、清爽持久，味道醇厚，鲜嫩可口；鸡型美观，油光平展，不破皮，不脱骨，不腻口，久食不厌，老幼皆喜。

6. 常山郡热切丸子

正定古称常山，是国家历史文化名城。悠久的历史文化孕育出品种繁多的传统美食，常山郡热切丸子就是其中之一。

常山郡热切丸子不同于传统概念的丸子，不是球形，而是直径 5 厘米、长约 20 厘米裹着一层荷叶的圆柱形食品，因为食用时需要趁热切片，故名热切丸子。它与保定的焖子、深泽的肉糕似而不同，以其独特的口感享誉正定。常山郡热切丸子味道鲜美，且有一股荷叶的淡淡清香，吃到嘴里口感丰富。由于用香油、高汤和制的馅料，吃起来肉丝劲道有力，其余部分香嫩无比，入口酥软，舌搅即化。

热切丸子讲究一红、二白、三青。红是指新鲜的肉品，白是指上好的红薯粉，青是指极品的大葱。丸子类的食品一般经油炸制而成，而常山郡热切丸子采用蒸制的方式，能最大限度地保证食品的原汁原味，对身体也最有益处。

热切丸子在正定已经传承了600多年，曾是正定地区家庭主妇必会的菜式，更是宴请宾朋必不可少的菜品。

7. 王家烧麦

烧麦在正定的历史，已经很难查考了，据王家烧麦的传承人讲，在其爷爷那一辈儿会做，再往上推他也记不清，到现在传承给他，做烧麦的关键，一在和面，二在调馅。和面必须用温水，掌握水的温度要靠经验，面和好之后，用"走锤"擀面皮，用淀粉防粘连，走锤类似于一个细擀面杖外边套了一截短粗擀面杖，两手握住细的两端，用中间粗的部位来擀，朝一个方向做逆时针转动，熟手转五六圈即擀出一个面皮。这也是王家烧麦的传统工艺。

最后在蒸熟时，一定要用荷叶包装，不仅是为了美观，更为重要的是荷叶有一股特别的清香，香不腻口。

烧麦是传统叫法，在老正定人嘴里有个很形象的地方"名字"，叫作"撮撮包儿"。之所以名之为"撮撮包儿"，是和烧麦的制作工艺和样式有关。正定的烧麦馅主要是牛肉和羊肉，做烧麦的馅必须选用最好的肥瘦相间的牛羊肉，一层肉丝一层油最好，做出的馅膨松，口感松软，油而不腻。取羊肉和牛肉中肉质最好的"中肋"，细细地剁馅，配以葱姜蒜调味，绝对是家传老工艺，馅鲜味美。做烧麦皮儿要用烫面，就是用开水和面，面已半熟，再加入冷水和的面均匀糅合在一起，这样能增加面的韧性，将面团做成面剂后擀成烧麦皮儿，就可以放上馅做成烧麦了。擀烧麦皮儿，有着传统的手工工艺。这擀烧麦皮儿的擀面杖也与众不同，它是一个中间粗两头带把的类似棒槌的特殊擀面杖，俗称"悠锤"，用它擀出的烧麦皮儿皮薄而不平，周边如同花边，中间放馅。不用像蒸包子捏饺子一样合皮儿包，而是一手托面皮儿，一手拿个小薄竹板儿捱馅放到面皮上，就手将面皮儿用五个手指一提一撮口，一个烧麦就成型了，随手放进旁边铺了绿菜叶的小竹笼屉上，八个一屉，均匀排列，小小的笼屉里就像开满了石榴花。包烧麦的师傅手法熟练，就那么三个动作：托皮儿，捱馅儿，一撮口，动作不急不躁，轻盈优美。然后将摆好烧麦的小竹笼屉一层层地摞上蒸锅蒸熟。十几分钟就好了，一个个皮薄馅大的烧麦放在碧翠清香的荷叶上，形若杯，底为圆，腰收细，撮口如同花边，香气扑鼻，美观好吃。吃的时候，配上香醋、蒜瓣，味道更加鲜美可口。

现在烧麦是在烧麦馆里卖，过去烧麦在正定城里是一样街头美味小吃。烧麦都是推着载有蒸锅家什的独轮车在街头路边现蒸现卖，老政府东街口、大戏院子门口、大十字街老图书馆门前都曾是卖烧麦摆摊儿的"老地阡儿"。一辆木轮车，两条小长凳，几只粗瓷小醋碟儿，就是烧麦摊儿的全部家什。

卖烧麦离不了一样东西，那就是正定府潭园、海子岸、北门外出产的大荷叶——"镇州荷花一万柄，正对城门是酒家"。过去，在城南滹沱河有水的时候，正定城是一座四城泉涌的鱼米之城，素有"北方小江南"之称，潭园、海子岸水光潋滟，盛产莲藕。每到六七月天一样是"接天莲叶无穷碧，映日荷花别样红"，荷叶又大又厚又碧翠清香，老正定城买卖人拿它包烧鸡、熏肉、小驴儿肉那叫一个风味独特。卖烧麦的也一样。刚出笼的烧麦，不论你买几个都会拿一张青翠的大荷叶裹了递给顾客，捂一会儿再打开吃，肉香，油香，荷叶的清香扑鼻而来。夹一个咬一口，顺嘴流油，入口香味悠长，但一点都不腻口。这才是老正定烧麦的地道特色。烧麦摊儿旁边一般是卖饸饹或者豆腐脑儿、老豆腐的，互相搭配卖，二两撮撮包儿一碗老豆腐，就是一顿美味的早餐。

在过去，烧麦是普通人家解馋的小吃。当时有个流传语："上不起大北楼上小南楼儿，上不起小南楼儿街头吃包子儿。"就是说，那些有钱人上"大北楼"（当时正定城内有名的大酒楼的俗称），中等人家上"小南楼儿"（正定城内相对普通的饭店），上不起大北楼、小南楼的人想解馋就到街头吃"撮撮包儿"。那些没多少钱又"好吃嘴"的人为了解馋，又怕人家笑话，就来个袖筒里"摆席"。就是在街上买二两撮撮包儿（或者是花生豆、小驴儿肉、牛眼儿包子、芝麻球等小吃），用荷叶包了，"爽"（正定方言：藏的意思）在袖筒里，回到家一个人或一家人关上门哑默悄声独自吃，被人形象地称为"袖筒里摆席"。

8. 郝家排骨

郝家排骨是自己研制，在选料上也非常讲究，用大排是因为大排有骨髓，含钙，营养健康，选用的肉都是鲜而嫩的，熬制之前先用水清洗干净，熬制时的料包也是天然的15种料，熬制的汤汁也一直是用的老汤，原汁原味，熬制出来的肉质颜色发红，即使放置凉了颜色也不改变，风味独特。

9. 饸饹

饸饹已经成为正定城饮食民俗中美味小吃不可或缺的代名词。

饸饹是用荞麦面做的，一样是烫面。用开水和好荞麦面，由于荞麦面缺少黏合韧性，做出来的饸饹也就会断成碎头。为了增加荞麦面的劲道和韧性，在和面过程中要放进白面、山药（红薯）面或者榆皮面（榆树皮磨成的面），这样做出来的饸饹会更劲道，更有口感。

正定饸饹

正定吃饸饹要叫"压碗饸饹"。叫压碗饸饹而不叫"盛碗饸饹"是和饸饹的制作工艺有关。做饸饹的传统工艺是要用一个木制的饸饹床子压制。饸饹床子放在滚开水的大铁锅上方，揪一块饸饹面，团好了放进饸饹床子的凹槽里，人打着"提溜"使劲儿扳着压制饸饹的长压杆向下压，细而长的圆饸饹条就在力的作用下从有漏眼的凹槽里漏向开水锅里，就手用铲刀从漏眼根部断开，几个水开滚儿饸饹就煮好了，用大笊篱和筷子把饸饹盛进大号老瓷碗里，碗底事先放上焯好了的绿豆芽，再用铜勺浇上饸饹卤，撒上香菜码儿或者韭菜码儿，一碗香喷喷的饸饹就可以品尝了。

饸饹的做法各地基本都一样，味道有无特色的关键在饸饹卤。饸饹卤有肉卤、素卤两种。肉卤一般是羊肉汤和牛肉汤卤，卤汤里面有羊肉丁或者牛肉丁。素卤是用炸豆腐丁、豆瓣酱做的，酱卤味香浓可口，所以饸饹又叫卤味饸饹。饸饹碗里要放上楦头，那就是开水焯过的绿豆芽，绿豆芽的素香爽口，配以鲜美的酱香卤汤，中味调和，再好吃不过。荞麦面性寒，所以吃荞麦面饸饹的时候，饭桌上都是放有蒜瓣儿、油泼辣子和胡椒面，人们可以根据口味添加。

10. 牛头宴

牛头宴又叫"开大宴"，源于赤壁时期的牛头宴，古而有之，三国时期，相传有一位南夷孟获英勇善战，有本地野史称，诸葛亮七擒七纵孟获，并以牛头犒赏众将士，所以牛头宴是"众乐乐"之物。

牛头宴

牛头宴做法复杂。首先用炭火燎去牛毛，去掉淋巴组织，去掉牛耳。然后把整只牛头一分为二，加入十多种中药材，进入先煮后蒸程序。牛头的烹制是个漫长的过程。这牛头要先用老汤小火煮六七个小时，再大火蒸1—2个小时，就是隔着七八里地也能闻见香味，而且这么大的牛头可以骨酥肉烂，绝对是难得一见。牛头上的肉因为要入味，被事先切出宽条。吃的时候自己再切成小块。牛脸上的皮最厚，有3厘米。牛皮黏黏的，靠近骨头的肉却很嫩。整条牛舌被切成大片，摆在牛头四周，味道同样很棒。盘里点缀了些许小油菜，虽然主要是用来调色的，但因为菜吸足了肉汤，吃起来既美味，又清爽。

吃这牛头的时候，用上手中的刀叉，吃哪块儿切哪块儿，吃的时候最好蘸着蒜蓉、辣酱等蘸料。

11. 牛眼儿包子

跟烧麦一样，牛眼儿包子也是地道的老正定美味小吃。牛眼儿包子不是馅子里有牛眼，而是包子的形状个头儿跟牛眼儿一般大，也是用小笼蒸包蒸制的。起初和烧麦一样，是在路边摆摊儿卖的街头小吃。烧麦包叫"撮撮包儿"，牛眼儿包子叫"撮扭包儿"，就因为它的包子口不是开口，而是旋状撮口的，故名。

牛眼儿包子的面皮儿是发面的，馅是选用肥嫩羊肉中的上脑细细剁成。现在人们用绞肉馅机绞肉馅，过去全部是手工剁馅，讲究的是细、黏、粘，把馅剁到功夫上，在剁的过程中加入葱姜蒜末以调味儿，然后用花椒大料小茴香水"浆馅"，这也要讲究个时间。馅浆好后加入小磨香油和少许食盐搅拌均匀后就可以包包子了。包时两只手配合，一手托底儿，一手捏住了面皮儿在包子顶端一旋，一合，一个牛眼儿包子就包好了，个头有一头紫皮儿蒜大，现包现蒸现卖。别看牛眼儿包子个头儿不大，可馅香，一咬一个肉丸子。

12. 炸藕合

历代吟咏正定的诗词中，好多都写到历史上的正定是个鱼米水乡，有着"北方江南"之誉。明代诗人袁宏道在对王郡丞邀请他登上真定阳和楼把酒临风的唱和诗中写道："青天一碧翠遮空，浪卷云奔夕照中。郭外荷花二十里，清香散作满城风。"清代诗人汪士慎在路过正定城酬答友人写下的《水心精舍为大司马梁公赋》中"恒阳城外水烟长，万顷寒波带草堂。夹岸芰荷通竹里，行人疑是辋山庄"，清人程可则的《过正真定》也写道"镇州荷花一万柄，正对城门是酒家。下马当垆更斟酌，醉临明镜看吴娃"。他们诗中的恒阳、镇州、真定都是正定的古称谓，阳和楼是正定城内历史上的一座很有名气的高大古建筑，在他们的笔下，都写到了正定城内外水光潺湲潋滟好，荷花莲叶碧连天的景象，说明正定从前确实是个"莲叶何田田"的北方江南水城，盛产荷叶和鲜藕。

荷叶清香碧翠可以在夏季采摘下来储藏保鲜，用来为顾客包裹烧麦、熏肉、热切丸子、烧鸡等生、熟类食品，不但洁净环保，还浸润了荷叶的清香，成为老正定风味小吃的一大特色。

正定所产的鲜藕形似婴儿手臂，茎粗白嫩，富含有淀粉、蛋白质，可生吃也可以熟做。生吃入口微甜而脆，食而无渣，堪与雪梨媲美，具有清热润肺、凉血行瘀的药效；熟吃可健脾开胃，益血安神。在老正定城的美味小吃中就有一道叫炸藕合的小吃食，街头小摊儿或者小吃店就有卖的，做炸藕合用的莲藕就是正定本地的特产。

炸藕合的做法也不复杂，就是将藕去皮切片，每两片不完全切开而成一藕夹，用开水焯烫后在两片藕夹中放进葱姜肉馅，合在一起再挂一些面粉糊，下油锅炸至金黄色便可捞起，沥尽油之后即成藕合，吃起来藕香酥脆，嫩爽可口，人们往往买来边走边吃。

13. 煎糖糕

正定街头还有一样油炸风味小吃，叫煎糖糕。在老正定城人记忆中，太平街小任家的煎糖糕也是一个特色。说有特色，不单指的是他卖的煎糖糕好吃，还包括他卖煎糖糕的家什和吆喝声有特点，让那些经历过的老人们耳熟能详。煎糖糕也不稀奇，就是用饼铛油煎糖年糕。老正定城的年糕老有年头了，黄米年糕、江米年糕分别为黄白两色，象征着金银满堂、年年登高的吉庆之意，很早以前就成为有正定城风味的大众食品，老少妇幼都喜欢吃。年糕辅料里有枣、豆、果仁什锦各种样式，煎糖糕用的是糖年糕，把年糕横切成片放在铛子上，放少量的油，用中小火煎到里面柔软外面呈金黄色后，再均匀地撒上白糖，煎好后的年糕焦黄香脆甜，特别好吃。

从前，老正定城最有名的煎糖糕要数太平街的小任家做的。太平街过去叫太仆寺街，在老县衙的西侧，北边有个龙王堂，南边路边有两棵已有几百年树龄的老槐树，如虬龙蟠曲粗大古拙。到了夏天，两棵古槐枝叶相接绿荫覆盖，人们常在树荫下品茶聊天下象棋，是一个乘凉好去处。小任不小，是个老头儿，身量不高，精瘦，每天担着个担子到大街上卖煎糖糕：一副担子，一头是火炉、铛子，一头是一只箱子，箱子里面装着蒸好的年糕，现煎现卖。

别看任老汉个儿不高，可吆喝起来却很有特色，又泼又野，底气十足。在正定已故全国著名作家、河北省原作协副主席贾大山先生的小说里，就曾艺术地描写了他的吆喝声："煎糖糕"三个字不是一下出口的，而是用拼音字母拼出来的，一个字母要在嘴里打好几个滚儿才肯出口，嗓音尖锐，像汽笛儿："煎——糖——糕——！"一声吆喝至少持续半分钟，尾音拖得很长很长。并且吆喝的时候，闭着眼，攥着拳头，脸朝南，在曲折、漫长的行腔过程中，脑袋雷达似的向西、向北转动着，吆喝完了，脸就朝东了，声音覆盖全城。那年县城刚刚解放，空中时有敌机飞过，他一吆喝，街长就急了"别吆喝啦！"——怕他招来敌机。①

14. 卤煮狍肉

正定狍肉其实不是真正的狍肉，而是野兔肉。据说明朝太师太保梁梦龙做官时喜食狍子肉，告老回到正定后，一次家宴上吃到野兔肉，极赞其味和狍肉一样鲜美。后来人们附会迎合，正定的野兔肉便成为"卤煮狍肉"。虽然名不符实，却也风味独具。西南街的兔子老李的卤煮狍肉是正宗的正定名吃。

15. 其他

正定饮食类名词

正定方言	普通话释义
乱　粥	熬粥（拌面煮成的饭）
干　饭	米饭
馍　馍	卷子馒头
麻　糖	圆形且中间划开的油饼
油　香	回族特制的油饼
扁　扁	粥状煎烙的薄饼
面　饦	面和萝卜丝煎烙的饼
糊　糊	面菜搅后做熟的食品
扒　糕	用荞麦面制成的凉拌食物
俏　头	烹调时为增加滋味、色泽而加的香菜、木耳等菜码
供　香	祭祀食品
芝麻盐	用面粉、芝麻加盐炒成的食品
香	芝麻油
腥	猪油
肉	荤菜
起头儿、酵子	面肥（发面用的）
干粉面	芡粉
草子糕	蛋糕

---

① 参见贾大山《贾大山小说精选集》，作家出版社2014年版，第223—224页。

点　心	糕点
化食丹	鸡内金
饸　饹	用麦、豆或荞面制成截面为圆形的面条
窝窝头	用玉米或杂和面制作成圆锥形中间有空心的食品
干粮儿	用面成型后的熟制食品
饼　子	用玉米面、高粱、山药等面蒸熟的食品
嘎巴儿	锅巴
糊　煲	饭菜在锅里变焦发黑
下　水	动物的肠、肚等
卤煮狍	卤煮后的野兔子

第三节　正定的居住民俗

居住在人类衣、食、住、行四大物质生活需要中居重要位置，是家庭的安居之所和家庭社会地位的表征。没有住宅就没有家庭存在的物质载体。一个家庭住房条件的好坏，是这个家庭经济状况的直接外在表现。正定民间认为，住房跟家庭夫妻和睦、人口兴旺、子孙孝顺、财运和仕途等都有联系，所以人们对拆卖旧房、建造新房等，也都极为谨慎和重视。

一　居住地的选择

从古至今，正定人对居住地点的选择是很重视的。古人言"宅，择也。言择吉处而营之"，人们总是把选择"风水宝地"摆到首要地位。择址标准为：

1. 地势好，水源近

在选择居住地的时候，正定人一般习惯在地势平坦或稍高一些的地方，以求行动方便、通风防水。人们还要求离水井等饮用水源近一点。这主要是因为过去家用水井较少，一般都是公用水井，距离太远对生活会有诸多不便。周汉河、滹沱河沿岸的居民，还要尽可能避开滩地建房，以防止夏季洪水漫灌房屋，冲掏房基，影响住房安全。

2. 安全可靠

一般选择"人烟稠密"之处营建房屋，认为群居可增强安全感。古人认为人多的地方人气旺盛，其后必然人丁兴旺、"多子多福"。同族同宗相邻而居（聚族而居），以此希望得到同族的相助。同时选择居住的地点，往往都比较注重选择道德高尚、家庭教育有方的人家做自己的邻居。

3. 经济方便

在正定的居民，则要考虑房屋到自家土地的距离、道路交通、水井水渠等有关因素的影响。

4. 其他因素

正定居民一般选择西北高、东南低的地势建筑村落或宅院，这是有其合理依据的。正定地处华北腹地。西北高东南低的地貌特征和冬天刮西北风、夏季多雨的气候特征，必须正视冬季的御寒问题。正定的宅院保持西北高、东南低的基本格局，可以保证北正房冬季大风和夏季雨水的通畅，维持农居的安全无虞。还有许多地方在选择居住地点时"宁在庙前，不在庙后；宁在庙左，不在庙右""宁在学房，不在庙堂"。实质上也是追求人丁兴旺意识的反映。

二 村落规模

自古正定人们择吉营宅，连宅成村，居村为民，繁衍生息。从正定的历史发展来看，古代同现代，贫穷地区同富裕地区，村落规模的大小和村落的营建质量有着很大差别。一般来说，正定村落的规模比较大，村落之间距离也相对较近，有的甚至相互毗连。在富裕地区的村落则比在贫瘠地区的村落营建质量要好，这种对比现在表现更为突出。

中国历史长期的土地私有制，制约了村落营建的合理布局，故直到今日正定村落还多呈不规则状态（新中国成立后新规划的除外）。清代以前村落的规模比现在要小得多，例如清末正定全县有村 212 个，500—1000 户的只有 7 个，100—500 户的有 100 个左右。100 户以下的有 93 个。并且明清前后，石家庄各地因兵燹影响，呈现地旷人稀之状，明洪武年间正定全县只有 1564 户，20746 人。

新中国成立后出现的几次大规模新房营建高潮，正定的村居状况发生了翻天覆地的变化。20 世纪五六十年代各地大量拆除土房和土坯房。翻盖表砖房和部分跑砖房。20 世纪 70 年代大量建盖卧砖房和部分牵檐房；80 年代大量建盖牵檐房和部分二层楼房；90 年代普通平房的房间面积迅速增扩，内部结构向楼式化发展，许多甚至直接盖成了楼座子，三层和六七层的高层楼房出现。如今正定的村落和民居建设同历史上比较，已是全面改观：除极少数表砖房外，各地均是清一色的卧砖房。由于20世纪70年代以后，许多村镇实行规划建房，故很多规则的村落格局，已被排列整齐、高度一致、大小街道平坦的新村所代替。现在无论在滹沱河南，还是滹沱河北，随处都可以看到幢幢农家小楼成排成片，甚至整村整庄如正定县的西兆通等村镇，早在80年代早期就规划建成了全村性的二层楼房。今日新农村的功能亦远非古代村落所能比附：居住、医疗、商业、通信、交通、娱乐等项都有比较完整的体现。农村居民不仅在住房面积上超越城镇，而且在住房的总体质量上也同城镇日益接近，有一部分则远远超出城镇。

三　房屋式样

新中国成立前，正定的宅院布局，以"四合院"为最高追求。人们一般以坐北朝南的北房为正房（北正房），另有厢房（东、西房）及南房，围筑成一个方正的四合院落。正房与厢房既可以单独成幢，也可以北东、北西，或北东西房一体建构，还可以通过走廊将各房连接起来。从房屋的式样看，主要可以分为平房、牵檐房、瓦房、楼房等。

平房是最普通、最一般的农村住宅，其状似一个方形盒子，前山墙顶由外突出二三寸的青砖或者突出一尺左右的椽子，支托着房顶，形成一个房檐，20世纪70年代，人们经常用自己手工打成的水泥椽，80年代则喜欢用小水泥板代替原来的木头椽，平房的房间数各地不一，一般有三、四、五间。在房间的布局上，三间房的开一个堂屋门，从堂屋内再分别向两侧房间各开一个小点的门，俗称"帘子屋"。如果是四间房，一般开两个门，堂屋一个，组成三间"帘子屋"，套屋（耳房）开一个，单独成屋。五间房组成时，一般开三个门，堂屋一个，两头套屋各开一个；最少需开两个门，堂屋一个，两头套屋任意开一个。一般每个房间都有窗户，有时套屋可以不安。

牵檐房又叫厦架房、抱厦等。其同平房的主要区别，是在阳面山墙之外再增加二檩宽度，由数根明柱支撑，形成一个独立的敞廊，廊顶和廊基（厦台）都与原房是同一个整体，可以防止夏季雨水溜进门窗内，窗前的厦台上也可以堆放一些物品。牵檐房与平房在房间数上的要求是一致的。只是在开门方向上有所变化，三间房子可以都盖牵檐，中间开一个门；也可以盖两间牵檐，剩余的一间同厦台盖齐，房间在东头就冲西在厦台上开门，反之则冲东开门。四间房子可以盖牵檐，开门方法同三间一样；也可以盖四间牵檐，堂屋和套屋各开一个门。五间房子一般盖三间牵檐，中间开门成帘子屋，两头同厦台盖齐，东、西两头相对开门，这种叫"燕窝牵檐"。牵檐房的檩木是由明柱支撑的，明柱数量同梁数一样。20世纪80年代初，人们把小水泥梁同房屋里边的大（圈）梁连筑在一起伸出前檐，叫作"挑梁"，这样就取消了明柱。挑梁的牵檐上一般多铺放水泥板，比较简单易行。

瓦房主要是针对平房和牵檐房的顶子而言。如果是铺瓦的顶就统一称作瓦房。瓦房一般都有青瓦铺成脊状，以便迅速排泄雨水。由于瓦房的造价较高，普通百姓建盖较少，一般都是衙署大户才盖。

楼房指的是两层和两层以上的房子。正定历史上盖的不多，主要是造价太高，普通百姓盖不起，只是一小部分地主大户才盖些楼房。20世纪80年代后，正定农村的楼房日益增多，至今仍旧势头不减。

在正定历史上，如果一个家庭不盖四合院，一般先盖东房，再盖西房。只盖一面厢房则盖东不盖西，因为过去人们认为东厢是少男地，西厢是少女地，如必须进行抉择，即多选少男地，古人的重男轻女由此可见一斑。在各房的比例上，北正房最高，东厢房须比北正房低二寸，西厢房又要比东厢房再低二寸。长尊幼卑、男尊女卑的旧礼教思想，通过此种建筑格式得以反映。

过去，有的大户有两进甚至三进四合院，这就必须把中间房子的堂屋留作过厅或者留下居中位置专门建盖门楼，进大门后的二门、三门等门楼或过厅都是直进的对开扇门，头重大门楼则不能直进，如果是南北方向进出，必须将门楼对面用木板做成薄墙，挡住正面，从侧正一方或双方通过；或者开巽门，从东西方向进出。如若只盖门楼头，不爱从哪个方向进出，则必须在门楼对面建盖影壁墙。普通人家因为院子太大，也有把院子分成两进的，一般是在院中央修一道墙，墙的中部盖门楼头或大门。

如果在自家宅院挖掘水井，其位置要在院落中心线东边一侧，传说那是龙地，水源充足，院落的西南角是盖猪圈的位置，但是圈棚高度不可太高，否则对家人不利；一般人家的猪圈都是"连茅（厕所）圈"，一个猪圈留两个厕所，猪圈的西北角留一个，东南角留一个，但厕所门一般都开在院墙外面临街处，是男厕或过往行人的公厕，基本上都露天的。在山区则把猪圈盖在院外，而且不能盖成"连茅圈"（厕所是独立的），因为人们认为那样不卫生。四合院、三合院的圈厕因院内无可建之地，也只能建在院外适当地方。

北正房院落的大门大多开在院落的东南角，这里是八封的巽地，故习惯称巽门，有些山区宅院的大门位置是由摆入罗盘来决定的。过去，因经济条件有限，普通人家大门口的"大门"，只不过是一面"栅栏"而已，平常的栅栏是先用木棍做成框架，再把秫秸、葛针、树枝等物别在或钉在框架上，一端套在或者绑在内侧固定的木桩上，早晚开关即可。一般人家都盖有质量不同的影壁墙。少数富裕人家，对大门比较讲究，要在门口盖一个高门楼、安装木制的大门，结实美观。

新中国成立后，特别是20世纪70年代后，随着经济水平的普遍提高和房宅数量的逐渐增多，许多小家庭建立不久就同长辈分居独住，这就使得人们已没有必要在小院中加盖配房、建成四合院，所以许多人家便只盖东厢房，并且把厢房最南面一间留作大门洞。经过绘制、粘贴墙面和安装铁、木大门，使大门既简洁实用又经济节约。虽然现在宅院的配房少了，但正房的面积却成倍增加，院墙的质量与高度也在提高，许多院墙同正房的山墙高度已是不相上下。无论是门楼还是门洞的规模与质量都大上档次，贴瓷砖或瓷砖壁画已经极为普遍，多数还贴上诸如"紫气东来""幸福之家"之类的瓷砖门楣联和各类瓷砖对联。为了方便拖拉机等车辆进出，多数大门修建得都比较宽大，这就使得现在的大门非常美观气派。

四　房屋建筑

在正定，以北正房为主体的四合院式民居格式，以及建房风格、材料和房间功能，都是持续到新中国成立初期才逐渐发生实质性的变化。正定的房屋结构，从古到今基本上经历了土木结构、砖木结构、钢筋水泥结构三个主要阶段。无论采用哪种结构建筑房屋，最基本的施工程序大都一样。

1. 选址

选址，即在村落或院落中选择营造房屋的最佳地址。这一步可简可繁，一般人都比较简略，自己认为合适就可以了；但也有的人家搞得比较繁杂，自己有了初步设想后，又找来"风水先生"，看风水，观阳宅，放较盘，看地气，枉费钱财。随着科学知识的广泛传播，这种情况在今天已经不多见了。

2. 挖土方打基础

各地为了使住房牢固结实，对土方基础很重视。在土质比较好的村镇，土方工程一般不大，主要是挖出一个比墙基稍大一点的地槽，只要比砖墙稍宽大一些就行。房屋的高度越高，地槽就挖得越深。如果是平常房子，挖上一尺左右就够了。地槽挖成之后，经过简单夯打并抄平，四角钉上木楔挂线定标，即可摆砖叠砌墙基。

在地质松软的沙质地区，土方工程相对较大。人们先要下挖一米左右的地槽，而且槽宽要超出墙宽许多。地槽挖成以后有两种方法打基础：一种是水灌法，指的是一边向地槽内灌水，一边不断向槽内投放细沙，而且地槽内专门有人来回水，刮平水槽内的沙土。如此连续进行，使槽内填满沙土，再停止灌水。等次日槽内的水完全渗毕，沙基即如夯打开样，直接抄平砌墙就行。另一种方法是把黏土同白灰粉按一定的比例（有的还掺上沙子）掺和后，填入地槽内，再打夯夯实，而后砌垒墙基。

3. 瓦作

瓦作就是砖砌垒墙的过程。因为过去砌墙都须手拿瓦刀，人称"瓦工"，故称砌砖过程为"瓦作"。也有人把过去盖瓦房时的摆瓦过程称为瓦作，我们认为这种瓦作的含义过分狭隘。瓦作是建房过程中最重要的一道工序。瓦作从最基础的根基开始；各地台基高度有异，平原的砖房基一般在9—12行，离河较近的村子要稍高一些。按门口的台阶算，有三、五、七步之分。完成基础后，如果是盖砖房，就继续搭架往上砌，这个砌山墙过程叫"甯筒"或"拿山"。筒（山）高按室内从地面到小椽的高度，要求是一丈一尺至一丈一尺五寸。

当时打造土墙一般都选择在秋季进行。秋季秋高气爽，降雨量非常少，是打墙的最佳时节。打墙时，本家和几个来帮忙的乡亲先用一个宽大结实的门板做挡板，然后找十几块板子按照打墙的厚度砌成长方形的模子，用木棍、大绳固定好，然后把土放入模具内，用石夯和石锤一点一点地把土墙基础打好，等到了一定高度，需要用人工加土踩实再用铁锹稳固，坚固结实的土墙便建成了。

过去盖土坯房时，人们一般要用砖（一种比今天红砖略大的青砖）垒房子的四个角砖腿，用来增加房子的稳定性。新中国成立前，表砖房或极少数的跑砖房（卧砖表墙）是最好的房子，卧砖房十分少见。新中国成立后，人民的生活水平和经济收入提高，20世纪70年代以后盖的砖房都是卧砖（基本上都是由转盘窑烧制的红色黏土砖），故现在人们已经统称"砖房"而不是进行"表砖""卧砖"之分了。改革开放以来新房不论是平房还是楼房，都是越来越高大宽阔，现在平房的进深达12米，楼房的进度则到了15米。许多新房都在房基上打水泥圈梁（内有钢筋骨架），有的还要打两道梁或三道梁。瓦作完成（土坯、砖房垒到顶，小二楼打好最上边的圈梁）就该进入下一道工序了。

4. 木作

房屋大、小山墙的砌成，标志着瓦作程序的基本结束。此时，木作开始（这里指的是砖房），木作指的是建房过程中的木工工作部分。因为长期的摸索实践，建房规格早已约定俗成，主要说明盖"几檩"房，"掌作的"（指挥、工头）就会布置瓦作和木作分别投入工作。"檩"是房子的檩条，是架在梁上的横木。以北正房为例。梁在房顶上是南北方向摆放。檩是架在梁上东西方向摆入。一般来说，檩与檩之间的距离按小椽长度是三尺三（但因小椽要搭在檩条上，故实际距离就小于三尺三），"几檩"就是几个三尺三，所以，檩数越多，房子越深。"几间"或"几（个）梁"则是房子宽度的规格，一间屋两个梁再加一个边梁，就是房间数，如三间房四个梁（俗称"四梁八柱"），四间房五个梁。梁数和间数越多房体的宽度就越大。因为有固定的规格，在瓦作开始的同时，木作也就在附近的空地开始了，木工们先把木料（主要是梁、檩、小椽，有的当时做有的事先定做）按规定长度打好。其后，再分别刨、凿、锛、楔，把木料做成需要的形状，最后再把加工好的木料按实际格式，在平地架装在一起备用。因此，尽管人们常说瓦作之后开始木作，实际上却是木作高潮的开始。在盖土坯房和表砖房的时候，则是于基础完成后先行架装"四梁八柱"，并用斜木支撑固定，然后再逐次垒砖（坯），把"八柱"（支撑梁、檩的立柱）包砌在山墙当中，这种先行竖（立）柱、上梁的运作程式，使得整个木架结构紧密地楔合为一个整体，坚固耐用，以至于洪涝时，土坯与房顶都已经坍塌无余，房木架子却还巍然屹立。

因为木作（主要是上梁）是整个建房过程的高潮，故主家、掌作和帮工们都格外重视，许多主家吊装"披红檩"（堂屋中心檩）的时间都是经人刻意挑选的，这时主人要鸣放纸炮，摆供香案，叩头求吉。人们把梁木升顶称为"上梁"，届时把已经标注了位置次序的梁檩（如东三、北三等）从架上分别拆卸下来，再依次用大绳拽吊安装。上梁的仪式，各地大同小异。在正定等地，每家的"披红檩"都贴写有"姜太公在此，诸神退位"的红纸平安符（也有的在此位置画一个阴阳鱼图案），还要把一个带红布条的小"木挣子"（老式织布部件）用细红绳拴在檩上。平安符或阴阳鱼的两侧还要另贴上"金童扶玉柱，玉女架金梁"红纸吉祥条幅，披红梁要在其他檩木安放完毕之后才能吊装。上梁、安檩之后，再往檩条上铺放椽子。所有的椽子铺放完毕之后，木作过程基本结束。接着便是铺放秫秸或苇箔（有钱人家铺放方砖），而后再分别上一层滑秸和"苦累土"，用上碌碡压实。最后，用滑秸泥抹顶，房子的主体就完成了。

新中国成立前部分经济实力不足以及新中国成立后许多盖卧砖房的农户，都把木梁省去了，就把檩条直接搭在左右山墙上，叫作"硬扛山"。这样，虽然节省了购买木梁的资金，但上梁时的一套仪式却依然如旧。

另外，过去大户人家房子，有的小山墙（隔山）是通窗格式，整个木墙面积很大，做工复杂，是建房过程中的又一项重要木作内容。

改革开放以来，楼房的建筑技术已经广泛用于平房建筑。许多平房的设计，都是采用楼房的多重套间结构，使厅、堂、厨、卫各自分离，既卫生又互不影响。20 世纪 80 年代以后，许多家庭在瓦作之后，省去了上梁过程，在墙顶上打圈梁，而后在圈梁上直接安放水泥预制板。不少人家在土方工程中就挖、垒地下室，使平房的式样、标准同小二楼完全一致。也有一部分人家因财力或用途原因，把基础完全搞成了楼样（楼座子），以便日后"东山再起"，直接接成二层。

5. 抹顶

过去的房屋在完成上梁并铺上苇箔、"苦累土"之后，为防止漏雨，还要抹一层滑秸泥，约有二指厚，因为隔水性较差，往后基本上每年都要抹一层，以至于有的老房子把滑秸泥抹到了一尺多厚。为了增强防水性，许多人家就用陈年老炕的炉坯土抹顶，效果不错。新中国成立前的有钱人家和 20 世纪五六十年代以后的普通人家，都用炉渣（白）灰铺盖房顶，其厚度约在三寸，在春季人们把拌好的炉渣灰摊在顶上，再用约 4 厘米见方的两根木条，错开钉在一起（后半部当手柄）连续抽打，把炉渣砸实，并且把灰浆拍出来，再用玻璃瓶子或光滑的扁圆石块来回蹭，直到蹭出亮皮。经过一春天的风吹日晒，到雨季房顶干透之后，房顶就特别平整结实，不漏雨了。正定俗称这种方法叫"砸顶子"或"锤顶子"。近年以来，随着小二楼和楼式平房的大量出现，在使用楼板封顶之后，便都采用了一种更简便的方法——"筑顶子"。就是把小石子加水泥拌和后浇筑二寸左右的一层，使整个楼墙楼顶合成一体，防水抗震，一劳永逸。

五　房屋的装修和功能

前四道工序完成以后，工程进入最后一道工序——装修。新中国成立前，一般的劳动人民生活贫苦，许多人房无一间地无一垄，能有个简陋的小屋栖身就不错了，人们对房屋的装修基本不存奢望。

1. 墙壁抹灰

正定的许多人家，在房子的主体完成以后，一般是先对内外壁进行简单的掩抹。人们用稀滑秸泥在外墙上抹一层厚度 2 厘米左右的保护层，有条件的再抹一层白滑秸灰膏，以防冷风透过和雨水浸坏墙体。室内墙壁的抹法跟外墙壁一样，但一般都加抹滑秸灰膏；对滑秸的要求也稍高一点，要挑选细白、光滑的。也有人用蒲棒（絮），但抹出来有小黑点。所以有钱人家一般都选用剪碎的白棉花和灰，以保证墙面的洁白。房屋的内壁抹上一层白灰膏，既可使室内白净，又可使墙壁不易卤蚀掉土。

2. 安装门窗

对门窗扇安装整理也是装修的一项内容。因为新房的门窗框大都在垒墙之初安装，故主体完成后首先要安装门扇。一般人家都使用厚木板门，分两扇，厚一寸五左右。两个门扇相加的宽度不可低于三尺三寸。门扇向外一面的中间部位钉有铁环锁钥；向里一面的中间或偏下部位设置木门闩。经济条件好一点的人家还要在堂屋门上安装简约的风门（镶板，上半部为方格窗式），单扇，向外开启。如果新房的窗户已经预装完毕，这时要检查其平整度，有被压弓、压裂现象出现，要及时采取措施校正；有安放不稳的要通过挤楔、抹灰等方法进行加固。老式的窗户基本上都是木棂方格窗，一般规格是 4 尺 ×5 尺大小；也有花格木窗及"翻天窗"或"支撑窗"等，但一般仅限于少数有钱的大户，数量很小。门窗安装的扫尾工作完成后，有的用墨汁涂黑一下门框，用大黄粉涂一下门扇，这项工作就算彻底完成了。

20 世纪 80 年代后，老式门窗基本被淘汰，新房差不多都使用西式门窗：薄镶板门，对开扇玻璃窗，而且门窗面积越来越大，并且门上也附带顶窗或偏窗。窗户也由两扇发展为三扇、四扇、五扇等，使得整个阳面墙几乎都被门窗所占，采光效果大为增强。现在门窗的质量也越来越好，由一般木料到松木再用铝合金材料，时下一部分人又开始使用塑钢门窗。门窗的安装方式也由随瓦作垒地变成了预留空口，最后安装。

过去人们对室内地面的处理都很简略，用打坯的"杵子"，有的叫"碡子"（在八寸左右的方底或圆底石臼上安有一个长丁字木手柄的工具或小木夯，把地面砸实。有钱人家普遍都墁一层"八砖"（方砖）。

特别是改革开放后，正定对住房的装修已必不可少。不少外墙用水泥、水刷石、瓷砖甚至大理石包装起来。内墙在白灰（掺麻刀或玻璃纤维）抹光或水泥压光之后，再用涂料涂刷，有的则刮仿瓷涂料。富裕农村或城镇的不少人家，尤其是盖楼房的人家，还要贴壁纸或进行木装修。新房都是水泥、瓷砖或水磨石地面，部分楼房铺装的是木制地板。屋内的房顶也要用石膏板等吊顶或制作灯池、灯饰。屋内墙壁要装饰壁灯、壁画、条幅、博石架等。

3. 睡炕、锅灶

在室内设施上，过去最基本的就是火炕、锅灶。以北正房为例，火炕都盘在东、西卧室的南面，高度以一立坯（一尺二寸左右）加一横坯（六寸左右）为概数，基本上就是在坐炕时，膝盖以下的小腿高度同火炕高度持平。火炕的长度是整个房间的东西长度，宽度不定，以能横躺休息为准则。因为炕里留有烟道，故人们常以留几个烟道为宽度单位，叫"几洞炕"，如"八洞炕"就是内有八条烟道。烟道通过炕东（西）南角处的洞口同小山墙外面的灶台相通，只要烧火做饭，炊烟便通过火炕中的烟道经东（西）南角处进入南山墙中预留的烟囱道。由房顶的烟囱排出。这样，既可以使烟气能够及时排出，又可以保持火炕在饭后的温热不潮，对冬季睡觉尤好。过去的火炕都是用土坯来盘，下边用大坯支插烟道，上面用薄炕面坯平铺，最后用滑秸泥抹平整。正定的滹沱河南岸村镇，因为堂屋不垒锅灶，所以火炕的东（西）南角也没有通过小山道的火道。但是在火炕的北边都留一个火口，平时，主要是冬季烧梄子秸等热炕取暖。也有一部分地区，并不在堂屋盘灶台，而是在"厦架房"的阳面外靠两边盘灶，再通过山墙与屋里的火炉连接。在井陉等地区的窑洞内，则在炕根下盘一不足半尺的小锅台（不用风箱），上置洗脸盆大小的铁锅，用于做饭和冬季热炕。

在正定的多数村镇，锅灶都是建在一进堂屋门的两侧贴墙角处，有用砖垒的，也有用坯垒的，高度和大小根据铁锅的大小来决定。一般用五印锅、六印锅的比较多。锅台的外侧底部中间留有小风口。用于安插风箱的风嘴，抽拉风箱鼓风。锅台的前方有火道穿墙与内室的火炕相通，借以排烟和热炕。正定县的滹沱河南岸村庄则不在上房盘锅灶，而是在厢房等处另设厨房盘灶做饭。

由于正定普遍存在"四破五"（在四间房的地盘上设计成五间房，以求居中对称）的习俗，所以就以居中一间为掌屋，充作过厅和厨房。人们信守东为大的古训，故堂屋东侧一间为房上屋，由家庭中年龄最大的长辈居住；其次是堂屋西侧第一间，为上房次上屋，由次辈居住，再次是东厢房、西厢房。南房一般作牲口棚、碾（磨）棚或帮工住房等用途。一些比较大的宅院要分两进、三进甚至更多，这种情况以最后院正房为上。

目前，因为家庭经济实力和审美意识的增强，人们普遍对平房和楼房布局进行了一个实用性很强的重要调整：新增或加大原来堂屋的面积，作为客厅使用（过去滹沱河南岸地区就有把两间屋合成一间大堂屋的习俗），用于迎来送往和红白喜事的活动场地，这种情况在过去并不是很多。

4. 室内陈设

新中国成立前，农村中的富裕户，居室内多布置成套的立橱（一般是两个立橱一个橱楔，三个配套的橱顶箱），立橱前面是立柜；还有迎门橱、炕橱、方凳、条凳、洗脸盆架、火盆架等。在迎门橱布置有梳妆镜、梳头匣、胆瓶、茶盘、茶壶、茶碗等。靠迎门橱上挂中堂画和条幅。堂屋内靠北墙布置有方桌、太师椅、条几，靠方桌的墙壁上挂中堂画和条幅。少数大地主和巨商有专门客厅，摆设更加豪华，有名贵瓷器、金银器皿和玩物等。

一般农户没有成套家具，只在居室内摆一个立橱、一个迎门橱、一个坐柜，俗称"半套家具"。穷苦农民的居室内，只有简单的破旧家具，有的甚至一件家具也没有，在放迎门橱的地方垒一个土台，以备放灯盏之用。

新中国成立后一个时期内，农民居室的摆设没有大的变化。20世纪60年代以后，城镇和农村中才出现了用人造板做的新式立柜、酒柜、高低柜、写字台等。80年代，祖祖辈辈住土屋、睡土炕、坐蒲墩的现象彻底改变，新式家具普及，组合家具流行，沙发、茶几、圆桌、折叠椅、双人床、席梦思床等进入普通百姓家。一些集镇和其他工副业较发达的村庄，不少户室内摆放了洗衣机、电风扇，甚至电冰箱。为了不让传统的锅灶熏坏漂亮的住房和高档家具，许多家庭另盖了厨房，睡上床铺，有的还安装上土暖气，撤去了冬季室内取暖的煤火炉子。

为了美化居室，20世纪80年代许多家庭中堂画已改为布轴画，墙壁上布置带框的玻璃画，少数人家墙上镶嵌瓷砖壁画，不少家庭摆设塑料盆景。

5. 照明

旧时，农村多用豆油、棉油、蓖麻油灯照明，灯头如火，灯光昏暗，少数富户用蜡烛照明，民国期间，随着"美孚牌"煤油的传入，少数富户或工商业者开始用煤油灯（分罩子灯、保险灯、提灯等）。演戏或集会用汽灯。

新中国成立前，工商业发达的县城有了工业用发电机，除作动力外，机关、工厂、学校开始用电灯照明。20世纪60年代至70年代，农村先后都通了电，70年代后电灯照明基本普及。不少家庭很重视灯饰，有的装了灯池，有的安了壁灯、顶灯、台灯。

6. 神位摆放

受封建传统文化影响，农民的敬神求吉思想十分严重，不少家庭通过一定形式供奉各路"神仙"：土地神，供在一进家大门的影壁墙上；没有影壁墙的就供在门左侧内墙上。天地神，供在上方堂屋门左侧外墙中部（盖房时预留神龛或直接在此贴纸像）。全神（集各路仙道的名、像于一龛）、观音，供奉于堂屋东北角处。财神，因受传统的金银不露白思想影响，一般放在里屋的东北角等处。关公神，供奉在堂屋东北角一人高的后山墙上的神龛里，或专门制作的架板上。灶神，贴在灶台正上方的山墙上。门神，过年时贴在堂屋的门扇正面。信奉神道的人家，在过年过节或平时的初一、十五等时间，以中老年妇女为主，要焚香敬拜。现在这种传统的供奉仪式在一些地方仍存在，对提高农民的科学文化素质，尤其是对广大青少年的健康成长是非常不利的。

六　公益文化设施

在连宅成村的自然过程中，各地村落的公益文化如下。

1. 戏楼

戏楼，有的叫戏棚、戏台或歌楼。这种纯粹的文化娱乐设施，有的是从建村之日就兴建的，以后随着人口增多又不断变换地址和规模。在保存戏楼比较好的西部山区，今天也可以在一个村庄同时见到不同时代的好几幢戏楼，它们早的建于明清时期，晚的建于"文化大革命"后期或改革开放初期。戏楼规模也从早期的一间房大小到现代近百平方米的大型舞台不等。戏楼的筹建资金基本由个人捐献。因此，古今许多戏楼都会附有刻记捐建者姓名和捐献钱物数量的石碑，相对而言，平原各县的固定戏楼很少，都是临时搭建戏棚，过后即拆。虽然"文化大革命"时期各地曾垒建过一些无棚的戏台，但现在基本没有留存。

2. 官房（坊）

官房是建于村落中央位置的村内公事处所。这里是一个村的政治、经济和文化中心。历史上"官房"的政治功能主要体现在发布新闻、召开集会、商议村事等方面。其经济功能则同其作为村内重要位置的第一标志密切相关，如集市交易的进行，贩夫走卒的物换，麻糖、肉铺的选址等，无一不是首选在官房左右。而把戏楼建在官房附近，则更是官房政教功能的体现之一。"官房"作为一个历史名词，已经很少被人知悉。但官房的功能却被各地的"村委会"（大院平房或小型楼房）基本承续下来。

3. 小庙

作为精神信仰的一个体现，各类小庙在石家庄各地的修建极为普遍，历史上很少有哪个村庄没有小庙存在。实际上石家庄各地对小庙的修建和供奉，并不是出于宗教信仰，而仅仅是一种精神寄托，如供奉观音者，绝大部分并不是佛教徒，而仅是为了祈求观音驱邪保安。正因为如此，人们对小庙的修建也是五花八门：观音庙、龙王庙、老母庙、娘娘庙、奶奶庙、三官庙、老爷庙、老虎庙等，无所不有。小庙的规模很小，有的就是"三块砖一个庙"。虽此，小庙建筑却是整个村落文化的重要组成部分，所处的位置一般都比较重要，或当路口或临大道，供人们在初一、十五等时间烧香叩拜。滥建小庙，烧香磕头，包含很明显的封建迷信成分，应当逐步加以劝禁。但客观地分析，建庙拜神是反映农民愿望和心态的重要途径之一：久旱不雨，人们去龙王庙求雨，反映了对雨水强烈的祈盼愿望；久病不愈，人们去求观音菩萨，则反映了人们摆脱疾病，强身健体的良好企盼。即使在今天，人们也经常通过庙会活动表达自己的心声，如农历二月二十九某地一个小庙会，就在席棚上贴有"贪官小人猖狂一时，良民君子心安一世"的醒目对联，表达了百姓对个别贪污腐败行为和道德低下者的愤怒，以及对平淡人生的追求。

4. 牌坊

正定历史上曾经牌坊林立，文化厚重。现今仅存两座古代石牌坊，其中一座还只是民国的作品，另一座是整修河道，从废桥残体中淘到几件牌坊的构件，拼凑起来立到了隆兴寺内。明清三部县志中所记载的牌坊共有100多座。

民国时期建造诰命坊，为中华民国陆军总长、北洋政府国务总理，人称"北洋三杰"之一的王士珍的生母和嗣母立的节孝坊，牌坊立于1920年。正中匾额上阴刻"钟郝垂型"四字，为"大总统"徐世昌所题，位于城内西门里街王士珍故居的"王氏双节祠"院内。三世中丞坊为许瓒、许金、许守谦（藁城人）立，原位于阳和楼南侧，跨街而立，这座牌坊一度不知所终。2001年，重修南城门外护城河石桥时，被重新发现，移至隆兴寺龙腾苑内。

七　居住观念的变化

聚族而居成为历史，经过长期的反封建斗争和新中国成立后的农村社会主义改造，宗法制度失去了存在的经济基础，传统的思想意识也日趋淡化，原有宗族中的族长，也丧失了对宗族经济和宗族人口的支配权，作为独立经济单位的家庭规模越来越小，尤其是小家庭经济实力在不断增强，20世纪70年代后又实行了农村规划（分配房基地），这就使得"张家胡同""李家院"之类的"聚族而居"已经不大可能。虽然现也有四世共存者，但"四世同堂"却极少见。时下在正定，已婚独生子女同父母分居另过的有相当比例，是历史上最高的。这反映了随着经济现代化的发展，人们的家庭观念也在发生着变化，过去大家庭的观念已经被核心家庭观念所取代，分家单过已经成为主流，这也造成了老年人家庭地位的下降，导致"空巢"家庭的比例逐年上升。

1. 美观实用已经取代因陋就简的建房理念

千百年受经济条件制约，使正定人不仅没有实力追求好的居住条件，也缺少比较实际的美宅理念。人们普遍以因陋就简为建房原则，以遮风挡雨为住房目的。新中国成立后，正定的住房条件日趋改善。改革开放后的30多年，从建房物资到建房思想更是大为变样，整个建房群体中传统的"因陋就简"思想已经基本消失。人们不仅追求住房的结实、实用，而且还注意房屋的美观。因而，平房和楼房的高度、跨度和进深度越来越大，内外装修的工序也越来越多。新建房屋不仅要盖出大人的居室，还要盖出子女的居室；不仅要有卧室，还要有客厅、厨房、卫生间或地下室；不仅要通过高门大窗采光取暖，还要安装锅炉暖气御寒保暖。总体功能越来越齐全，外观越来越好看，质地越来越高档，面积越来越大。

2. 深藏不露的住房选择被交通便捷和便利商租所取代

从历史上看，因为经济收入微薄，家财寡少，人们都害怕抢劫与盗窃。所以在选择房址时，也就尽量避开大道、路口等要冲之地，极力恪守"深藏不露"的千年古训。改革开放后，商品经济的迅猛发展，在充盈人们钱袋的同时，也扭转了人们的住房思想：只要有选择的余地，人们都乐于把房院营建在村中央或村内外的大道、路口附近，以求交通方便，购销便捷。还有一个更重要的原因就是为了经商盈利。许多家庭都把临街靠路的房间建成或改建成铺面房，自己或租给别人从事商业活动。这种情况在大村或经济发达的村镇更加突出，足见人们的思想观念变化之大。

3. 庭院种植物选择的变化

千百年来，人们对庭院种植物的首选当属种树，希望通过种树取得部分经济收入，或将来木材自用节省一笔开支。有些不适合种树的人家，又以种植丝瓜、豆角等蔬菜为首选，供以弥补"糠菜半年粮"的饮食之虞。随着改革开放后经济收入的普遍增加，石家庄各地的人们衣食无忧，因而对庭院种植物的选择就发生了很大变化：种树（以经济利益为目的）不再是首要的选择，瓜菜种植也不再是一种无奈的选择。人们把目光转移到了享受性、观赏性的香椿、葡萄、桃、李与各种花草的种植上。既愉悦身心、提高品位，又美化了居住环境。

4. 从坚守平房到乐住楼房的思想飞跃

虽然早在新中国成立初期，"楼上楼下，电灯电话"就作为一种美好的憧憬深深烙印在人们的脑海里，但20世纪80年代以前，除电灯之外，其他两项对普通百姓而言还完全是可望而不可即的东西，而且许多农民（年岁越大程度越严重）还对楼居生活怀有一种天然的抗拒心理。认为那不是农民的生活，也远不如平房舒服自在。经过30多年的改革开放，大量小二层楼出现，把楼居生活的优越性充分展示出来，使得农民特别是年轻一代农民对楼居生活产生了全新感受。在15—45岁年龄段中的绝大多

数人，已经成为支持楼居生活的最基本力量，只要条件许可，都会积极向
楼房进军。

八　正定的旧式民居街门民俗

新中国成立前，正定的住房多是土坯房。生活较富裕人家的住房是
"砖打斗"的墙。少数特富户和官宦人家住卧砖到顶的瓦房，几进的四合
院。小户人家的住房一般是三间一套。滹沱河以北群众的习惯布局是三间
连在一起的一明两暗，中间屋开正门，两侧山墙各有内门通左右内室，内
室临窗有炕。中间屋有灶与炕相连，用做饭的余热过炕取暖。四间一组的
北房，靠最东边的一间常单独设门窗，用作厨房。滹沱河以南群众的习惯
布局是外屋两间敞开，靠一头有横炕，另一头为内室，在山墙上设门，里
边临窗有炕。人口较多的人家则建有正房、左右两厢房和与正房相对的倒
座或过厅。过厅前又有两厢房。过厅或倒座把院内隔成两截或三截。一般
是家庭主事人住过厅，儿子、媳妇住两厢，老年人和未婚子女住后院。

20世纪80年代，土坯房已很少见，大多是卧砖到顶的房子，全是用
机制红砖建成的。屋顶有沿袭老式木结构用檩梁建筑的，有铺设钢筋混凝
土空心楼板的。前檐抱厦也有采用钢筋混凝土浇筑的。房子前脸用水刷
石、水磨石或镶嵌瓷砖的已屡见不鲜。屋内有套间、仓库、洗澡间的也逐
渐增多。除楼房外，室内布局和居住习惯仍沿袭过去的做法。正定人很注
重街门的建筑。新中国成立前，贫苦农家多为单扇栅栏门。生活稍好一点
的户为长方形双扇木门。中产者多为砖木结构的长方形门楼，一双门扇的
上部和两边有木连隔，下部有门槛门墩，门洞占一间或大半间房。这样的
门叫广亮门。门里丈余处还建有影壁。富豪人家讲究气派，街门形似广亮
门，只是尺寸较大，门墩多为石赛、石鼓，门槛很高。另有走车大门于街
门之侧或为后门。

新中国成立后的几十年间，街门有了明显的变化。前些年是沿袭旧形
式；20世纪70年代普遍改建为双扇门的拱形卷门，有小形门楼。80年代
又发展为长方形，上都抹角的双扇门，占一间房，其檩梁多为钢筋混凝土
浇筑，墙为水刷石、水磨石或镶嵌瓷砖，木门逐渐为铁门代替。门内影壁
多镶瓷砖画。

正定城内旧式民居的街门，有一种称为"广量门"的，可谓独具一
格，深受正定人民的喜爱。

正定城内的旧式民居街门，式样可谓"五花八门"。官宦仕绅修高大豪门，一般庶民建"广量门"，寒微人家垒"拱圈门"或搭柴门，等等。但最多最具有代表性的是"广量门"。它兼容着北方民居街门"雄壮豪放"的风采和南方民居街门"小家碧玉"的神韵；它不刻意雕琢，不矫揉造作；它追求简洁美，体现"俭以养德"的哲理；它朴实、大方、典雅、清秀；它有着深厚的中国传统文化的内涵，又颇具正定特色。其他地方少见。

从街门走进去，街门和内院浑然一体，相得益彰。正定居民的院落，讲究"三进四合、前后通行"。方正的四合院，分前院、中院和后院。街门至仪门（二门）为前院，仪门至主正房为中院，主正房至后门为后院。院落整体布局理性、对称、实用；意境深邃、宁静、高雅。进院步步登高，居高临下的主正房，显示着家主的尊重。还有多重四合院串联成一宅之家，"庭院深深，深几许？"更加耐人寻味。

其他地方的民居街门，也多有特色，但与正定民居街门比较，感觉缺少了点什么。北方其他地方的街门，多了些粗犷豪放，少了些"山高水长"；南方民居的街门，多了些小巧玲珑，少了些浩然大气。

正定民居普遍有前门也有后门，是正定民居街门的一大优点。前、后门各尽其用。前门开在左前方，后门开在右后方。既尊崇了左上右下的理念，又错落有致、"曲径通幽"，更重要的是给生活方便和环境卫生提供了客观有利条件。前门是举家出入、礼仪交往之门；后门是生产、生活和器物进出之门，仓储、厨房、作坊、厕所、垃圾池等均在后院，这就从布局和渠道上避免了"跑、冒、滴、漏、熏、噪声"等对前院和中院的污染，加之正定人注重文明卫生习惯，前院、中院花木扶疏，清静典雅，室内窗明几净，书卷飘香，文明家风至矣。

前门是一户人家的"脸面"，正定人很讲究建一个体面的前门。因此，"广量门"就成为众多庶民阶层的选择。这种门在漫长的历史演变中不断发展，造型日渐多样化，但其基本方面是相同或相近的。

"广量门"用青砖黛瓦建筑，木门扇漆多用黑色，显示了朴实勤俭的民风。门通高一般一丈二尺，宽八尺。门头与邻居和本院墙横平，不向前突出，意为"和平养无限天机"。门扇安装向里退六尺，前留"广量"门洞，意为"忠厚留有余地"。"广量门"亦由此得名。门前有台阶三级或五级，意为"步步高"。门洞左右侧壁对称用正方形青砖镶嵌，对角垂直，像是阡陌交错的田园和经纬交织的布幅，意为"丰衣足食"。左右门墩，有的是两面石鼓，意为"门庭鼓舞，兴旺发达"；有的是立方柱形石墩，意为"基础稳固，门通六合"。门扇高六尺，既具备一般人进出不碰头的科学实用性，又寓意"出门大顺"。门扇装左右门环，门环底座有的是六角形或八角形，各角塑为"云形"，称"云子"，意为"祥云盈门，风调雨顺"；中心为圆形，意为"日月同辉"。有的整体呈圆形，中塑兽头，以"侍卫"家庭平安。门环拴在兽鼻上，意为忠实于家主。

门扇下有门槛，高尺许。门槛是家与街的分界，跨进门槛，告诉你进了家，注意遵守文明礼貌的家规；迈出门槛，提醒你步入了社会，要明德守法，报效国家与人民。门槛拆装方便，遇有红白喜事，可拆下，方便出入。对于文明高尚人家，人们尊称为"高门槛"。

门楣上至屋顶，留有约四尺高的"天壁"，这是悬挂匾额的地方。匾额一般由乡谊赠送，内容都是褒奖之词。对文明人家，送"明德修身"或"诗礼传家"，或"朱陶授道"匾赞扬；对乡试高中者，送"文魁"匾祝贺；对德高望重、谦益乡里者，送"德被桑梓"匾彰德；对爷见重孙且举家和睦者，送"四世同堂"匾贺禧；对德医双馨的医生，送"华佗再世"或"妙手回春"匾表意；等等。送匾是群众自发自愿的活动，没有行政命令。挂匾人家，群众尊为乡贤。当然，还有"钦赐"或"官授"给名宦的皇匾、官匾，那就更觉荣耀。匾为木制，底着黑漆，凸雕金字。

门洞前上方，首檩前楣下，有高二尺左右的垂花顶窗，增加了门的装饰美。从外看，上部多了一重朦胧的面纱，更加匀称、漂亮，高雅感油然而生；若站在门洞里，则多了一帘呵护，增加了居内的安祥感。逢年过节，两只红灯在门洞内高挂，既增添了文雅气氛，又防止了风吹雨打。门洞还为积德行善开了方便之门，若有人来避风雨，不论关系好坏、生熟，都是允许的。

门的盖顶有起脊和平顶两种。一般房屋起脊者，门洞亦起脊；房屋平顶者，门洞亦平顶。起脊又有鳞瓦龙脊和筒瓦泥鳅脊之分。一般起脊人家更富庶些。

民居都是灰墙黛瓦，而不用红墙琉璃瓦，这是因为过去只有皇宫、寺庙用红墙琉璃瓦。皇帝不允许庶民与之分庭抗礼，且皇帝还愚民有词：庶民无皇家"大福大命"，用红墙琉璃瓦会招来灾祸云云。这从反面成全了不饰奢华、勤俭持家、俭以养德的正定民风。

街门不能和正厅在一条轴线上，这也是与过去只有皇宫、寺庙才开"正阳门"的缘故一样。这从反面成全了曲径通幽、小院深深、静以养身、宁静致远的意境。

曲阜孔府的布局为青砖黛瓦，不饰奢华，木构件以黑为主的朴实色调和幽静有序。正定民居的街门以及整体建筑理念和孔府建筑理念是一脉相承的。

九　正定的四合院

过去，正定城内风格各异的四合院，非常有特色。现在随着正定古城的拆建，四合院几乎荡然无存。正定城内的四合院，现在只剩下大十字街向东路北的一处，就是原来马家的一座院落，现在由县图书馆所居。但是，现在只剩下了二门后面的部分，已经没有了二门和前院，没有了前面的临街门脸和造型独特的广量门（街门）。在人民公社成立初期，城关公社将各街道的合伙缝纫组合并，由个人自带缝纫机建立了综合厂缝纫社，在这里作为生产经营场所，结果，在开张几天后（20世纪60年代初）就发生了一场火灾，在大火中，前面的临街门脸、造型独特的广量门，连同30多台个人的缝纫机、收到的衣料、做好的成品，一同化为乌有。

正定的四合院有的是瓦房，有的是平房，也有的前边是平房，后边是瓦房。有的是一层院落，更多的是前后通街，几层院落。有的是院落宽三间，有的是宽五间。根据街道的方向，院落都是垂直于街道。东西大街上，路北的就向南开门，路南的就向北开门；南北大街上，路东的向西开门，路西的向东开门。

我们以原来存在的东西大街临街路南的一座四合院为例，介绍这座四合院的规制和结构。

这座四合院面宽三间。因为大街在北边，向北就是前方。街门开在左前方（左为上）。在临街，是面宽三间，进深两间的门面房，用以开店铺，临街安装"板达门"，板达门每块"板达"宽约六寸，下面是通间的石条，上面有石槽，下面是通间的木槽，上槽下槽卡住板达，根据房屋的用途，每间房屋设计一组板达，不需要留门的房屋，只设计板达，在里面可以插住、锁好；需要留门的房屋，设计留下一个一尺六寸左右的一扇

现存的正定马家大院（部分）

门，只容一个人挤进去，其余板达上好后可以固定，这扇门可以自由地开关，也可以从里面插门和锁门。板达之外有一檩的牵檐，再加上椽子的外伸，牵檐总宽近两米，可供街上的行人乘凉或者避雨。

过去正定城里的临街门面房都有这样的牵檐，从牵檐下面几乎可以走遍城里的商业区。这是正定商业区的一个特色，现在已经不存在了。

从街门进去，走过两间深的门洞，就到了前院。正对门洞的西厢房山墙上，塑着一幅正方形的砖雕，代替影壁，影壁的中心，砖雕一个佛龛，高约三尺，宽约二尺，伸出影壁约半尺，是供奉"土地爷"的地方。前院并不大，北面的门面房中间是一个门，从前院看就是院子的"倒座"。

正对倒座的是院子的二门，二门以内是西厢房、东厢房各三间。再向南是第一道过厅，过厅留有前后门和前后窗户，与厢房之间前、后都留着七尺"风道"，以利过厅的前后采光。过厅之后又是一个相对独立的院落，这个院落只有西厢房（面向北则西为上），东边是一块空地，种有一棵海棠，一架葡萄，还有许多花草，花季满院清香，秋季果实累累，别有一番景致。

再向南又是一道过厅，台阶显然是步步高。过厅也是留有前后门和前后窗户，留有风道。过厅南面又是东西各三间厢房，再向南是三间正房，正房建在一个平台上，从院中须上五步石台阶才走上正房的平台。正房很是高大，显得庄严。正房的正屋南墙不能留门，可是在正房的西屋靠西山墙，用隔扇隔出了一个一米多宽的小走廊，前后安装门框、门扇，可以闩插和上锁，通过这个小走廊可以通到正房的后面。

正房的后面，是一个小小的花园，要想进入这个小花园，必须从正房的西边绕。因为这个四合院不通后面的街道，所以没有后门。

这座四合院还有一个特色，是在两道过厅的西屋，也像正房那样靠西山墙用隔扇隔出了一米多宽的小走廊，也是前后安装门框、门扇，可以闩插和上锁。它的方便之处在于，如果过厅前后走人不方便时，比如过厅的左右房间有人休息、有客人，向前后走的人就不能打扰过厅里的事情，要从小走廊穿过过厅。

现存的马家的四合院在路北，与以上介绍的这个四合院很相似，只是马家的四合院只有一层过厅，过厅的东屋靠东山墙处也留有小走廊，可以通向正房院，但是这套四合院没有后面的花园，正房只是三间房，东边不用留走廊了。

正定的四合院规制多种多样，现在所建的仿古文化街只能表现明清时期临街的部分形象，但是没有表现出正定的特色。像临街的牵檐、特色的广量门、店铺特有的板达门等，四合院更是不复存在了。

四合院虽为居住建筑，却蕴含着深刻的文化内涵，是中华传统文化的载体。四合院的营建极讲究风水，风水学说，实际是中国古代的建筑环境学，是中国传统建筑理论的重要组成部分；四合院的装修、雕饰、彩绘也处处体现着民俗民风和传统文化，表现出人们对幸福、美好、富裕、吉祥的追求，如以蝙蝠、寿字组成的图案，寓意"福寿双全"；以花瓶内安插月季花的图案寓意"四季平安"；而嵌于门簪、门头上的吉祥词语，附在抱柱上的楹联，以及悬挂在室内的书画佳作，更是集贤哲之古训，采古今之名句，或颂山川之美，或铭处世之学，或咏鸿鹄之志，风雅备至，充满浓郁的文化气息，犹如一座中国传统文化的殿堂。

四合院建筑，是我国古老、传统的文化象征。"四"是东、西、南、北四面，"合"是合在一起，形成一个"口"字形，这就是四合院的基本特征。四合院设计与施工较易，所用材料简单，不要钢筋与水泥，青砖灰瓦，砖木结合，混合建筑，以木构为主体标准结构，重量轻，如遇地震，也不害怕。整体建筑色调灰青，给人印象十分朴素，生活舒适。四合院住宅的建造，大都是在传统社会的晚期，满足了人们衣食住行的需要，满足了人们希望得到友谊、同情、理解、信任的需要。数代人的居住实践表明，住在四合院，人与人之间能产生一种凝聚力与和谐气氛，同时有一种安全稳定感和归属亲切感。这与现代公寓住宅永远紧闭大门的冷漠形成了鲜明的对照。

十　正定民居习俗

1. 贴窗花

过去农村住宅坐北朝南，三间坯房，转轴板吊木门，小方空的木棱窗。为了透光，方空木棱窗户的窗纸基本上要隔月更换一次。

每年的年三十，农家就用剪刀把红纸剜成的角云图案和用毛头纸熏制的彩色窗花，用白面浆子粘贴在窗户的粉脸纸上。窗花要疏密均匀，排列有序，高雅大方，使之彰显出艺术效果。大年初一来拜年的男男女女们，会对着五颜六色的窗花赞不绝口。

彩色窗花的剪制是很有讲究的。单一个熏花样，就着实让人叹为观止：妇女们首先将花样在清水中浸泡，轻轻提出来趁湿贴在白纸上，而后架在灯头火上方缓缓移动用黑烟熏染，直到熏得满纸炭黑，然后小心翼翼揭下花样。花样留到纸上的空白，就是要剪的窗花图案了。有了图案，为了一次多剪出几幅窗花，后面就附缀上几层绵纸，下剪刀剪黑（色）留白（色），剪出来就是素色的窗花了。素色窗花还不能贴，必须上点颜色。颜色是从集上买来的，调颜色的时候，她们都喜欢用家中的酒盅，顺便也要些白酒。据说调颜色时滴上些白酒，就会多洇染几层花坯子，颜色也染得鲜亮。一片酒盅，各自盛着赤橙黄绿青蓝紫，一朵朵洁白的花坯子，你就凭自己的审美观点去点染吧，点染出你心目中的青枝绿叶、花草虫鱼、飞禽走兽。此时的她们也乐在其中，成了众人垂青的花仙子！

现在，土坯房屋早已不复存在，方空木棱窗户也十分罕见，但在腊月二十九那天的集日上，仍然能看到一两个外乡人来卖窗花的，招致一群人的围观和竞相购买。

2. 取暖

农村人住土坯房，现在说自然环保，冬暖夏凉。实际上住在土坯房里，由于门窗封闭不严，无风土一层，有风土一尺。话虽然夸张了点，但这是当时生活的生动写照。正定冬季很冷，取暖是个大问题。过去取暖的方式有烧土炕、烧煤炉、土暖气等。

土炕，是用土坯或砖砌成的睡觉用的长方台。上面铺席，下面有孔道，跟烟囱相通，可以烧火取暖。炕的一头儿通常会连着灶台，可以用来烧水做饭。土炕的建造也有学问。在地上先要用土、沙等垫到炕高的一半，然后用砖砌成"己"字形的烟道，俗话叫炕洞。也可以先砌烟道，再用土在其中填起来，这样更结实，炕面不易下沉。炕洞宽度不超过一块砖长度，一般是砖长的2/3，高度有四五块砖高（根据炕高而定），卧砖顺向砌。如果炕很大，一般间隔一两个炕洞要在炕洞里头留出一两个较深的坑，就是把炕底的土掏出后，再用砖加固一下，以便灰多了后扒开炕面掏灰方便，土话叫落灰膛。与烟囱的接口处也一定要有。然后用砖横向码满炕面，用沙泥抹平就行了。抹炕洞一定要用黄泥，不掺别的；抹炕面一定要用黄沙掺很少的黄泥。如果抹好了炕面一烧发现出现裂纹，说明黄泥多了，要重新抹。炕的侧面为了好看，可抹层沙灰（白灰＋沙子）。后来土炕变成了砖炕，建造方式差不多，只是外皮建造材料改用砖，讲究的还贴上瓷砖。

农村建造火炕不是简单的事。搭炕是一项专门技术，也不是盖房子的施工队都能做的。同是搭炕，活好就容易烧，炕也热；活差的可能就不那么好点火，废了不少柴火炕却温吞吞的不见热，有时还会倒灌烟。关键在于炕腔内每一块砖的摆放都是有讲究的，因房屋走向、大小、形状不同而异，位置稍有偏差，风道可能就无法顺畅。

火炕的优点很明显，烧火炕时提供的热量足够人们取暖，能够抵抗很低的温度。正定以前一直靠火炕过冬。但其缺点也是很明显，一般火炕都是跟炉灶连在一起的，但是炉灶不可能一直使用，所以火炕并不能全天提供热量，其使用时间短暂，不能作为稳定的取暖方式。而且点火炕只是火炕附近比较温暖，人在屋子里只有坐在炕上或者离炕很近才能感觉到温暖，在火炕上人的受热面不均匀。有些人在火炕上会有不良反应。

炕有临窗和靠墙的两种，而且还有正炕、倒炕、顺山炕、大炕、小炕、内炕、外炕之分。一盘炕又可分为炕头、炕中间儿和后炕。

正定的习俗是：来了客人或是家里人出远门回家，要先请到炕头上坐一坐、暖一暖、歇一歇；家里如果有长辈老人，炕头是必须腾出来让给他的，小辈们不能随意"占领"，唯有经老人允许，小辈才能暂时坐一坐。炕中间儿一般是成年人活动的场所。经常摆一张炕桌，喝茶、抽烟、聊天、下棋，或是大人们"筹划"家里大事，谈论"大政方针""婚丧嫁娶"等。

炕成了日常生活的场所，还有驱寒祛病的功能。肠胃略有不舒服，老人就说，趴在热炕上暖暖。热炕是一位上等的医生。吃酸辣的东西，致使胃不舒服，趴在热炕头，一会儿就好起来；在冰冷的地里冻麻了脚，放在热热的炕上，用不了多长时间就恢复了；吃了冷硬的东西，肚子疼得厉害，趴在热炕头，慢慢就舒服了，寒冷的冬天，在外面冻凉的手放在热炕头，立刻会暖和起来。

20世纪八九十年代，生活慢慢好起来。住了几十年的土坯房，翻盖成红砖到顶、窗明几净的砖瓦房。土炕逐渐被床所代替，时兴蜂窝煤炉子做饭取暖。煤炉取暖是在广大农村非常盛行的一种取暖方式，因其造价成本较低，而又集取暖做饭功能于一体，因而为广大农民青睐，但其燃煤能耗很大，且存在较大的安全隐患。因为一旦遇到刮风等天气，直排式烟筒内的有毒气体会倒灌进室内，造成危险。同时，使用时间过长的烟筒，表面看上去较完好，但实际上已被腐蚀出很多很细的小孔，遇到大风天气也容易回烟。因此，住户必须定期检查烟囱，确保烟囱完好无损，安装牢固，接茬没有缝隙。并经常清理烟灰保持畅通。如发现烟筒堵塞或漏气，必须及时清理或修补。

后来以此为基础，出现了土暖气，就是在外间屋里生炉子，炉子上带采暖炉，顺便还可以做饭。土暖气要有人管理，按时添煤，一旦炉子灭了，屋里的暖气就冰凉冰凉的。现在新农村建设开始以后，农村矗立起一座座楼房，液化气进家，外接的暖气管道通到农家里，随时可以点火做饭。冬天，躺在被窝里享受着暖暖的生活。

取暖方式的变迁也反映了生活观念、生活方式在改变，农村生活也许会永远成为历史的印象。

3. 暖房

新房盖好之后，迁居也很有讲究。正定世代相传的迁居和暖房习俗就很古朴。迁居前数日里，迁居人择三、六、九日将旧家中家具摆设、生活用品陆续搬进新居，这叫"亟不可待"。俗传，新房盖好后，就有野鬼进去宿住。先搬进家具等物是为了催促野鬼早早离去，但衣柜、米面瓮等在夜间搬迁，为的是不被人窃去"富贵"。

如果迁居人是年轻人，新房盖好后，须请本家族的一位老人进去暂住几日，这叫"试房压邪"。老人多以夜间的"美梦"赞颂新房，使房主无所顾忌地择定吉日良辰迁居。

迁居——搬家，只是一种形式，而且是在夜深人静时举行。迁移和保护火种是搬家中最重要的环节。过去村民使用灶火，请来的阴阳先生先将灶上的铁锅揭下来，将灶膛里的焦火放入锅中（使用煤炉后，阴阳先生将一支蜡烛或者一盏煤油灯在火炉上点亮，放在锅中代替火种），然后由晚辈端着或者几个人抬着锅往新房处走，家人紧随其后，有的夹铺盖卷，有的身背五谷，这些只是一种象征，意在显示吃住物已经搬迁。路上如果遇上行人观望或者偶然灯火熄灭，便视为不祥，须经阴阳先生相安后，才能继续往新房处走。到了新家院中，阴阳先生从家人手中接过一碗从旧家中端来的五色粮（五种不同颜色的粮豆，其中黑豆必不可少，因俗传黑豆能够煞邪），向八方扬撒，为的是驱邪。如果有"五色粮"被越墙撒到街上，就更好了，这叫"家富有余"。随后，将铁锅端入或者抬入厨房，阴阳先生取出火种，点燃起一把高粱篾子，放入灶膛，将铁锅坐上，这叫"烟火未断"。这时燃放鞭炮，庆贺乔迁。

百姓修房盖屋，是非常重要的工程项目。所以全家甚至全村都比较重视。一般各地盖房子，在上梁之前，都要举行一定的仪式。其中放炮、置酒，是少不了的项目。有的要请工匠师傅们喝酒，有的要用酒祭洒新屋地基。据说此举一是为了驱邪，二是给自家创造一种欣喜气氛，也给工匠师傅一种庆贺。这从一个方面反映了传酒俗的文化魅力。新房竣工，要在乔迁之前举行一定仪式。由长辈先到新房子里用铁勺子炒一个鸡蛋，俗称暖房。乔迁之时，亲朋邻里要前来祝贺。一般是送一幅中堂画，天头上写"某某乔迁之喜"，俗称"温居画"。主人要在当晚备酒设宴招待亲朋邻里，称为"暖房酒"。亲朋好友都来祝贺"乔迁之喜"，并且赠送礼物。礼物多为锅盆之类，或者镜匾、中堂字画等室内装饰品。主人则备丰盛的酒肴答谢。同时，主人也把四邻请来相聚，以求日后关照。这天夜里，酒令不断，欢庆通宵达旦，这叫"暖房"。正定人认为，农历闰月年是多劫多难的年头，所以，这一年村民不搬家。

在城市里，有人分到新房或买了商品房，搬迁后亲朋好友也要前来祝贺。主人则要择定日子，备上酒肴，答谢祝贺者，招待邻居。从迁居者和祝贺者两方面来说，此举的目的有二：其一，衣食住行的"住"是人生的四大需求之一，是一件大事，迁入新居，确实是值得庆贺的喜事；其二，民俗心理认为，经过"暖房"的新居，居住后可吉祥平安。

十一　家居用具

新中国成立前，农村平民多用土坯垒台子当桌子使用。中等人家，屋基放一张三屉门桌，外加一两个座柜。在土坯垒的锅台上安生铁锅，拉风箱烧柴火做饭。用蒲草编成篓，中间放个瓷壶，四周用旧棉花圈起来给热水保温。看太阳照射的房影、树影来计算时间。挂钟、手表、暖水瓶之类的东西，少数富户才有。

新中国成立后，正定城乡人民逐渐用上了马蹄表、暖水瓶、门桌、座柜、缝纫机等。从 20 世纪 60 年代起，收音机、手表逐渐增多。从 70 年代起，人们普遍制作大衣柜和沙发。80 年代，写字台、大衣柜、梳妆台、五斗柜、酒柜、沙发、茶几、洗衣机、手表、电视机、电风扇已普及。少数人家已有彩色电视机和电冰箱。在炊具方面，蜂窝煤炉、铝锅、高压锅已普遍使用。拉风箱烧柴火做饭的已经越来越少。洗衣服用洗衣粉、肥皂，洗脸用香皂、药皂。多数妇女都选用一些化妆品。

第四章　正定的岁时节日民俗

岁时节日民俗实际上包括两个部分的内容，一是岁时民俗，一是节日民俗。这两个部分又是紧密联系的。岁时民俗，是一种极其复杂的社会文化现象。一般是指一年之中，随着季节、时序的变化，在人们生活中所形成的不同的民俗事象和传承。而节日民俗是岁时民俗的一种独特的表现形式。不同的季节，有不同的岁时节日。在不同的岁时节日中，同样传承下来的是不同的民俗事象。据此，我们认为，岁时节日民俗是指在一年之中的某个相对阶段或特定的日子，它在人们的生活中形成了具有纪念意义或民俗意义的社会性活动，并由此所传承下来的各种民俗事象。一般有周期性，有特定的主题，有群众的广泛参与。

第一节　传统节日民俗

正定流传着一首《颂月歌》，总结了正定的岁时节日习俗。

正月里，是新年，见长辈，先拜年。破五到，放鞭炮，驱晦气，穷崩跑。元宵节、填仓节，唱大戏、挂大笼、吃大肉、歇个够。

二月里，龙抬头，大囤满、小囤流。打春饼、炸粘糕，老公婆，蹲旮旯，暖烘烘，乐陶陶。友治水，风雨调，神仙助，丰年兆。

三月里，三月三，蟠桃会，供神仙。烧炷香，押堂钱。打手鼓，敲锣欢，扭秧歌，闹春天。

四月里，到初八，娘娘庙，把香插。磕个头，盼个仁，大庙会，遍地花。

五月里，正端阳，采艾蒿，插庭堂。昔屈原，系忠良，抗残暴，溺罗江。吃粽子，饮雄黄，祭英灵，永不忘。

六月里，六月六，庄稼地，暑已透。高粱高，大青豆，谷了长，棉花有，勤锄地，获丰收。

七月里，七月七，牛郎星，会织女。隔天河，两岸泣。花喜鹊，搭桥系，过银河，喜相遇。

八月里，闹中秋，月亮里，嫦娥忧，玉兔奔，望人间，月饼摆，葡萄有，大团圆，乐悠悠。

九月里，九月九，重阳节，祝高寿，插茱萸，饮菊酒，戴艾子，高处走。全家乐，尊老幼，事吉祥，人长寿。

十月里，十月一，坟头上，焚纸币，祭祖先，送寒衣。水有源，河有堤，勿忘祖，圣经继。

十一月，是三九，寒风吹，冰上走。穿棉衣，防冻手，健身体，闻九洲。卖余粮，高歌奏。

十二月，到腊八，粘黄米，豇豆大，花生仁，熬粥撒。二十三，糖瓜粘，送灶王。除夕夜，三十晚，辞旧岁，迎新年！

一　春节

春节是我国各民族，特别是汉族最隆重的传统节日。现在的春节，即原来的旧历年节，俗称阴历年，改称春节是从辛亥革命后起始，当时因改用阳历纪年，以阳历的一月一日为岁首元旦，即新年年节，但中国是以农立国的农业国家，农村以阴历的二十四节气掌握农业的生产节令，故原来阴历仍为农民所使用。阴历的年节改称春节，这是因为此时正处于"立春"前后。但至今农村仍习惯叫过年。这个节日是农村一年中最隆重的节日，也是延续时间最长的节日。正定人习惯把春节称为过年，即把每年农历正月初一（旧称元旦）称为过年。按民间的习惯，从每年腊月二十三祭灶开始，到第二年正月十五元宵节时，都算过年。

民国以前，正定过年热闹非凡。正月"元旦"，夙兴拜天地、祖宗及尊长毕，亲友交相贺，数日始定。"立春一，设春盘、春饼，曰'尝春'。""元宵"，陈脯醴，设饼炙，为小灯数百盏，燎于中庭。市井箫鼓喧闹，银灯火树，游人往亲，至夜分不绝。或各以意象作诙言隐语相弹射，谓之"灯谜"。十六日，结伴游寺观庙宇，走马斗鸡，蹴鞠玩钱，日旰始散，谓之"遣百病"。①

农历正月初一为春节，俗称过年，是一年中最隆重的节日。实际上自入农历腊月，村镇集市上年货即大量上市，如庆祝用的爆竹、焰火、蜡烛、油钵、年画、大红对联纸、剪纸窗花等；迷信供神用的香株、纸码、金银箔、神像，包括天地、灶王；门神、财神、观音等；妇女们装饰用的脂粉、头绳、丝带、绢花以及各种衣料、布匹的品种、花色也比平常复杂多样，饮用食品和调味料，如各种肉类、蔬菜大量上市，就连平时农村不易见到的山菜、海菜也会出现在集市上。

一进腊月，男女老幼就忙着过年，称为忙年。从腊月初八喝腊八粥开始就拉开了忙年的序幕。古老的忙年歌谣道：腊月二十三，灶王爷上天；二十四扫房日；二十五糊窗户；二十六炖大肉；二十七宰只鸡；二十八白面发；二十九贴道有（对联）；年三十合家团圆捏扁食（水饺）。忙年，人们都忙什么呢？

做新衣裳。过年，孩子们人人要穿新裤子、新袄、新鞋、新袜，戴新帽。一家四五个孩子，每人里里外外四五件全靠女人起早贪黑缝制。孩子们穿新衣，大人们自然也要穿得整齐干净，显然忙在其中。从前，穷人多，孩子们穿衣是老大穿了老二穿，新三年旧三年，缝缝补补又三年。面料多半是大改小，里子则是一块块布拼接的，春天拆棉衣时把一块块碎布洗得干干净净，捶得平平展展，一摞摞放着，待做棉衣时再接在一起当里子。旧面料褪了颜色，自己买点颜色再染染。过年时孩子们穿戴好后，总要到人群里谝谝，大人面前显示显示。

碾米磨面。过去，农村所吃的米面全是牲口拉碾、人力推磨，罗筛而成。石碾的碾盘厚一尺，直径约七尺八，由独块石头加工而成。谷子用石碾褪皮，糕面、豆面因潮湿无法上磨，要用石碾。小麦、玉米等粮食则用石磨或碾加工。俗话说"腊七、腊八，出门冻煞""三九四九冰上定"。时逢十冬腊月，坐着筛面手冷脚冷，是可想而知的。但麦子需要磨五六遍，头遍面包饺子、蒸馒头，二遍面年后吃，剩的麸皮喂牲口。可见人们之辛苦。现在人们用机械磨面，很少见到石磨石碾了。

摊煎饼，做豆腐。旧时，煎饼、豆腐是一年一度才能吃到的美味佳肴。多数人家每年在垄沟边、地边种些黄豆，以备过年做豆腐，种些绿豆

---

① 《正定县志》（四十六卷·岁时民俗），清光绪元年刻本。

以备生豆芽菜和过年摊煎饼。"豆"与"都"谐音，"腐"与"福"谐音，"豆腐"即"都福"，大家都有福。

蒸年糕，蒸馒头。有一种农作物叫黍子，褪皮后称"黄米"，性黏，用黄米轧的面叫黏面，所蒸的糕即黏糕。"年"与"黏"谐音，"高"与"糕"谐音，故黏糕称"年糕"，意思是"年年高"。如今，有江米年糕，但黄米年糕味道鲜美，营养丰富，仍是过年必备之食品。白面发即蒸馒头。农家一年四季吃饼子，只有过年才能吃白馒头，所以蒸馒头是忙年的一件大喜事。一般人家正月十五以前不蒸干粮，所以把蒸好的馒头点上红，凉后放入缸中随吃随取。所蒸面食的花样很多，捏成小动物象征吉祥如意，卷上几个红枣叫枣糕，即"早日高升"。

杀猪。正定县一带过年兴杀猪。新中国成立前，一般农家院子里户户有猪圈，家家养头猪，到年底杀了，头蹄杂碎一煮，餐桌十分丰富。每个村子都有屠宰队，一群小孩子围着看热闹，拔猪鬃，炼猪油，点猪脚灯玩，年味十足。

正定城乡过春节历来有放鞭炮、贴春联、吊花纸、吃饺子、守岁、拜年、举办各种民间花会和文体活动等习俗。

1. 小年

人们称腊月二十三日为小年。这一天傍晚要给灶王爷供奉圆形的麦芽糖（俗称糖瓜），烧香磕头，祈求"上天言好事，回宫降吉祥"。如今，人们在这一天只吃糖瓜，不再祭灶。从这一天起，人们就开始做过年的准备。这种准备编成顺口溜为：二十三糖瓜粘，二十四扫房子，二十五熬豆腐，二十六去割肉，二十七去宰鸡，二十八去宰鸭，二十九去装酒，三十儿捏饺子儿。古时，原始人点火，一为烤食物取暖，二为吓唬野兽求得安息。原始社会解体后将火种分到各家各户入灶，这样，由对火的崇拜转变为对灶的敬仰，逐渐演化为对神的敬仰。《敬灶全书》载："灶君乃东厨司命，受一家香火，保一家康泰，察一家善恶，奏一家功过。"这便是民间供奉的灶王爷。

正定民间流传，灶王爷是上苍派下来专门监督锅台、灶前大小事宜的。每年"腊月二十三，灶王上天"向玉皇大帝禀报。这天晚饭后，家庭主妇把厨房、灶台上下打扫干净，拿出预备好的纸马、草料、圆蒸饼和糖瓜等供品，跪在灶前说："今天是腊月二十三，您老人家要上天了，一年来，做得对的、错的请多包涵，好话多说，孬话少说。"说完点燃黄纸，纸灰飘起，主妇道："灶王爷高高兴兴上天了。"纸马、草料是供灶王路上使用，糖瓜是一种又黏又甜的米糖，据传灶王吃了黏嘴的，要么闭口不说话，要么甜言蜜语。二十三称"谢灶"。年三十晚，厨房门口放芝麻秸，称"天梯"，请灶王下凡。这时仍在灶台边贴好神位、对联。对联多半是"上天言好事，下凡降吉祥"，横批"一家之主"。

现在，祭灶的习俗已逐渐淡化，糖瓜却成了风味小吃。

2. 贴春联

春联起源于桃符，经朱元璋提倡，此风盛行。春节期间，正定人民几乎家家贴春联，以寄托感情，表达心愿。回族群众不贴春联，只在门上贴"金哇"（用阿拉伯文写的横批）。

春节前一天下午，各家各户都在街门、屋门和庭柱两边贴上红底黑字的对联。在室内、院内、街门口、井旁、猪圈也都贴上一张条幅以示吉庆。对联的内容一定要适合环境，门联写："又是一年芳草绿，依然十里杏花红"；"天增岁月人增寿，春满乾坤福满门"。用于库房、粮库的"五谷丰登、招财进宝"。用于马圈的"六畜兴旺、牛肥马壮"。用于马车的"日行千里、夜走八百"。用于庄铺的"生意兴隆通四海，财源茂盛达三江"。用于卧室的"人口平安"，"身卧福地"。用于院内的"春光满庭"。用于街门外的"出门见喜"。用于迎门的"接福迎祥"。用于天地的"天高悬日月，地厚载山川"。上下联的第一个字即"天地"二字。用于灶王的"上天言好事，回宫降吉祥"。

3. 扫房子、贴年画

年前家家户户要搬箱倒柜大扫除。事先选好良辰吉日，一大早便将屋里的盆盆罐罐，桌椅板凳，衣服被褥都搬出来放在院中，捆绑个长把扫帚，戴上草帽，身披床单，用毛巾遮住口鼻便开始打扫房顶、墙壁，把个犄角旮旯儿儿打扫得干干净净。有些东西该擦的擦，该洗的洗，该涮的涮，然后整理得有条有理。

贴年画也是旧历年的一种传统习惯，节前家家都挑选些年画贴在室内墙壁上，特别爱选些象征吉庆的画，本县的传统年画有"莲（连）年有鱼（余）""二十四孝""状元及第""松竹梅"等。贴年画时要更换一次神像，如天地、财神、门神、灶王等。在新中国成立前农民们对灶王是很尊重的，尊为"一家之主"，是主持一家生计的，所以在灶台正中的墙上贴上灶王像，在画像上和灶王并列的还有灶王奶奶，在画面的左右下角还画上一只狗和一只鸡，是取"狗守门，鸡司晨"之意。

4. 迎年（旧称迎神）

节前的下午开始环境大清整，主要是为了干干净净欢庆春节。在新中国成立前有一种迷信传说：诸位神灵二十三上天向玉帝汇报后，今天夜里下界归位，为了迎接神灵，要把街道院落以及平时不大注意的死角都打扫干净，并含有扫除邪秽的意思。在大街也开始节前的布置，一条条绳索每隔两三丈横跨在街道的上空，每条绳索中部贴四面长方形红黄绿色的彩纸，名曰"吊挂"，每方纸上写一个大字，连成一句吉庆的四字成语，如"普天同庆""万象更新"等。吊挂的两旁各系一个四方形的灯笼。

黄昏后在天地、土地、财神、灶王等神位前，都安置好香炉并点燃香火，迎神开始，爆竹焰火齐放，街上院内灯火通明，爆竹轰响，礼花满天飞。旧的传说，迎神场面越壮观，越能得到神的欢心，并能扫除邪秽。

5. 熬年（守岁）

腊月三十（小月为二十九）的晚上，是旧历年节欢庆活动高潮的开始，清闲无事、无忧无虑的青少年都在灯火辉映、鞭炮乒乓声中，欣赏着早已希望到来的这一时刻和场面。而成年人仍在忙碌着，准备过节的生活安排。旧的习惯过节不能动生米生面，初一不能摸水，要在前一晚准备好。尤其初一习惯吃饺子，要在节前晚上包好，大家围坐在屋里，一面包饺子，一面念叨着一年间家里发生的事情，好像是在做总结。也会谈到邻居、街道社会上的一些见闻。但是从这时开始，说话当中不能说不吉利的话和带有不吉利的字眼，例如：坏啦、死啦、糟啦、破啦、病啦、不够吃啦、没钱用啦。也不能在此时口角、打架、骂人、摔盆、砸碗、行动要特别小心，否则，在今后一年会走背运，凡事不顺心。这当然是一种迷信，现在很少有人相信这些了。熬年（守岁）也叫"坐年"。除夕之夜，人们为了祈求来年人寿年丰，称心如意，举家老幼团聚灯前，或回顾历史，总结经验，制订来年的生产、生活计划，或谈离情别绪，或讲故事，猜谜语，彻夜不眠，坐以待旦，谓之"守岁"。至于原因，民间有一种说法：除夕晚上如果彻夜不眠，毫无倦意，则预兆来年精力充沛，精神焕发；反之，就会萎靡不振，精神倦怠。现在，"守岁"这种习俗已赋有新意：除夕之夜，男女老幼欢聚一堂，共享天伦之乐，互相勉励，弃旧图新。

6. 放鞭炮

过去为驱逐"山魈",是一种迷信习俗。新中国成立后,人们已不相信什么"山魈",是借以欢庆春节,振奋精神。近年来更增加了各种花炮、焰火。

7. 吊花纸

吊花纸是春节期间表示喜庆的习俗。人们普遍在街巷和家门口吊花纸。一般四张一组,上面写上吉庆的词句。

8. 腊会

腊会是正定城关群众在除夕夜举办的提灯庆祝活动。

正定腊会规模宏大,最兴盛时,全县有腊会23道,分布在城内各条街道和城外四关附近村庄。每道腊会由腊队、灯队、乐队三部分组成,每逢除夕之夜,一道道腊会,排成队,鼓乐喧天,游历各街,通宵达旦。腊会一般都是天黑起会,队前一人鸣大锣开道,叫作头锣;后是鼓钹助阵,称为"闹年鼓"。鼓队之后是灯队。每道腊会都有两盏到四盏大红纱灯,像是火龙的眼睛,走在灯队最前面。随后三四十盏或更多的"门灯"(长方体的玻璃灯)像是龙头,分别由孩子们扛在肩上。再次便是各式样的"鲤鱼灯""虾米灯""西瓜灯"等,多由12—16岁的孩子用杆挑着或用手提着。每道腊会的尾灯几乎是三角旗形的彩灯,很像是龙的尾巴。腊会所有的灯,大灯燃大蜡烛,小灯点小蜡烛,从天黑起会点燃,直到落会,支支蜡烛光亮不熄,表现人们欢庆丰收,祝愿平安、家业兴旺的心情。正定城内这种传统腊会为群众喜闻乐见。每年起会时,人们便闻声涌上街头,争相观看。送这道腊会走,又迎那道腊会来,人人精神抖擞,毫无倦意。有的老年爱好者,总是愿意抢过唢呐,跟着灯会吹行几道街;有的年轻人更要一直跟到落会,痛痛快快地敲一通大鼓方才尽兴而归。正定腊会因战乱等原因,曾一度停止,但因其是群众喜闻乐见的传统民间文化活动,最终相沿成俗,流传到今。近几年,规模更大,显示了其强大的生命力。

9. 正月初一的饺子

这天早晨吃的饺子,于腊月三十晚上包成。在包饺子时还有些有趣的讲究:一是面馅同时用完,预兆来年丰衣足食;剩下馅,预兆来年有饭吃;剩下面,预兆来年有衣穿。二是包饺子时有意放一粒花生米或其他好吃的东西,吃到者被视为全家最有福的人,下年定走好运。

10. 拜年

拜年是春节时晚辈向长辈祝福、祝寿的一种民间活动，遍及全县城乡。大年初一清晨，吃罢饺子，穿戴一新的同辈人成群结队地走街串巷，先本姓、后街坊，登门拜年。旧时是打躬作揖，磕头礼拜。现在有些地方演变为登门问候，相互祝贺，恭喜致富。通过拜年，了解乡亲邻里一年的变化，一笔勾销以前的积怨，给来年的友好往来开个好头。旧时，拜年均行磕头礼。男子磕头先迈左脚双膝跪倒在地，弯腰双手拄地，低头近地，之后起身立起双手作揖。女人磕头只是作揖方式不同，即双手搭左胯微弯腰致意，称"裣衽之礼"。

正定拜年，先在自己家给长辈拜。先拜爷爷奶奶，后拜父亲母亲，再拜伯伯伯母、叔叔婶子等。方式是受拜人站在院中"神棚"前（老年人亦可坐在椅子上），一家人按辈分、年龄排好，如长子、媳拜了次子、媳拜，长孙、媳拜了次孙、媳拜。下跪磕头起身作揖，规规矩矩，十分庄重严肃。有祠堂家庙者出门拜祖宗。在家里拜完之后，再到同祖家拜，顺序仍按辈分、年龄，不许图省事，先拜近邻后拜远处亲人。拜完同祖后拜本祖，再拜邻居、拜朋友。同辈人在大街相遇，互拜并道声"恭喜发财""过年好"。整个村子大街小巷，成群结队，来来往往，川流不息，十分热闹。拜完同祖本祖左邻右舍后，上老坟拜老祖宗，上自家坟拜高祖、曾祖。女人们不走遍全村拜，只是婆婆领着儿媳妇，穿戴一新披金戴银在自家院里（五代以内）拜。也有本家老妯娌一伙，小妯娌一伙，大嫂在前，说说笑笑，见了人互相问候，施礼致意。

大年初一拜年，为迎客人，各家各户都备有蚕豆、青豆、花生等小吃，如今常备烟、茶、糖、果、小食品，花样繁多。边吃边聊，十分客气热闹。

大年初一在本村拜完后，从初二开始走亲拜年。

初二，嫁出去的闺女带上老公和孩子回娘家拜年，与父母欢聚一堂。俗话说"嫁出去的闺女，泼出去的水"，有父母便有家，没了父母，家就失去了意义，即便回到那个熟悉的房间，物是人非，已没有了往日的温度，只留下对父母无尽的回忆淤塞心头。

11. 祭祖

正月初三对于正定人来说是非常重要的一天——祭祖。在中国漫长的五千年历史中，祭祖的重要性仅次于祭天，祭祀祖先是在尽孝道，因此祭祀这个习俗，具有深刻的文化意义。家家户户年前就开始准备祭品：水果、烟酒、各类点心、鞭炮等，这些代表着正定人对祖先的缅怀和尊崇。早饭以后，男女老少在长辈的带领下，向祖先诉说上一年族人的情况，在鞭炮声中叩拜、告慰先人。祭祖不仅是一种形式，而且寄托了我们对亲人的思念。上一辈的人那时候吃过苦，没有赶上好日子，所以对他们来说都会准备好吃食。孩子们聚齐了，带着下一辈，由长辈带领祭祖，把贡品放好之后，就按着辈分对先人叩拜。中午一家人吃一顿团圆饭，这一天也是团圆的日子。祭祖这一社会习俗负载了十分丰厚的精神内涵，联系了中华民族文化传统的许多范畴，经过了无数代人的传承，已经融入到人们的血脉当中。

12. 五琼日

五琼日是给正月初五起的名称，俗称"五穷日""破五"，因民俗认为之前诸多禁忌过此日皆可破而得名。由于这一天承担了太多人的希望与憧憬，所以古代这一天的禁忌就特别多，比如在这一天必须吃饺子、不能用生米做饭、不准妇女串门等。《燕京岁时记》中说："初五日谓之'破五'，'破五'之内不得以生米为炊，妇女不得出门。至初六日，则王妃贵主以及宦官等冠帔往来，互相道贺。新婚女子亦于当日归宁，而诸商亦渐次开张贸易矣。"《清裨类钞》也载："正月初五日为破五，妇女不得出门。"

正定破五也有不少讲究：家家户户大放鞭炮，叫作"崩穷"，停止走亲访友，意思是"避穷"；参加简单劳动，叫作"恨穷"；把过年以来放爆竹的纸屑打扫出去，叫作"送穷"，人们还传说着这样一个故事。隋炀帝迫杀太原留守李渊，李渊被赶得走投无路。秦琼突然杀来，打退了官兵，营救了李渊。李渊为了日后报恩，三番五次请教秦琼的姓名，秦琼无奈，只好一面摆手，一面道出秦琼二字，遂策马而去。李渊由于距离远，只听见一个"琼"字，根据秦琼的手势，误把5个手指和"琼"字连在一起，认定救命恩人是"五琼"。他称帝后，下令修建"五琼"庙，并大放爆竹庆贺庙的落成。随着年代的流逝，人们早已忘掉"五琼"，放鞭炮的习俗却流传了下来。

正月初五，民间习惯称为"破五"。传说姜太公封老婆为穷神，并令她"见破即归"，人们为了避穷神，于是把这天称为"破五"。唐代诗人姚合在《晦日送穷三首》中写道：年年到此时，沥酒拜街中。万户千门看，无人不送穷。在农村一直保留着这一天祭财神的习俗。正月初五为五穷日，大清早各家各户开始放炮崩穷。五穷日不走亲戚，早饭后下地干活儿。

"破五"吃饺子，承载了人们期盼吉利、幸福的寓意。按讲究，这一天的饺子馅儿一定要自己剁，把不顺的东西都剁掉，预示着来年一切都顺利。清晨起来，家家户户放鞭炮，尤其放"二踢脚"被称作"崩穷"，把"晦气""穷气"从家中崩走。人们忌讳这一天串亲访友，说是走亲友会把晦气带到别人家。

这一天，各家各户还会搞一次大扫除，清除节日期间积攒的垃圾，清洗脏衣服，以全新面貌迎接新的一天。

13. 正月初十的饺子

正定一带，过初十都要吃饺子，说是老鼠节。意在安慰老鼠，但不能串门，说是防止带去老鼠。因为民间认为，连老鼠都没有的地方，就是最贫穷的地方，再说老鼠也是生灵。也有种说法是这天下午吃的饺子，要包些形似老鼠的，意思是吃掉老鼠，防止危害。

14. 元宵节

春节后第一个月圆之日——正月十五，古称上元节。由于人们习惯在上元节之夜观灯赏月，所以也叫"灯节"。全县人民习惯在这天吃元宵，所以又称"元宵节"。元宵节从正月十四至十六，节日3天，是春节期间欢乐的顶峰。闹花灯是比较古老的习俗。传说灯节起源于秦代，汉代发展点彩灯、唱戏、舞狮子、放焰火等娱乐活动。唐宋时此风盛行。元宵之夜，正定城内各家各户悬挂出各种颜色的纸灯、纱灯、玻璃灯，能转动的走马灯，写有谜语的谜灯，五彩缤纷的彩灯……大街上，舞龙灯的、跳狮子舞的、蹬高跷的、放焰火的、唱大鼓的，欢歌笑语，鼓乐喧天，万民同庆，热闹非凡。

元宵节吃元宵，因元宵形圆音圆，象征全家团圆和睦。

15. 烤柏灵火①

烤柏灵火也叫"烤灵龄火"或"烤百龄火"。称"烤柏灵，去百

---

① 这方面的研究不多，主要有于成凤、郭英夫的《河北地区元宵节"烤柏灵火"民俗研究》（未刊稿），宋孟寅、冯平印的《冀南火崇拜习俗"柏灵火"初探》[《大舞台（文艺论坛·傩戏研究专页）》1998年第6期]。

病"，可去灾除病、延年益寿、长命百岁。正月十六晚上，正定城乡群众很早就有烤柏灵火的习惯，人们以谐音叫百灵火。烤火时全家人互相祝愿长寿百年。有些人往往还在火里烤一些食物，说是吃了可以免灾去病。这一带习惯上称柏树为柏灵树、百灵树，烤百灵火时主要是用柏树的树枝点火。正月十五、十六两天，家家户户开始准备柏树枝，原来都是到墓地附近柏树多的地方采折，现在一般是到集市上购买。正月十六晚饭后，家家户户都会在自家门前堆起柏树枝①，燃起熊熊的火焰。火堆燃得越旺，寓意今年的日子也就过得越好。烤火时，大人小孩要在火堆上跨越，全家人互相祝愿长命百岁。大人们在一旁烤烤腰、烤烤腿，有些人还要在火里烤一些馒头或包子，有的把红薯埋进火里，说是吃了可以免灾去病。这时，整个大街、村子上空，都会同时燃放鞭炮、焰火，一时间烟雾弥漫，到处散发着浓重的柏树香味。称作百灵火的地方，据说这一天烤火十分灵验、包治百病、百试百灵。烤完百灵火，就象征着年过完了，大家该盘算着干什么了，意味着新的一年真正开始了。

正定"烤柏灵火"

---

① "烤柏灵火"的地点，讲究不尽相同，有家门口、三岔路口、十字路口和大路中间及两侧，如果是在城区，人们也会选择其他空旷地带。

从前，人们为了"烤柏灵火"都会去各地找柏树，砍伐枝叶，积攒起来。目前正定"烤柏灵火"的柏树枝越来越少，有人从这一社会民俗中看到了商机，专门自己承包土地种植柏树，或从外地运来大量枝叶打成捆，在元宵节前出售，而地里的柏树苗亦可像其他树苗一样销售，这样不但能满足人们"烤柏灵火"的需求，而且还能保护生态环境。①"烤柏灵火"主要用的是柏树枝，为了一时的心理慰藉，大量柏树惨遭砍凿折枝，影响树木正常生长。燃烧树枝产生的烟雾污染也对日益严峻的空气质量雪上加霜。然而近日记者采访中发现，不少地方依然在延续"烤柏灵火"这一陋习，大量柏树枝当街售卖。现在不少人意识到了"烤柏灵火"的危害，大部分人已经不再延续这一习俗了，但是依然有人还会烧。

人们缺乏对自然规律的了解，很容易对自然产生敬畏。他们认为一切存在的东西都是有力量、有生命的，相信超自然的、神圣的、人格化或非人格化的事物之中存在某种魔力，采取某些行为便可以驱除灾祸、迎来好运！这是早期人类社会的心理产物。在正定人民的习俗中，用松柏驱魔辟邪、祈福求安是最普遍、最突出的意象，在以驱魔辟邪和求安祈福为目的的俗信活动中，松柏以其强大的生命力被群众视为绿色的保护神和护身符。可见，驱魔辟邪、祈福求安是松柏实用功能的延伸，人们畏惧鬼神，便求助于松柏来庇护，从而得到安宁幸福。作为物质形态显示的松柏进入社会文化的范畴，它的物用功能发生转变，从而产生了新的社会功能。不论松柏以何种形式出现，都寄寓了吉祥的内容。这些吉祥的内容大体上就是升官发财、多福多寿、人品高洁、百事如意等，这是由我国长期的社会历史发展及价值观念的影响所形成的，是人们所慕求的理想。

16. 打春牛

旧时在"立春"这一天，府、县的官员带领群众将纸糊的春牛送到东门外"春场"，待地气上升时，人们到此打春牛，然后，官员们到先农坛祭天，祈求丰收。接着，在坛下象征性地扶犁耕地，以示春耕开始，预祝全年农事丰收。据史书记载，宋代黄河以北正定府的春牛最大。现在，人们不再打什么春牛，习惯于这一天整修拖拉机和犁耙等，准备春耕事宜。

17. 正月二十五日填仓节

这一天正定人要吃小米干饭，喝杂面汤，曾经有"填仓填仓，小米

---

① 刘会强：《卖柏树枝叶发财》，《河北科技报》2007年2月27日第3版。

杂面汤"的说法。现在有的吃饺子，有的吃面条，但都放些鞭炮，表示"崩囤"，象征一年大丰收。

二 龙头节

农历二月初二，传说是龙抬头的日子，名曰"龙头节"。其来历，传说有两种——一种说法是：伏羲氏时，每年二月初二，皇娘送饭，御驾亲耕，自种一亩三分地。后来，代代王侯纷纷效仿先王。周武王时，不仅沿袭了这一传统做法，还当作一项重要国策来执行。二月初二这天举行盛大仪式，让文武百官亲耕一亩三分地。过去，人们称皇帝为"真龙天子"，于是把御驾亲耕之日称作"龙头节"。

另一种说法是，古代太行山下，住着一对勤劳善良的夫妇。有一年久旱不雨，河干井枯，收成无望，他们便自告奋勇到山后青龙潭里凿泉引水。凿了七七四十九天巨石，滴水未见。一天夜里，梦见一白发神仙送给他们一把"千钧斧"，并嘱咐："天明寅时，金豆花开，此斧劈下，定有水来。"次日，果然有金黄的豆子开了花，小伙子扬起神斧，朝石板猛然劈下，一声巨响，石板断裂，一条青龙跃出龙潭，腾空冲上九霄。转眼间，雷轰电闪，下起瓢泼大雨。这天正好是二月初二。从此，这里风调雨顺，五谷丰登，到处传诵着"二月二龙抬头"的歌谣。所谓"龙抬头"指的是经过冬眠，百虫开始苏醒。故俗话说"二月二，龙抬头，蝎子、蜈蚣都露头"。因此，这天也叫'春龙节'。"龙抬头"的科学解释，是中国古代用二十八星宿来表示日月星辰在天空的位置和判断季节，二十八星宿中的角、亢、氐、房、心、尾、箕七宿组成一个完整的龙形星座，其中角宿恰似龙的角。每到二月春风以后，黄昏时"龙角星"（角宿一星和角宿二星）就从东方地平线上出现，故称"龙抬头"。天文学者说，天上"龙抬头"的同时，春天也慢慢来到人间，雨水也会多起来。此时节，大地返青，春耕从南到北陆续开始。民谚"二月二，龙抬头；大仓满，小仓流""二月二，龙抬头，风调雨顺大丰收，大囤满、小囤流，家家吃粮不用愁"，寄托了人们祈龙赐福、保佑风调雨顺、五谷丰登的强烈愿望。

在这一天，正定人们早饭吃面饦。有些人从井台撒灰至屋内，有"引龙进屋"的意思。有的地方早晨不让打水，怕惊动青龙升天。从科学角度看，二月初二将近惊蛰，"惊蛰地气通"，春雷啊，地解冻，万物复苏，春耕春种的农忙时节到了。由于民间流传着"二月二"与龙的传说，加上"惊蛰一犁土，春分地气通"，所以农家人这一天的讲究颇多，他们把朴实的愿望寄托在俗事中，祈盼这一年过得更加美好。

二月初二这天，理发店里特别忙。这一天人人都要理发，意味着龙抬头走好运。

二月初二还有一项重要的习俗就是接"姑娘"，即娘家人接回已出嫁的女儿，故有"二月二，带姑娘"之说。苏北人的礼数多，其中正月里"姑娘"是不能住在娘家的，初二到娘家拜了年后也必须当天赶回婆家。但到了二月初二，娘家人就来接女儿回去，住上几天，一是正月里忙活了好长时间，比较劳累，接回娘家好好歇一歇；二是新的一年刚开始，又要忙碌了，所以要犒劳犒劳她。在被接回来的日子里，"姑娘"除了吃喝，就是串门聊天，轻松而愉快。而城里人"带姑娘"则是姑娘、女婿一起带回来吃一顿丰盛的中饭。

三　清明节与寒食节

清明的前一天为寒食节，起源于春秋时期。相传，晋献公的儿子重耳为避国内祸乱，在外流亡 19 年。一天，重耳一行在渺无人烟的荒凉地方停留，又饿又累，坐下休息时，发现随从介子推不见了。一会儿，介子推端一碗肉汤一瘸一拐地献上。重耳再三盘问，才知道介子推剖下了自己大腿上的肉。重耳感慨万分，含泪对群臣说："我日后即位，终生不忘今日之情，定以高官厚禄重赏大家。"后来重耳在秦穆公帮助下回国即位，称晋文公，介子推却不辞而别，据说同母亲在绵山隐居了。晋文公亲自到绵山去请，却找不到。这时有人说，介子推是孝子，如放火烧山，他定会背母亲出来。晋文公依计烧山，三天三夜未见他母子出山。火熄后，人们在一棵大树下发现介子推母子互相拥抱，已被烧死。晋文公十分愧惜、悔恨，为表彰忠孝，把母子二人安葬在绵山，并改山名为介山，把介子推被烧的那天定为寒食节。从此以后这一天成为传统祭祀的日子。长期以来，人们把清明、寒食混同起来统称清明节，又称禁烟节。至今，人们仍有在这一天祭扫坟茔的习惯。

清明节的习俗是丰富有趣的，除了讲究禁火、扫墓，还有踏青、荡秋千、蹴鞠、打马球、插柳等一系列风俗体育活动。相传这是因为清明节要寒食禁火，为了防止寒食冷餐伤身，所以大家来参加一些体育活动，以锻炼身体。因此，这个节日中既有祭扫新坟生离死别的悲酸泪，又有踏青游玩的欢笑声，是一个富有特色的节日。

荡秋千是清明节习俗。秋千，意即揪着皮绳而迁移。它的历史很古老，最早叫千秋，后为了避忌讳，改为秋千。古时的秋千多用树枝为架，再拴上彩带做成。后来逐步发展为用两根绳索加上踏板的秋千。打秋千不仅可以增进健康，而且可以培养勇敢精神，至今为人们特别是儿童所喜爱。

蹴鞠，鞠是一种皮球，球皮用皮革做成，球内用毛塞紧。蹴鞠，就是用足去踢球。这是古代清明节时人们喜爱的一种游戏。相传是黄帝发明的，最初目的是用来训练武士。

踏青，又叫春游。古时叫探春、寻春等。三月清明，春回大地，自然界到处呈现一派生机勃勃的景象，正是郊游的大好时光，民间长期保持着清明踏青的习惯。

植树。清明前后，春阳照临，春雨飞洒，种植树苗成活率高，成长快。因此，自古以来，我国就有清明植树的习惯。有人还把清明节叫作"植树节"。植树风俗一直流传至今。每年3月12日为我国植树节，这对动员全国各族人民积极开展绿化祖国活动，有着十分重要的意义。

放风筝也是清明时节人们所喜爱的活动。每逢清明时节，人们不仅白天放，夜间也放。夜里在风筝下或风筝拉线上挂上一串串彩色的小灯笼，像闪烁的明星，被称为"神灯"。过去，有的人把风筝放上蓝天后，便剪断牵线，任凭清风把它们送往天涯海角，据说这样能除病消灾，给自己带来好运。

清明节更是传统的纪念祖先的节日，其主要形式是祭祖扫墓。这一习俗相沿已久，据史书记载，秦汉时，墓祭已成为不可或缺的礼俗活动。因为冬去春来，草木萌生。人们想到了先人的坟茔，有否狐兔在穿穴打洞，会否因雨季来临而塌陷，所以要去亲临察看。在祭扫时，给坟墓铲除杂草，添加新土，供上祭品，燃香奠酒，烧些纸钱，或在树枝上挂些纸条，举行简单的祭祀仪式，以表示对死者的怀念。至于祭扫的日期，各地风俗不同，有的是在清明节的前十天后十天；有的称"前三后三"；有的在清明前后逢"单"日举行；有些地方扫墓活动长达一个月。

按照正定农村习俗清明节扫墓的日期称"前三后四"，即清明节的前三天和后四天为清明节扫墓日期。但是很少有人知道，"前三后四"日期的选择也是有讲究的，按习俗称"二月清明不提前，三月清明不推后"。

所谓二月清明不提前，就是说清明节在农历二月，扫墓的最佳日期应该在清明节后；所谓三月清明不推后，就是说清明节在农历三月，扫墓的最佳日期应该在清明节前。

正定的讲究是：寒日是放鬼日（寒日后，地里的庄稼都收净归仓，人也很少到野外，鬼可以出来放风透气）；清明是收鬼日（因为清明后，万物复苏，人们要出来春耕春种，所以阎王爷要将鬼收回）。所以正定烧纸，寒日烧纸宜拖后不提前，烧早了，恐怕鬼还没放出来，收不到钱和衣服；清明烧纸，宜提前不拖后，因为拖后了，恐怕鬼已被阎王收回，收不到鬼钱。

四　端午节

农历五月初五为端午节，家家户户包粽子祭奠屈原。农历五月初五俗称"五月单五""重五节"，雅称"端午节""端阳节""天中节"。

端午节是纪念爱国诗人屈原的节日。战国时期，楚国有位三闾大夫（官职名）名字叫屈原。当时的国君楚怀王面对秦国威胁却昏庸腐败，造成民不聊生，屈原力劝楚怀王和怀王死后继位的楚襄王联合邻国共同抵抗秦国的侵略，对内实行抚民政策。襄王无视屈原富国安民的忠告，一味信任奸臣谗言，还把屈原流放外地。屈原看到国君无道、国家将亡，悲愤交加，写下许多爱国诗篇，于五月初五清晨跳汨罗江自尽，以示对襄王的反抗。

为了悼念这位伟大的爱国诗人，每逢五月初五这一天，大家便驾着船，将用苇叶包好的米投入江中，一是供屈原食用，一是喂鱼，唯恐鱼侵害他的尸体。日久，大家将利用苇子叶包米的东西煮熟自食，渐渐演变成在江米或黍米中放红枣或栗子、莲子等味美可口的食物便成了粽子。多少年来，几乎家家在五月五日这天包粽子，吃粽子，给亲友送粽子，直到现在。

端午节除了包粽子习俗外，还有以下习俗：

插蒲艾。端午节这天，家家户户门口插艾，有的姑娘戴在头上，有的挂胸前，以预防"五毒"（蝎子、蜈蚣、壁虎、蛇、蟾蜍）伤害，据民间传说，这是"燕王扫北"时留下的习俗。相传明朝燕王扫北时，燕王来到河北之前，谣传他杀人不眨眼，兵到之处鸡犬不留。当燕王率兵来到滹沱河边，见一农妇背着包袱，怀抱五六岁的大男孩，手拉三四岁的小男孩，正仓皇逃避，感到奇怪，截住问她为何如此，农妇答道："这大孩是我邻居的，他爹被抓去修城墙累死了，一家人只留下这一根苗；这小的是我亲生。万一出了事，宁可舍去小的，也要保留大的。"燕王听罢，暗自敬佩民妇的仁义品德，感慨地说："你爱邻居的孩子，我爱天下的百姓，只有爱，不会杀呀！"说着，顺手拔下两棵路边的蒲艾递给两个孩子，并嘱咐，穷人门上都插上艾子，以此为记，可平安无事。农妇告诉乡邻照此办理，一夜之间，千家万户门上都插上了蒲艾。这天正好是农历五月初五。燕王大军过境，果然秋毫无犯。人们为了纪念此事，端午插艾沿以为俗。

其实蒲艾是一种多年生草本植物，有浓郁香气，茎叶含芳香油，可作调香原料，也可用来杀虫和防治植物病害。端午时已入夏，害虫时常作祟，门旁插艾有祛瘟解毒之效。

小儿披戴避邪饰物。不少人家用五色布缝制小猫、小狗、小虫缀在肩上、帽子上或挂胸前。还有的给小孩在手腕、脚腕戴五色线，说是一年免受毒虫之害。节后剪下丢在井里即变成"五色鱼"。还有一说，这天饮雄黄酒可防"五毒"。

还有这天采摘柳枝嫩芽晾干后当茶饮，可去火预防感冒。为了趋吉避凶，老百姓在这个月不做棉衣、被褥，不装枕头等，老人们讲做这些是装灾，给谁做的谁好闹病，俗话说"五月被没人睡"就出于此。

正定有端午节嫁出去的姑娘给娘家送粽子的习俗。正定过端午节，除了包粽子、插艾叶外还有一个风俗就是从五月初一开始，男孩戴一布做的小人，女孩戴一香包，有的用布故成葫芦样，一直戴到五月初五，五月初五早上就扔到井里。传说五月初五这天有信奉佛教（俗称行好的）的老太太糊一个篓，上午敲着锣在街上收这些，孩子们从脖子上摘下戴的这些再加上些香、黄纸放进篓里，等治到城隍庙里一并烧掉，谓之消灾，如遇不到抬篓的就扔在井里，扔这些东西都是在上午进行。

随着社会的发展和变化，这些民间风俗都不复存在了，只保留了五月初五包粽子的形式。滹沱河流过的村庄，一年中只包两次粽子，一次是当地最盛大的庙会，一次是端午节。庙会上的粽子是纪念为当地做出过重大贡献的人或神，其意义随着商业气息的浓厚而逐渐淡化。端午节，因其文化源远流长，意义深远，粽子也自然保持了纪念的神圣。

五月初四的早上，各家各户就要将去年入秋后从滹沱河采摘回的芦苇叶，用洁净的清水浸泡起来。包粽子用的江米和红枣，经过清水的反复洗淘之后，也用洁净之水浸泡起来。然后就把屋子院子，里里外外清扫一遍，所有的家具擦洗一通，使家中处处纤尘不染。午后，清水中干枯的苇叶已变得柔软而翠绿，江米变得圆润如玉，红枣圆滑似珠。这时家中的女性围坐一起，开始包粽子。绿色的苇叶打成一个窝，填入玉白的米粒，配上两三颗红珠般的大枣，最后封口并捆扎结实，一颗心形的粽子在灵巧的双手中完成。捆扎粽子的绳子，要用滹沱河岸边年年茂盛生长，像剑一般的马兰的叶子。兰叶缠苇叶，如同碧带系绿裙，当属绝配。煮粽子要待一家人吃过晚饭后，粽子下进锅里，要由经验丰富的人负责烧火。当烧到一定的火候之后，再往灶膛里蓄一些柴，让文火将粽子煮一晚上。其实，兰叶的幽香、苇叶的清香、江米的醇香和着红枣的甜味，汇聚成粽子特有的香味，早已透过芦苇编制成的锅盖，氤氲在院子里，飘入每一间屋子，甜美了孩子们一夜的睡梦。

五月初五早上，粽子熟透并且温热适中，全家人在吃粽子之前，长辈总会问年幼的晚辈为何今天要吃粽子，晚辈对答如流，长辈高兴会多赏一两个粽子吃。倘若回答令长辈不满意，不但吃不到粽子，还会被训斥一顿。端午早上吃了粽子，还有一件重要的事情要做，就是到滹沱河河滩上割那顶着露水、透着芳香的艾草。回到庭院，将艾草插上门楣。据说这样可以辟邪。等门楣上的艾草风干后，家人小心翼翼地将其收存，当有人遇有风寒胳膊腿疼时，将艾草用开水冲泡后对患处熏洗，三五次即可痊愈。

端午上午，男孩子们要到滹沱河边，捉回一两只"三道眉"的青蛙，用清水洗净后，将一块上好的墨块塞进青蛙口中，然后将青蛙头朝下倒挂在阴凉通风的地方，待风干后就成了上好的药材。青蛙口中的墨块，专治儿童痄腮。用清水将墨块化开，涂于痄腮痛处，一般三天见好七天痊愈。儿童在脸上涂抹黑墨治疗痄腮，模样颇为滑稽可笑，但滹沱一带的人们不但没有取笑，而且会对涂黑的儿童说不少关心的话。

滹沱两岸，水草丰盛，林木繁多，自然虫蛇蚊蝇不少，给下地干活儿的大人和在河滩玩耍的孩子带来许多烦恼。上些年岁的人们，总会在端午这天，给自家或亲戚家没有过12岁的儿童送荷包。荷包里主要装有雄黄、朱砂以及香料等物，以驱除蚊虫，辟开邪祟。对于那些幼儿，则亲手为其缝制红色的兜肚，兜肚上绣着虎、龙、荷花等祥瑞之物，旁边再用五色线绣上"震五毒保平安"六个字。这兜肚穿在刚会走路的孩子身上，红兜肚衬得嫩白的皮肤更加可爱，蹒跚的步伐使兜肚上的龙与虎活灵活现，那荷花也如随风摇颤。中午饭时，雄黄酒已经摆好，平时不喝酒的人，今天也要喝上一口，一则是纪念屈原，一则为杀菌防病。

五　乞巧节

农历七月初七，民间称乞巧节。传说七月七是牛郎织女一年一度相会的日子。人间勤劳善良的牛郎和天庭心灵手巧的织女，本是一对幸福的伴侣。王母娘娘遵循仙凡界限把他们拆散，用碧玉簪在两人中间列了一道天河，只许七月七相见一次。人们同情这对情人，风旦召集千百万喜鹊，在银河上搭了一座鹊桥，让牛郎织女过桥相会。姑娘和年轻媳妇们这天晚上在月光下穿针引线，趁织女与牛郎相会的机会，乞求织女向她们传授刺绣技巧，所以人们把七月七称作"乞巧节"。

六　中秋节

农历八月十五为中秋节，是中国人民的传统佳节，是祭月赏月的节日，是合家团圆共享天伦之乐共庆丰收的节日。在正定，传统上家家都要合家以月饼为主要供品祭月赏月，然后品尝月饼。没有月饼，中秋节就算"白过"。农历八月十五这一天人们习惯互送月饼和吃月饼。月饼乃中秋节食品，民间以此相馈，取团圆之意。

正定月饼崇尚礼仪。正定月饼按用途分为"合家祭月""尊尊敬上""长接幼序""同辈贺节"四种类型。

"合家祭月"是中秋节的主题活动，正定人非常重视这项祭事。为此，家家都要在节前选购一个"合家祭月"大月饼，以表重礼，祈求团圆吉祥。大月饼单个分为一斤、两斤、三斤、四斤等。月饼正面分别选印"花好月圆""月宫仙境""松风水月""五谷丰登"等吉祥图画。中秋节初夜，月亮从东海升起，各家在自家院中面向东方设方桌或地桌一张，桌上正中摆上大磁盘托起的大月饼，周围摆上地产时令五鲜三干八中盘"果目"：苹果、梨、石榴、香槟、葡萄、核桃、栗子、花生。其后，请一尊端坐捣蒜的泥塑彩绘"兔儿爷"，意为从月宫下界来降福。再后，设香炉一尊，左右设蜡扦一对，上高香三炷、烧红烛一双，祝福合家安康、风调雨顺、五谷丰登。全供称为"众星捧月、恒久拜月（古谓日升月恒）供献"。月上三竿时，家长带领全家人向月亮三叩首。叩首毕，家长讲家训和吉祥语，并将大月饼切分每人一块即食，"果目"共尝，称为分享家福。全家边吃、边赏月、边畅谈，从月亮大圆、大明、大吉、大利谈到举家团圆、和顺、安康、幸福等，至月上中天礼毕。

"尊尊敬上"月饼为晚辈孝敬祖父母或父母亲大人之月饼。女婿孝敬岳父母尤其必需，膝下儿女一般合敬一份，游子回家团圆单敬一份。月饼制作是用6斤料分成两份，每份做成梯次缩小的9个月饼，摞成一个底大向上次第缩小的"宝塔"，塔顶冠以寿桃（糕点）。两塔上各罩一幅红表纸正圆形剪纸画，分别为"山清水秀"和"松鹤常春"，两画上还要剪一副对联："福如东海，寿比南山。"在节前送到尊上面前，两座宝塔一左一右摆在客厅中央方桌上。摆好后，向尊上行三叩首或三鞠躬礼。孝敬尊上之心深重诚悦。当然，贫寒之家可以缩小，甚至从简。

"长接幼序"月饼是家长分给晚辈的月饼。为了表示丰衣足食、接续光景、关爱子孙，家长要分给晚辈每人一斤月饼，分6头或8头，寄望子孙顺发。正定人称每斤月饼几个为几"头"，每斤6个称为6"头"，以此类推。穷苦人家也至少每人分一个。此月饼和今市面月饼类同。也有的人家把老人收到的"尊尊敬上"月饼分给子孙一部分，不再另买。子孙受月饼后要向尊上三叩首，以谢福荫祖恩。

"同辈贺节"月饼是同辈亲朋之间互贺之礼品，一般送4头月饼2斤，月饼类型同今市面月饼。

正定月饼用料十分考究。面粉，在清代，用定点石磨"头拦"粉（相当今之富强粉），民国年间，用广惠（蒸汽机）面粉厂（今华塔西，是河北省最早的民族工业之一，老百姓叫"火磨"）生产的华塔牌头等袋装粉（老百姓叫"洋面"）。糖，用桂产定点蔗绵白糖。油，用特制大草油（正定人称芝麻油为大草油），芝麻定点采购，本店加工成油。馅料亦定点采购。以上均由跑外水掌柜（采购副理）亲往采购。月饼制作由本店糕点师作业，技艺保密。所产月饼，观之清秀雅致、香气袭人，食之鲜酥可口、香甜怡人。

八月十五的月亮最亮最圆，人们把它与自己的美好愿望联结在一起。这天晚上，一家人围坐在院中赏月，用月饼、果品祭月，祈求合家团圆。到这一天，走娘家的妇女必须回夫家团圆，外出办事和远商家乡的人也要力争回家中团聚。

七 重阳节

我国古代以"六"为阴数,"九"为阳数,所以称九月九为"重九"或"重阳"。每逢九月九,正定人民制作花糕,酿造菊酒,亲朋结伴登高,边吃边喝边赏菊,尽欢方散。

八 寒衣节

农历十月初一为"寒衣节"。寒衣节前几天,家家户户用五彩寒衣纸剪成裤衫样,过节时上坟焚化,意思是天气冷了,给死亡的亲人送些寒衣。这显然是迷信活动,不过也表现了人们对死者的缅怀、思念。农历十月初一,为"寒衣节"。

相传,秦始皇时期江南孟家湾住着位孟员外,老夫妻相敬如宾,亲密无间,常常在后花园赋诗作画。有一年老员外在假山旁种了棵葫芦,枝蔓粗壮,叶子繁茂,有的蔓竟顺墙爬到隔壁姜家。串进姜家的蔓结了个大葫芦。到秋后,老员外对姜家说:"将葫芦剖两半,你家一半我家一半。"不料葫芦里有个白胖胖十分可爱的女娃娃,经协商由孟家扶养,取名孟姜女。光阴荏苒,转眼这女孩长得亭亭玉立,知书达理,年已18岁。一天,孟姜女在花园池塘边打捞落水的扇子,恰巧被逃避徭役、躲在花园树丛里的范喜良看见。范喜良是个英俊青年,孟家就招他为婿。不料,正当两个人拜堂成亲之时,追兵赶到,将范喜良抓走,送到北方去修万里长城。孟姜女日夜思念丈夫,悲痛万分。有一天,江南飘着雪花,朔风阵阵,孟姜女打了个寒战,心想几年来丈夫的衣服早已磨破了,哪能敌得住塞外凛冽寒风,便决心给丈夫做身寒衣亲自送去。于是棉花厚厚地絮、针线密密地缝,把思念丈夫的一片深情缝进寒衣里。寒衣做好了,她告别父母,背着寒衣,踏上千里迢迢送衣的路途。一路上,有时阴雨连绵,泥泞遍地,步履艰难;有时狂风骤起,飞沙走石,天昏地暗;有时山高路险,荆棘丛生,猛兽出没;有时大雪纷飞,冰天雪地,寒风刺骨。尽管历经艰险,心头仍抱着一个坚定信念:尽快让丈夫穿上寒衣。可是当孟姜女来到长城脚下,她万万没有想到,丈夫范喜良在一年前的冬天,活活地累死,尸骨埋在万里长城底下。孟姜女一听,不禁放声大哭。她边哭边双手拍打城墙,高喊着"范喜良"的名字,孟姜女哭一阵惨死的丈夫,骂一阵残酷的暴君。在她愤怒的控诉声里,天空中风暴嘶吼,大海上怒涛翻滚,一齐向万里长城压了过来。忽然间天崩地裂一声巨响，一段万里长城塌了，露出一具白骨。孟姜女守着白骨一连哭了七天七夜，之后将寒衣烧掉，只见那寒衣缓缓飘起，又渐下落着，绕孟姜女转了三圈，便稳稳落下覆盖在白骨上。

人们将农历十月初一孟姜女送寒衣这一天，称为"寒衣节"。

以后，相沿成习每逢十月初一这天，人们都要用五色彩纸剪寒衣，到坟头上烧给死去的亲人。有的将所剪制的寒衣，悬挂在小树枝上或插在坟头。这样做，虽然反映了人们的迷信思想，但也寄托了人们对故去亲人的一种缅怀之情。

还有一种传说，东汉时蔡伦发明了纸，蔡伦的嫂嫂慧娘见有利可图，就让丈夫蔡英去向弟弟学造纸。三个月后，开张营业，因纸质粗糙低劣，卖不出去。夫妇俩看着满屋货发愁。机灵聪明的慧娘想出主意，她躺在棺材里装死，蔡英烧纸哭啼，惊动了左邻右舍都来探望。这时慧娘在棺内叫喊起来，众人开棺，她坐起来念道："阳间钱路通四海，纸在阴间是钱财，不是丈夫把钱烧，谁肯放我回家来！"还说人间拿铁当钱，阴间以纸作币，她用丈夫烧的纸买通了三曹官府，才放她还了阳。在场的人信以为真，不但争着买纸，还把这事情传播开去。以后买纸的人越来越多，蔡英夫妇的存货很快卖完了。慧娘死而复生那天正是十月初一，后来人们都在这天上坟烧纸，祭奠死者，形成习俗，流传至今。

九　腊八

农历十二月初八原是我国古代的蜡祭日。据说始于神农氏时期。在这一天，人们用粟和各种果实祭祀保佑农业丰收的神，并祈求来年丰收。后来也成为佛教节日。传说，释迦牟尼为创建佛教，曾刻苦修行多年，饿得枯瘦如柴，昏倒在地。一个牧女见他可怜，取来乳汁，掺些草籽、野果给他吃，他才得免一死，这一天正是十二月初八。佛教徒为了纪念释迦牟尼，到这一天靠米和果品煮粥供佛，然后大家同吃，称为"腊八粥"。新中国成立前，佛教寺院在这一天也做些"腊八粥"，在寺院门前向穷人施舍。

腊八粥由最初的佛教节日演变成为一种民间食俗，意义也有所改变。人民群众吃腊八粥是为了寄托自己的愿望，所用原料随各地物产和家庭贫富的不同而有区别。在石家庄有一个流传很广的民间故事。说腊八是一个人，因农历十二月初八出生而取名。其父母老来得子，对腊八娇生惯养，养成了好吃懒做的恶习。后来腊八娶了媳妇。跟腊八一样懒。老两口临去世时，给小两口留下了八囤粮，劝他俩勤俭过日子，要跟人家学一学，比一比，看谁家早晨烟囱先冒烟儿，谁家地里的高粱先红尖儿。谁知小两口根本不把父母的遗言放在心上，照样游手好闲，坐吃山空，没几年，八囤粮都糟蹋光了，连锅都揭不开了，到了腊月初八这一天，腊八过生日了，可是锅里无米，灶下无柴，媳妇扫了扫八个囤底子，八样粮才扫出一小把，熬了点稀粥，喝了不顶事，第二天人们发现他俩被冻死了。打那儿以后，每逢腊月初八这天，家家户户都要用八种米熬粥，管这顿饭叫腊八粥。人们喝腊八粥，是为了记取厝八一家不勤俭过日子的教训。

到了清朝，民间熬八宝粥、互相赠送的习俗非常盛行，所选用的材料多达数十种，例如：葡萄、白果、菱角、苡仁、青丝、红丝、红豆、花生等。工艺也很复杂，洗米、泡果、浸仁、剥皮、剔核、拣精、挑粹等。这个习俗一直流传至今。

第二节　庙会

"中国城乡的庙会是汉民族民俗宗教的基本实践模式之一"①，庙会文化是中国传统文化中极具内涵的一种民俗文化，既是古代文化的传承和延续，又是传统民俗文化的全景呈现。在笔者看来，还是一幅富有浓郁民族情调的风俗画，包藏着五千年中华文明深厚的文化底蕴和悠长的人生意味。正定有着浓重历史气息和厚重宗教文化，具有庙会扎根并茁壮成长的肥沃历史土壤。

正定庙会古已有之，全年连绵不绝。清代以前，正定一直是华北地区的经济文化中心，商贾云集，经济的繁荣同时也带来了佛教的兴盛，尤其是在盛唐时期。而到了清光绪年间，正定有大小30多座寺庙，僧尼2000余众，当时佛事、庙会非常兴盛。在周长12公里的城墙内，拥有全国重点文物保护单位8处。其中佛寺占了5处：隆兴寺、开元寺、临济寺、广惠寺、天宁寺，另加崇因寺、洪济寺、舍利寺，合称八大寺。据光绪元年《正定县志》记载，城周尚有镇海寺、太平寺、龙岗寺、福寿寺、圣寿寺、广福寺、祥光寺、永泰寺、朝阳寺、白雀寺、观音寺、毗卢寺等23

---

① 刘铁梁：《庙会类型与民俗宗教的实践模式——以安国药王庙会为例》，《民间文化论坛》2005年第4期。

处寺院，连同城外 10 处寺院和 5 处旧寺，正定共有 46 处寺院。

正定不光佛寺多，庙也多。如城内有国保文物县文庙、府文庙，还有府城隍庙、县城隍庙、关帝庙、赵将军（赵云）庙、瘟神庙、明灵王庙、苍严庙、玉皇庙、马神庙、三皇庙、旗纛庙 13 处，城周有河神庙、火神庙、水母庙、东岳庙、圣母庙、镇武庙、三义庙、三官庙、玉皇庙、八腊庙、大鸣泉庙、赵王张耳庙 12 处共 25 处较大庙宇。

此外，与寺庙有相似含义的"庵"（尼姑居住的寺庙）、"观"（道教活动场所，取观星望气之意）、"坛"（祭神场所）、"祠"（祭祖先、圣贤之地）等计 13 处。像先农坛、龙王堂、太阳宫、老君堂、永寿庵、延照庵、元真观、龙母行宫、昭忠祠、土地祠、周公祠、平都督祠、史丞相祠等。

正定寺庙如此之多，每当祭祀之时，僧众、信徒、游人聚会于寺庙内外形成庙会。早期的庙会仅仅是一种隆重的祭祀活动，而今随着经济的发展和人们交流的需要，庙会在保持祭祀活动的同时，逐渐融入了集市交易活动，打上了市场经济的时代烙印，这时的庙会又得名为"庙市"，成为中国市集贸易的一种重要场所。当地群众把庙会称为"过庙"，非常看重。届时，庙会所在城镇，农家户户蒸馒头、买点心，沽酒备菜，领亲眷，接朋友。而邻近村庄的群众则称"赶庙"，届时，或携家带口，或三五成群，纷纷涌来，或还愿进香，或许愿祈福，或购货，或观热闹，俨然成了盛大节日。

当下正定的庙会很多，根据笔者调查，正定的庙会有近百处之多。

西洋　正月初九、六月二十四

东上宅　正月十三

树路　正月十三

北圣板庙　正月十三

中杜村庙　正月十八

西关　正月十九

曹村　正月二十八

张家庄庙会　二月初二

李家庄　二月初八

化皮　二月十五

新安　二月十五

固营　二月十五

斜角头庙　二月十五、十月三十

前塔底　二月十八

周家庄　二月十九

东安丰　二月十九

东邢庄　二月十九

东杨庄　二月十九

西邢家村庙会　二月十九

西杨庄　二月十九

郭家庄庙　二月十九

侯家庄　二月十九

塔底庙会　二月十九

三里屯庙　二月十九

西咬村　二月十九

城杨庄　二月十

木厂村　二月二十一

北关　二月二十五

曲阳桥庙会　二月二十五和十一月十五，纪念孙悟空师父菩提老祖捉住孔雀大明王菩萨

南永固庙　二月二十六

吴兴　三月初三

南圣板　三月初六

永安　三月初六

塔屯庙会　三月初六

付家村庙　三月初八

厢同　三月十五

南屯庙会　三月十五

东洋　三月十五

东杜村　三月十五

大孙村　三月十五，药王庙，纪念药王孙思邈

北白佛　三月十五，九月初一是香火庙

里双店庙　三月十八

大丰化庙　三月十八

中咬村庙　三月十八

东贾村庙　三月二十

高平庙会　三月二十三

周辛庄　三月二十三

平安村庙（平丘庙）　三月二十七

东咬村　三月二十七

北小屯　三月二十八

东关　三月二十八

同下　四月初四

北门里　四月初八

南化　四月初八

朱河　四月初八　三月十二

蟠桃　四月十五

正定赵云庙　四月十六

南岗村　四月十八　十月十八

正定车站街　四月二十六

高平　五月初一

牛庄　五月初四

府城驿　五月十三

新成铺庙　五月十三

正定大佛寺　五月十七，另一个是七月十五（农历）城隍庙会

西安丰庙　六月初一

诸福屯村　六月初六

拐角铺　六月初六

西白庄　六月初六

岸下庙会　六月初六

北孙村　六月十三

北永固　六月十五

大临济　六月二十三

小临济庙　六月二十四

木庄　六月二十四

西柏棠　六月二十四　十月二十四

太平庄庙　七月七

大黄庄庙　七月七

丁家庄庙　七月七

蔡家岗　九月初九

罗家庄　九月十三

邵同　九月十五

斜角头　九月二十五

大寨　九月二十五

西杜村　九月二十七

南牛　十月初八

罗家庄　十月十三

东权城　十月十五

岸下　十月十五

赵庄　十月十五

南白店　十月十五

下面就其中影响比较大的庙会作简要介绍。

一　正定城隍庙会

河北正定庙会古已有之，全年连绵不绝，其中全民参与性最高、影响最大、范围最广的庙会当数每年五月十七的正定城隍庙会，延续至今。

正定城隍庙会

正定城隍庙始建于明洪武三年（1370），距今已有600多年的历史。正定城隍庙建制和古正定府衙门一样，坐北向南，中轴线上的建筑从南至北依序有旱桥、牌坊、山门、正殿、后寝宫。山门前廊左右各立一通石碑，山门后廊下悬挂着一块硕大的木制算盘。说它硕大一点也不夸张，仅算盘珠直径就有20厘米，算盘杆有铁锹柄之粗，至于这块算盘是何年所挂已无从考证。算盘上镌写着四个大字"不由人算"，鞭辟入里，真乃诛心之言。整个城隍庙高低错落、布局巧妙，殿内千姿百态的神像威风凛凛，各具特色。城隍庙对面是戏楼，这些戏楼都是建在大墩台之上，墩台一般有两米多高，主要是为了方便众人看戏。每逢庙会期间一些虔诚的信众或还愿者捐资诸戏班前来助会，从五月初五一直唱到五月十七庙会结束。

沧海桑田、世易时移，当初城隍庙香火缭绕、磬钵齐鸣的热闹景象已不复存在，但每年的五月十七庙会却沿续如今。正定古城在历史上的行政建制为府一级机构，因此除了一个县城隍，还有一个府城隍：俗话说"官大一级压死人"，很多具体事情，如巡城、府城隍都亲力亲为了。

正定城隍庙会里的城隍信仰活动主要由三部分组成，一是农历七月十五、十月初一鬼节举行的收鬼、放鬼活动，也称为"鬼会"。只有这个时候城隍爷才会巡城；二是农历五月十七城隍庙正会，正会时城隍爷不巡城，在庙中安享香火；三是遇有雨泽愆期之年，信众向城隍爷的祈祷活动，一般多是大旱之年的求雨活动。

"鬼会"在民间信仰中，人们普遍相信人死后还存在于另外一个世界，需要经过层层"报庙"而取得冥籍。先是向丁宁路口的五道庙汇报，然后五道庙再上报到土地庙，经过土地爷的整理，再上报到县城隍庙，逐级上报。所以城隍爷每年的收鬼、放鬼活动，也可以说是人们祭奠逝者、缅怀亲人的悼念活动。

"鬼会"期间的城隍出巡主要由两部分构成，一是在北关搭彩棚接城隍，一是城隍出巡。所谓出巡就是把城隍爷、城隍奶奶的像身用轿子抬着在城内巡视一番。出巡时城隍爷、城隍奶奶的神像是用荆条编织而成的，外面罩着官服、霞帔。每年的七月十五、十月初一城隍出巡，人们都会提前在北关用苇席和帆布搭起高大的彩棚。之所以选在北关，是因为北关为演武场，场地平坦、开阔。

城隍爷出巡时，先由北关彩棚里的接驾会前来恭请，然后由城隍爷宣布"排衙"，即发布出巡命令的仪式，其方向和排场仿阳世衙门。城隍出巡属于地方上的大事，通常县长都会前来参加。城隍出巡时，庙里的道士会在队伍前面奏乐引导，县长在前导队的后面，游行队伍的前面。县长手里挑着檀香炉。这种檀香炉造型奇特：一个二尺来长、做工精细的龙头小棍，龙口衔着一个镀金的铜环，环上接三根细铜链，分别连着檀香炉的三个炉耳，炉里烧的是檀香面。县长后面跟着地方上有头有脸的缙绅们，再后是自愿前来参见的信众。信众们自愿备香、纸跟随，然后是城隍爷、城隍奶奶的轿子，轿子后面还有护卫队。在正定民间流传着一种说法：抬完城隍爷的轿子能保佑身体健康，百病不生，所以每年城隍出巡时，做轿夫成了一件抢手的活计。

城隍出巡的路线通常是由育才街向北大十字街向东直行，过梁家牌楼、小十字街，然后向北，一直到达北关目的地。凡城隍爷经过的地方，家家户户的妇女都跪在门前设供桌恭迎，供城隍爷接受祭祀。城隍爷、城隍奶奶在彩棚中一安身，等候在彩棚外的常山战鼓就雷鸣般敲响起来。然后各县各村来的信徒才开始给城隍爷、城隍奶奶烧香、跳扇鼓。出巡完成后，再由原路把城隍爷、城隍奶奶恭送回庙。

正会。五月十七是城隍庙正会，城隍爷、城隍奶奶在庙中安享人们供奉的香火。城隍庙对面的戏楼会一连好几天唱戏，这些戏班子都是会首们提前请来的。庙会请戏与一般红白喜事请戏不同，庙会请戏的请帖不是用的白纸、红纸，而是用朱砂写在黄表纸上。除庙里请的戏外，还有不少还愿戏。

供品都摆放在大殿前的神桌上，通常为面食，主要有点心、水果等，也偶有三牲祭拜的。五月十七庙会经常遇到雨天，信徒们虔诚地认为是城隍爷显灵"洗庙台"。

五月十七庙会，各县的人们都来参拜。这些是自发前来的，他们都是双手合十，虔诚地朝城隍爷叩首，起身后自觉地将"香油钱"投到功德箱中。各村烧香之后，一般各围戍一堆，各念各的经，各跑各的扇鼓。扇鼓的构造是结合了扇子和鼓的两种特点，形状像团扇，又能敲出鼓声，一般是以铁为外框，单面蒙一层羊支或牛皮，扇柄的尾部折成环形，并穿有数个铁环，在跑动的时候叮当作响。扇鼓的动作套路比较简单，有原地抖扇的，有组合转圈打扇鼓的，也有跑"8"字形的。

如今，人们追寻着昔日城隍庙的影子，延续着一年一度城隍庙会的风俗，传播着传统文化的圣火，正定的城隍庙会依然热闹非凡。

二　蟠桃庙会

蟠桃庙会日期是农历四月十四至十六。蟠桃村西北有座王母庙，建于唐朝开元年间（713—741）。农历四月十五为庙会。相传，王母娘娘每逢三月三寿诞之日，宴请各路神仙。后来由于白猿偷桃孝母，孙悟空偷吃仙果大闹蟠桃会等原因，使盛会不能如期召开，故推迟到四月十五，会期流传至今。

旧时，蟠桃庙会闻名几百里，声势浩大。烧香许愿的善男信女成千上万，过往客商摆摊设点，买卖兴隆。蟠桃庙会是集商贸、旅游、信仰、娱乐、民间文化艺术于一体盛大的汉族民俗活动。

汉族民间传说王母娘娘生于平山县王母村桑氏家中，后遇仙受封，住在昆仑山的瑶池，有了蟠桃园。又传说王母娘娘以仙桃仙果摆筵，请各路神仙来为她祝寿，地点就在正定县蟠桃村，蟠桃村也因此而得名。表达了汉族劳动人民一种辟邪除灾、迎祥纳福的美好愿望。

汉族戏曲杂耍及民间花会种类繁多，人们尽情歌舞，庙会上人山人海，十分热闹。新中国成立后的蟠桃庙会物资交流和娱乐活动不减当年，特别是改革开放以后，传统庙会成了商品生产、信息交流、科技传播的理想场所。近两千个国营、集体、个体经营者认真组织货源，整个市场上琳琅满目的日用百货、时装鞋帽、高档沙发及机械化工、农副产品等，令人目不暇接。

三　新城铺庙会

新城铺又名府城驿，春秋时期叫新市，西周末期为鲜虞国国都，是一个古老的乡村。不知道从何时开始，阴历五月十三，成为新城铺庙会的日子。

过去的庙会在新城铺村的中心大街上，20世纪90年代，庙会挪到了村南繁华的商业街上。民谚说，五月十三，道不干。传说这一天是天上龙王行雨的日子。民间一般以五月十三为关羽生辰，所以在农历五月十三祭祀关公。有关关公的生日（生辰、圣诞），有正月十三、五月十三、六月二十四三种说法。也有"五月十三是关公磨大刀的日子"的说法。清康熙年间，解州守王朱旦撰写的《关侯祖墓碑记》载"桓帝延熹三年庚子六月二十四日生关羽"。新城铺村有不少颜姓村民，相传是颜良的后代，因为"关羽诛颜良",所以新城铺颜姓村民不敬关公。

四　七月初七正定太平庄庙会

太平庄位于正定城东南大约 3 公里处,位于滹沱河河堤北侧、京港澳高速公路西侧、河堤路东侧,大约 1000 人,耕地和河滩地较多。原归属三里屯乡,1996 年乡镇合并后归属正定镇,正定新区成立后,原三里屯乡其他村庄都划归正定新区,只有三里屯仍隶属正定镇。

太平庄村西的旧河堤北侧建一红砖尖顶小庙,这才是真正的小庙,只有一人高,两三米宽,坐北朝南。前面排满了供品。旁边有几个老太太摆摊卖香。里面正中间是"供奉二神之神位",右侧(东边)是"供奉龙王之神位",左侧(西边)是"供奉观世音菩萨之神位"。

五　四月初八正定北门里庙会

四月初八为佛诞节,又名浴佛节,即释迦牟尼的生日。

北门里的庙会是奶奶庙。奶奶庙红墙琉璃瓦,格外显眼。大殿面南背北,为二层建筑,里面上下两层相通,显得十分高大宽敞。大殿名为三霄殿,一层共五尊彩色塑像,北面供奉着三霄圣母,中间为云霄圣母元君,东边为琼霄圣母元君,西边为碧霄圣母元君,东侧供养着眼光奶奶,西侧为送子奶奶,二层为三尊彩色壁画像,中间为玉皇大帝,东边为地母,西边为天龙。

《封神演义》中说三位奶奶是赵公明的妹妹:长妹赵云霄,次妹赵琼霄,三妹赵碧霄。她们姐妹在三仙岛修行时,赵公明败给了姜子牙。赵公明为了挽回败局,便求助于三个妹妹。他的三个妹妹只好下山与姜子牙交战,最后战死。后来商朝灭亡,周朝建立。姜子牙开始封神,他十分敬佩赵公明的三个妹妹作战英勇顽强,便封她们为"三仙姑",掌管混元金斗,传掌先后之天。

东配殿为胡神庙,共有六尊彩色塑像,北边为胡大太爷和胡大奶奶,南边为胡二太爷和胡二奶奶,北侧两尊面南背北塑像不知道是何方神圣,东边是男的,手持宝剑,西边是女的。

六　韩通庙会

韩通庙会是农历九月初一。此庙会最初叫冰雹会。据说,一千多年以前，韩通村连年遭受冰雹灾害，庄稼颗粒不收，贫困农民背井离乡，乞讨求生。当时，有人在村北土岗上烧香拜佛，祈求神仙显灵，老天保佑。几天内，轰动了全村，烧香磕头者剧增，并许愿：如来年天不下冰雹，村民愿捐款唱5天大戏。事有凑巧，第二年果然风调雨顺，秋天庄稼获得丰收。众百姓迷信神仙显灵，即搭台唱戏还愿。从九月初一开始，连唱5天。从此冰雹会便成了庙会。延续至今，变成了物资交流会。

七　北孙庙会

农历六月十三是北孙村的龙王庙会。相传很久以前，北孙一带冬不落雪，春不下雨，井水干枯，庄稼没法种。一算命先生说："若要求雨，向龙王烧香许愿，方能解脱此害。"人们信以为真，修建了龙王庙，烧香化纸，唱戏求雨，从初春一直求到雨季到来，六月十三终于盼来了一场透雨，人们以为龙王显灵。此后，每年到了这天都烧香拜神唱戏庆贺，形成了庙会①，并一直延续至今。这种隆重的祭祀主要是为了避灾免祸，这种朴素的信仰观念是百姓祈求平安的最直接的方式，在遇到他们自己无法解决问题时，往往会求助于神灵的保佑，为了显示自己的诚意，他们会尽自己最大的力量来满足神灵的要求。在这些村民看来，只有这样，才能让自己的村庄一年平安。

八　吴兴庙会

吴兴庙会是三月三。

吴兴村，距县城北7公里，是正定第三大村。当年这里是全县最早对外开放的乡村之一，有一部加拿大人拍摄的电影《中国华北农村的一个人民公社》，其场景和演员全出自吴兴村，反映当时社会主义建设和勤劳的中国人民的精神风貌。

吴兴村有许多动人的民间传说，给人们的生活带来无限愉悦。

在吴兴村西1公里处，有座方圆百米的荒芜土丘，因其周围是大户人家王家的土地，故被人们称为"王家疙瘩"。相传，这里曾经住着两位神仙，精通医术、乐善好施。乡亲们遇到难事，只要事先到"王家疙瘩"求拜，二神仙就会显灵并无私相助。特别是村民们过红白事需要碟碗桌

---

① 《正定县志》，中国城市出版社1992年版，第798页。

凳，头夜三更烧香跪拜，并如实申报所需数量，次日凌晨天蒙蒙亮，悉数锅碗桌凳便有序地摆放在"王家疙瘩"旁的大道上。但是用后必须擦拭干净及时送还并上供感谢。少数夫妇婚后不育，也会结伴前往"王家疙瘩"求神赐子。吴兴村一位赵姓邻居，年近五十，小名"讨药"。其父母生养四个闺女，非常想要个儿子，据说是在"王家疙瘩"讨来仙药后，才生下这个"老把子"儿子，所以起名"讨药"。因此，王家疙瘩名声大噪，十里八乡来此求神办事者络绎不绝。而神仙并非"一视同仁"，照顾的是那些贫苦百姓且心地善良者。邻村一位土财主为富不仁，是出了名的吝啬鬼，其儿子结婚准备大操大办，想沾"王家疙瘩"神仙的光，在此磕头捣蒜大半夜，结果落空而归，成为人们的笑料。

吴兴村"三月三庙会"，既是传统的香火庙会，也是当地农村的春季农用物资交流大会。据说兴于清代，是由村西北一座寺庙例行佛事演绎而来。庙会期限为三天，初三为正庙日，主要是烧香求神保平安，盼望五谷丰登、人财两旺。期间，大量的农产品和生产生活必需品汇集这里进行交易，像针头线脑、杈把扫帚、骡马布匹、木材粮食等。加之吴兴人热情好客，尊商爱商，以及连唱几天的官戏，使庙会的规模和名气越来越大。于华峰在《古常山郡新志》中这样记载："农历三月初三，香客蜂拥寺院，香火缭绕，盛况空前。随街而成的庙会集市，豪商大贾，工匠艺人，千余商品，万余民众，并集于此。"还有一句顺口溜："三月三，吴兴庙，三庄子跟着瞎胡闹。"说明不仅吴兴村家家买肉备酒、邀客请亲，如同过年，四周各村也随着停工放假，改善生活。尤其是近年来庙会上的马戏、劲歌、舞蹈和地方特色小吃，格外吸引人，让前来赶庙会者一饱眼福和口福。这无形中为庙会增添了新的文化内涵和巨大的诱惑力，更加显现出吴兴庙会的张力。著名作家贾大山在世时，曾于1988年吴兴庙会当天专程实地考察，了解该庙会的历史起源，并到有关人员家中进行访问。

早年吴兴庙最有特色的是三月三正庙的晚上燃放"炮杆"和"葡萄架"。"炮杆"是在庙前面的空地搭起的高有三四丈的高杆上绑有许多横杆，横杆的各个方向拴有炮竹和礼花，中间用引信相连，晚上一经点燃，空中火花四射，八方炸响，景致相当壮观；"葡萄架"则是用竹竿搭起的长方形架子，满架子用硫黄焰硝等制作的烟花布成类似叶子、葡萄串的形式，同样用引信串起，一经点燃，翠绿的叶片，湛蓝的、成串的葡萄满架辉煌，经久不灭，在繁星满天的夜空反衬下，更显得静谧、消闲，令人心驰神往，这巧手匠人为大众的生活增添了无穷的乐趣——可惜的是，这种乐趣人们已经享受不到了，大概"四清"以后就消失了。

吴兴庙会是庆祝真武大帝生日而起的庙会。真武大帝，是净乐国王与善胜皇后之子。善胜皇后梦吞日而有孕，怀胎 14 个月，于开皇元年三月一日降生，此王子从小习武，不爱江山，爱修仙，毅然出家到均州城东南的武当神山修行，42 年后得道飞升，最终成为道教的崇奉神。玉皇有诏，封为太玄，镇于北方。道家奉为玄武大帝，踏腾蛇神龟，驱五大神龙，扫除天下妖孽，尊为荡魔天尊，宋时改为真武大帝。既然如此，庙会就该设为三月初一，怎么就成三月三了呢？吴兴人不知道从何处也不知道从何时传说，真武大帝本是太上老君第 82 次变化之身，托生于大罗境上无欲天宫，托生时辰应为第一窝老鸹出飞之时，正应在三月三，所以吴兴庙会就定在了三月三。

九　南化庙会

农历四月初八是南化村的庙会。据传，唐代该村始建"苍岩圣母"庙。正殿供赵公明三个妹妹云霄、碧霄、玄霄的塑像。因她们在这一带经常行医治病，乐善好施，人们感恩不尽，为三霄女重修庙宇，再塑金身。每逢四月初八圣母生日，烧香求医，磕头还愿的人络绎不绝。同时，商贩赶来做买卖，戏班应邀唱戏助兴。

《山海经》说：隋炀帝的三女儿当年为了给父亲治病，把自己的手、眼割下来，作为药引子。后来，隋炀帝病好了，得知此情况，悲不胜收，奏请上天，上天命令，给三女儿全手全眼，后来谐音变成为千手千眼。由于这个庙会时近麦收，成了销售三夏用品、大中小型农具的市场。

十　曲阳桥庙会

曲阳桥村北的大鸣泉旁有座龙王堂，正殿为龙王堂，后殿为孔雀佛阁，阁内塑有"准提骑孔宣"泥像。相传，很早以前，这一带有个孔雀精叫孔宣，经常骚扰村庄，吃人害命。后来，有个叫准提的道人路过此地，决心为民除害。他从二月二十五一直等到十一月初五，终于在大鸣泉旁拿住了孔雀精，灭了孽障，安定了黎民。人们感恩戴德，建庙塑像，把准提来时的二月二十五和降服孔雀精的十一月初五定为庙会，一年两次烧香化纸，唱戏祝贺。每逢庙会，种类繁多的皮毛山货、鱼虾莲藕、草编柳编工艺品、家具农具、粮食畜禽云集于此，成了盛大的物资交流会，还吸引了吉林、陕西、山西、河南、山东等地的客商，它的贸易场地扩展到上曲阳、东曲阳、南曲阳、曲阳桥四个村庄，形成了规模较大的农贸市场。

十一　正定春节庙会

正定春节庙会是 2008 年开始由石家庄市旅游局、正定县政府设立的新庙会，每年一届，时间是正月的前几天。大庙会的主会场设在隆兴寺、荣国府、赵云庙、开元寺及其周边街道。隆兴寺邀请以武术、舞蹈、杂技于一体的国家非物质文化遗产项目——沧州舞狮表演；全新编排的隆兴帝王礼佛盛典，按照清朝历代皇帝驾幸隆兴寺时的规制，再现帝王礼佛的盛大场景。

荣国府在大门口聘请民间花会表演团体，演出石家庄市非物质文化遗产项目——跑竹马；宁荣街举办特色小吃宴，汇集全国各地特色小吃，让逛庙会的市民一饱口福。赵云庙的子龙演武、开元寺的京剧票友戏曲表演、正定文化灯谜竞猜等活动，让人们在吃喝玩乐的同时，感受传统艺术的魅力。

祭祀文化、集市交易和娱乐活动，是传统庙会的几大内容，而以民俗牌运作的现代庙会活动中，感受地方民俗、品尝特色小吃成了许多参与者最主要的目的。糖稀、泥人、缸炉烧饼、饸饹之类的"老物件"深受游客喜爱，许多年轻人拍下举着糖稀、泥人的照片晒到网上。正定庙会中，知府迎驾、隆兴盛典、佛乐演奏、民间花会、常山战鼓等具有正定特色的活动，只能在售票的景区内才能观看。

庙会最早的形式是祭祀活动，是人们敬祀神灵、愉悦身心的产物。随着社会的发展，特别是经济的发展，庙会和集市效果融为一体，成为人们敬祀神灵、交流感情和贸易往来的综合性社会活动。比如正定的五月十七的城隍庙会和三月三的蟠桃庙会，以及遍布城乡的若干乡村庙会。其发展和变化与商品生产和经营活动具有密切联系，有时令的痕迹。如促进农耕生产、物资交流的三月三吴兴村庙会和六月六的诸福屯村庙会。虽然敬祀神、佛的庙会带有一定的迷信色彩，但是人们的感情交流是以道德伦理的稳定机制为基础而进行的。比如四月初六的赵云庙会和五月十三日的新城铺庙会。劝善惩恶，传统的社会规范，在庙会上起到鼓励社会树立新风尚的重要作用。同时，庙会的娱乐功能也让群众在文化交流相对匮乏的农村耕种生活中平添了些许欢快和愉悦，增进了乡族和亲缘的感情交往。

正定春节庙会

　　乡村庙会，这个带有泥土芳香的民俗文化现象，不仅可以从思想上认识它所给中华传统民俗带来的文化内涵，而且可以从中感受到劳动群众崇高的智慧和卓越的艺术才华。正定的大小庙会可以说遍布城乡各村，基本每个月都有一个到几个村有自己的庙会。现在集市多，几乎每个村子都兴起集市，其实庙会已经显得不那么重要。如果庙会没有文化特色，和一个大集市没有什么区别。

第五章　正定的语言民俗

正定方言包括冀鲁官话石济片和赵深小片的正定话、冀鲁官话石邢片的正定话。有的人还认为正定方言属中原官话。

正定现属河北省会石家庄市，是全国古迹众多的历史文化名城。正定在古代却是燕南赵北之地，"九省通衢"，向为南北并东西之交通要冲。世代正定人，或屯兵或移民繁衍生存在广大的正定平原之上，南北文化在此交汇，加之本地文化的丰厚积淀，至元代时正定已成为元大都之外元杂剧早期创作和演出的一个中心。元人纳新在《河朔访古记》中记述："大抵真定极为繁丽者，盖国朝与宋约同灭金，蔡城即破，遂以土地归宋，人民则国朝尽迁此，故汴梁、郑州之人多居真定，于是有故都之遗风焉。"由于河南方言就是宋朝的官话，时间久了，正定的语言也就与河南方言相仿，延续至今使正定县形成保留了较多的历史相传的独特的俗语、方言词汇，它影响过北方语系并成为北方语系俗语方言词汇的一部分，但它又非常具有正定特点——保留着较多古汉语、古官话成分以及又由于它与南北的经济文化交往及中原人（包指南方人，西、北方少数民族人）或屯兵或移民等较多的徙入，而又具有吸收外地词语同时扩展形成为自己的俗语、方言词汇。正定方言属于北方方言，有其相对独立的语音系统。

第一节　正定俗语

正定俗语，是广泛流行于正定民间的通俗语句，它包括俗语、歇后语、俏皮话、顺口溜等。

1. 沧州的狮子，景州的塔，正定府的大菩萨

明代沈德符《万历野获编》卷二四："今北方谚语云：'沧州的狮子，景州的塔，正定府的大菩萨'为畿南三壮观。"

2. 正定古城不得了，七处古迹是国宝

正定为全国历史文化名城，古迹名胜众多，其中国家级文化保护单位有隆兴寺、广惠寺华塔、天宁寺凌霄塔、开元寺钟楼、县文庙大成殿、大唐清河郡王纪功载政之颂碑、临济寺澄灵塔七处。

3. 正定府里三大宝：粉浆、扒糕、豆腐脑儿

正定府里三种传统风味小吃。现扒糕、豆腐脑儿仍被人们喜食，而粉浆已很少有人再做、再吃。

4. 正定府里三大宝：卤鸡、崩肝、卤煮狍

5. 正定府里三种名吃：卤煮鸡、崩肝和卤煮狍肉

6. 正定城里三大宝：砖头、瓦碴、毛毛草

正定古城历史悠久，城内多处挖地数尺，砖头瓦碴甚多；亦指旧时城内贫穷、荒凉。

7. 正定话有三大怪：怪饥、怪渴、怪瞌睡

怪：本县口语，即很、非常的意思。

8. 九楼、四塔、八大寺、二十四座金牌坊

九楼指正定阳和楼及东、南、西、北四座城门楼和四座城角楼；四塔指广慧寺多宝塔（俗称华塔）、临济寺澄灵塔（俗称青塔）、开元寺须弥塔（俗称砖塔）及天宁寺凌霄塔（俗称木塔）；八大寺指以上四座寺及位于东门里的隆兴寺、北门里的崇因寺、城内西北隅的洪济寺、舍利寺（俗称前寺、后寺）。

从前正定城内牌坊甚多，如"古常山郡"木牌坊、"许家""梁家"石牌坊等，光绪元年时，正定拥有的牌坊多达46座，这里24座为虚指；另在大佛寺摩尼殿内，对着佛像仰面上亦可见到24座木制斗拱涂金雕刻成的一行并排的小牌坊。

9. 三山水显，九桥水流

三山：古正定战国初期属中山国，西汉初属恒山郡，后改常山郡，其中三个山字，叫山而不见山。九桥：指今隆兴寺及府文庙、县文庙大殿前各建有一座三路单孔石拱桥，桥上刻有狮子望柱、篮板将其桥身纵隔为三，桥下并不流水，人们俗称为"九桥不流"。

10. 寺大山门远，山门在河南

传说当年唐朝功臣尉迟敬德监造隆兴寺时，匆忙间让工匠把本县大佛寺的山门建在了河南省的开封。现在那里的人说话口音跟正定人极像，传

说那是当年工匠们的后代。

11. 老磁河潜流 40 里

位于正定北部的老磁河，地面水已断流多年，但地下水脉横穿正定北部县境 40 里。

12. 正定城，"官帽"形，达官贵人出无穷

正定古城墙现状为"官帽"形，东南缺少一角。传说建筑时取天满于西北，地缺在东南之意，此谓旧时迷信说法，传说正定要出的芝麻官能有一斗芝麻那么多，实为人们企盼正定大地多出人才。

13. 道夹庙，庙夹道，十字路口五条道

今历史文化街中部原有阳和楼一座，楼北地处十字路口，阳和楼下的两个穹形门洞将往南去的街道分成了两条路。两路之间又夹有一座关帝庙，而关帝庙与东侧的岳王庙又夹着阳和楼东门洞往南的道。

14. 大人辈辈做官，小人辈辈做奴

从前正定府官升堂就位后，站立在两旁的皂隶、壮隶、快隶三班衙役及车、马、轿三夫，向府官叩头问安的祝福语。

15. 衙门口朝南开，有理没钱别进来

旧时衙门口位于府前街今华阳宾馆西南角处。此语为从前贫穷百姓受欺压的真实写照。

16. 走厢同，过许香，死活就在两里双

正定城新中国成立前夕，东、西里双村一带已是解放区，此语为当时伪军北去扰民时的自咒语。

17. 要想荤，上付家村

新中国成立前夕，伪军经常到付家村大集上欺压百姓，白吃白喝。

18. 要想背大筐，嫁到西里双

旧时贫穷的村民不惜力气劳作的写照。

19. 要喝米汤到许香

旧时村民贫苦生活的一则记述。

20. 金淡固，银白伏，玉石高家营

旧时言此三个村与河南片其他村相比相对生活条件好点，玉石又作御史，高家营村曾出过在朝中做御史的官。

21. 紧走慢走，一天出不了塔子口

20 世纪三四十年代至公私合营之前，推独轮小车做小买卖的一边走，

一边吆喝，一边卖东西。言东、中、西连在一起的三个塔子口村的这一条大街很长。

22. 毗卢天下知多少，唯有常山冠古今

正定大佛寺后边有座毗卢殿，殿内有座千佛墩，墩上铸有毗卢佛计1072 尊，为世绝伦。

23. 民国改了良，拆了大寺建学堂

1911 年以后，各地大兴教育，正定境内利用寺、庙改建开办了许多学校。

24. 前寺后寺龙王堂，中间夹着个火药房

正定城内西北隅至西北街（自然村—樊家庄）从前有前寺、后寺、火药房、龙王堂四处古建筑。

25. 正定不光出山药，还出县长哩

日伪时期正定人吴赞周任河北省长期间，从正定附近提拔了23 名伪县长。

26. 敲金鼓，过金桥，问问大官饶不饶

从前正定各村街的孩子们玩耍时的一种"衙役捉大贼"的游戏语。

27. 孩子们、孩子们耍呀，一个窝里俩呀，会爬里爬出来，月子窝里抱出来

从前正定村街的孩子们晚饭后月光下吆喝伙伴们出来玩耍时的召集语。

28. 棒子秸一呼啦，各回各的家

从前正定村街的孩子们玩耍终了散伙时的招呼语。

29. 走的走，散的散，不走不散是王八蛋

此亦是从前正定村街的孩子们玩耍终了散伙时的招呼语。

30. 疙瘩，疙瘩，散散，别叫你娘看见

从前正定村街的孩子们玩耍，小孩子不慎摔倒了碰个疙瘩，大点的孩子即诵此语，为其减轻痛苦的哄说语。

31. 不怨你，不怨我，怨你主人卖给我

老黄牛劳作一生，面对屠刀老泪纵横，屠夫亦感到的是良心上过意不去。正定屠夫杀牛时即诵此语，为其自我安慰的解脱语。

32. 高粱苷，往前爬；高粱叶，往后撒

从前正定村街的孩子们有胆大的几个摸瓜偷枣之时，在一边望风孩子的指挥语。

33．一个旋的横，俩旋的拧，三个旋的打架不要命

旧时以孩子们头上长几个旋，来认定其性格的迷信说法。"拧"去声，固执的意思。

34．人怕敬，鬼怕送

旧时中庸之道者为人指点迷津的劝说语。

35．瞧一瞧，看一看，不甜不脆不要钱

正定城里走街串巷卖麻花、卖瓜果等食品时的吆喝语。

36．瞧一瞧看一看哩，听响声不要钱哩，牛皮不是吹哩，火车不是推哩，黄河不是尿滋哩，长城不是豆腐垒哩，听听看看咱这炮哩，震山东撼河南，不高不响不要钱哩

从前正定炮市上卖炮的为招揽买卖与领炮摊比炮前常喊的口头禅。

37．花塔尖上挂拃草，淹不了瓦岗和寺上

从前传指滹沱河发大水淹过花塔周围四座小塔塔尖时，亦淹不了瓦岗和寺上，言其地势之高。瓦岗、寺上位于原阳和楼西侧一带，此处旧名瓦岗寨儿。

38．木塔尖上挂拃草，淹不了岗上和蟠桃

言指正无路南侧藁城岗上村和正定的蟠桃村地势之高。

39．北永固，南永固，侯家巨碰树路

40．砖塔寺中一大怪，大钟坠落法船中

旧时迷信说法，钟落船开发大水。原开元寺中有正殿三大间，内塑大船，殿曰"法船殿"。大钟，指寺内唐代遗物大铜钟。

41．临京师，通九省，三关雄镇

正定城为北京之南大门，城池雄巍，交通便利，为历代重镇。

42．腊月二十三，糖瓜粘，夯送灶王爷去上天

迷信说法。人们期盼灶王爷上天言好事，下凡降吉祥。旧时这一天，人们多用特制的糖瓜粘灶王爷的嘴。

43．正定城里不大，北关还不小哩

从前，外地人初到正定府，进南城门后便见到阳和楼的两个大门洞，以为这之间的地域是正定城里。出了阳和楼门洞，北望一条长街无尽头，疑为正定北关，故曰"正定城里不大，北关还不小哩"。

44．太仆寺街两头翘，南北都有个五道庙

太仆寺街即今太平街，北头三道庙地势高，街水往南流，南头五道庙

后大河坑地势低，但街两旁居民都砌有高阶砖台。

45. 太仆寺街两头翘，北去龙王堂，南到县文庙，东去衙门口，偏西是箭道

龙王堂原位于今西北街，与今太平街（旧称太仆寺街）两街相连。县文庙位于原县招待所内，文庙往东一条道通往府衙大门口，文庙其西侧原是正定府跑马射箭的箭道。

46. 颜家不敬关云长

正定新城铺村有颜姓，传说是三国时代河北名将颜良之后，历史上颜家不敬关公。

47. 二月二，敲敲梁，蝎子蛐蜒不上墙

旧俗谓农历二月二是龙抬头的日子，这一天百虫冬眠皆蛰。此语为人们岁时期盼全年无病无灾、吉祥安康的祝福语。

48. 打是亲，骂是爱，不打不骂是白菜

此语为人们给小两口劝架。

49. 天上下雨地下流，小两口打架不记仇，白天赶紧得干活儿，晚上还睡一枕头

此语是给小两口劝架。

50. 曲曲菜，叶儿长，娶了媳妇忘了娘

人们责备或警示新婚儿郎可别娶了媳妇忘记亲娘。

51. 萝卜叶，用刀切，有了后娘就有后爹

因继母而责怨其父，规劝闹离婚的夫妻。

52. 河边无青草，不用多嘴驴

此语多为下象棋时责备或制止旁观者为对手支招的咒语。

53. 场光地净，该着兔子背兴

收完庄稼的秋后，野兔子已无处藏身，多被一拨一拨的打兔人猎杀；此语也借指某人赶上该着倒霉的事了。

54. 鸡吃谷垛，兔吃雪，王八喝汤

指吃鸡讲究在秋后，吃兔讲究下雪后，这时节的鸡、兔个儿大、肉多（而非是鸡吃骨头兔吃雪），而吃甲鱼时则讲究要把它炖在锅里，喝其汤营养最佳。

55. 不是不报，时间不到，时间一到，必定要报

宿命论者认为做了坏事要遭报应，只是时间早晚问题。

56. 人的命，由天定，天一定，胡思乱想没有用

用来劝说某人在某件事上停止吧，别再乱想了。

57. 二十里、十里铺是皇道，村名就是去正定府的里程号

此两村古代皆为畿辅大道上的驿站，北去正定府各有 20 里、10 里的路程。

58. 店上村是渡口，过河从这坐船走

店上村位于滹沱河南岸，过云这里是滹沱河古渡口。

59. 东、西庄有争端，石头老虎立中间，这是两村分界线

东庄、西庄两村位于滹沱河南岸，两村以石虎为界。

60. 西北城角楼，地里泉水向东流

正定城内西北隅从前有泉数眼，一年四季泉涌成河向东流淌，穿东城墙向南至均字闸注入周汉河。

61. 塔子口和候帐，争河滩地动火枪

传说从前两村一些村民曾为争河滩地打架动过火铳。

62. 八方村，四县管，十字街心边界线

2001 年还属正定县的八方村，从前以村中十字大街为界，分别归属正定、藁城、栾城、获鹿四县管辖，八方村自古就有"四县八方"之称。

63. 柳林铺，柳林铺，敢在滹沱河里当间儿住

原在滹沱河当间儿住的柳林铺村，随着滹沱河向北徙，现位于河的南岸了。

64. 你大你大，属你大，咱仨县里都属你大。四个吊车吊哩你

2000 年 6 月，正定人用四部吊车吊起了沉睡于地下 1059 年、约重 107 吨的千年赑屃，人们常以此语用来调侃那些自以为是的人。

65. 百年的松，千年的柏，经不住老槐树一摇摆

言指老槐树寿命多比松柏树还要长。1985 年经石家庄市级权威人士鉴定，正定有清代以前古树 48 棵，其中有柏树 27 棵、老槐树 16 棵。

66. 正定府你真沾，石家庄的平、元、赞、正、获、栾、束、赵、井、深、高、灵、行、晋、无、藁、新，还有一些其他县，过去都归你府里管

正定府于 1913 年去府存县，曾辖今石家庄市区诸县。

67. 义玄徒孙遍天下，谁知正定是祖庭

义玄是临济宗的创始人，其弟子今在岭南地区、日本等国内外一代代

盛传不衰，但作为我国佛教禅宗五家之一的正定临济祖庭，却有多少世人不知是在正定，人们期盼正定以此提高其知名度。

68. 一进南门闹哄哄，阳和楼前赛汴京

正定久为南北交通要道，从前滹沱河北岸亦有渡口码头，南关村南堤坝内有山西会馆一座，为晋商驻正定府的办事处。那时，人们一进南门至阳和楼前的大街上，足见其店铺林立，香火庙宇众多，南来北往买卖人汇聚，阳和楼前曾为商业繁华地带。

69. 问我祖先何处来，山西洪洞老槐树

史载明代有两次大规模移民：一次是在洪武二十一年（1388）八月，明太祖朱元璋令"迁山西泽、潞两州之无田或少田者往彰德、真定……诸地闲旷之处，置屯耕地"；另一次是在永乐二年（1404），经"靖难之变"明成祖朱棣登上皇位后第二年，命"核太原、平阳……丁多田少及无田之家，分其丁口"移民至真定、北平屯种。正定民间传说，他们的祖先当年是在山西洪洞县老槐树下聚合迁来的，如今人们凡是脚上小拇指盖是叠在一块的，那都是山西移民的后代。

70. 常胜将军赵子龙，中国史上最有名，品行仁义礼智信，是我常山正定人

作为"常山赵子龙"桑梓故里的正定，其百姓尤尊奉赵云"为其乡先贤最"，无不知晓正定古有赵子龙，家乡人民亦无不为正定出了个赵子龙而感骄傲与自豪。

71. 人走时气、马走膘，穷汉走的黑旮旯

新中国成立前的年代，贫穷的正定百姓对当时黑暗现状无奈、悲情、宿命的哀叹。

72. 人多乱，龙多旱，鸡多不下蛋，媳妇多了婆做饭

"大锅饭"年代的真实写照。正定人在历经新中国成立后 30 年的社会实践，终于悟出了奥妙，进而积极参与此后的改革开放。

73. 一样的草，一样的料，不一样的用法，不一样的膘

十一届三中全会以后的正定农民尝到改革开放的甜头，咏出了发自内心的歌谣。

74. 楼上楼下，电灯电话；走走看看，到处转转

20 世纪前数十年中，正定人对那美好生活的憧憬与期盼。如今的正定人拥有的不仅是楼上楼下、电灯电话，他们正在实现着走出正定、前往

祖国的各地去走走看看的美好愿望。

正定的俗语还有：

一分文章三分写，三分文章七分读

一个牲口槽上拴不住俩叫驴

一家女儿百家问

一物降一物，卤水点豆腐

一块儿臭肉坏满锅汤

一家人不说两家话

仁茄子不顶一个北瓜

人心不足蛇吞象，得了五马盼六羊

人心换人心，四两换半斤

人活一张脸，树活一层皮

人怕伤心，树怕伤根

人穷志短，马瘦毛长

矬老婆声高，胖娘们大脚

人熟是一宝，地熟产量高

刀不磨必锈，水不流必臭

大懒使小懒，一使使个干瞪眼

不图力气不打早起

天上下雨地下流，小两口打架不记仇

天塌下来有地接着哩

见人不施礼，多走三十里

半大小子，吃死老子

先下手为强，后下手遭殃

吃了人家的嘴软，拿了人家的手软

吃不穷，穿不穷，打算不到才受穷

在家靠父母，出门靠朋友

多一事不如少一事

好马不吃回头草

好狗不守二主

好言一句三冬暖，恶语半句寒半年

庄稼一枝花，全靠肥当家

有什么老子，就有什么小子

有囊有气斗进坟，无囊无气熬成人

老要张狂少要稳

红事儿叫，白事儿到

齐不齐，一把泥

烧鸡大窝脖儿——满心指望成功的事情失败了，心情沮丧到极点

谁也不是说话把式——说话失言

谁说话也没有打着墨线儿——说话失言

没吃过猪肉，还没见过猪跑

唱歌唱不上去了，蹬到小板凳上唱

面条忒（těi）长，到梯子尖儿上挑

打铁哩，铁打哩，娶了媳妇咱俩哩

闺女沤了粪，不嫁东西二临济（jin）——历史上临济村比较贫穷

正定有条水泥路，又有水，又有泥，晴天满街土，雨天一路泥，进去出不来，出来进不去

弄过机，摆过轴，卖过几天辘轳头

扛过枪，站过队，住过几天劳改队！走过南，闯过北，打过早起摸（mǎo）过黑

沾不沾，上瑞天；行不行，去天宁；中不中，到天宫——正定几处大商场饭店

多个人多个事儿，多个葫芦多个系儿

吃不了兜着走

小孩的屁股、大人的脸——不怕冻、不怕冷

听喇喇蛄叫，咱就不种庄稼了

一个旋（quan）里横，俩旋里硬，仨旋里打架不要命——旧时以头上发旋多少来认定性格

蔫犊（du）萝卜（bei）辣死人——平时不说话，看起来老实，其实很厉害

马不喂夜草不肥，人不得外财不富

一瓶子不满，半瓶子晃荡

一嘴吃不成大胖子

人熊自乱，鸡熊不下蛋

街坊辈儿，瞎胡混儿

小孩没娘，说起来话长

姑舅亲，辈辈亲，砸断骨头连着筋；两姨亲，一辈亲，两姨死了（lao）打断亲

捆得高，摔得响

说到做到，不放空炮

除了上天难，就数求人难

谁拿勺谁定苗

跑了偷牛的，捉住拔橛的

干活儿不随主，必定二百五

不长个儿，光长心眼儿子

不怕贼偷，就怕贼惦记

不要一样客（qiě）两样待

媳妇上了炕，就把媒人忘

公公儿媳话莫长，大伯哥不进弟媳房

从小光棍好过，半路光棍难熬

什么娘什么女儿，什么谷子什么米儿

天上下雨地下滑，自己跌倒自己爬

天塌下来有地接着

开水不响，响水不开

牙疼不是病，疼起来要人命

宁拆十座庙，不破一门亲

打是亲，骂是爱，不打不骂是祸害

瓜子不大，是那么个心儿

皮裤套棉裤，必定有缘故；不是棉裤薄，就是皮裤没有毛

立客（qiě）难打发

会说的不如会听的，变戏法的瞒不过敲锣的

会哭的孩子有奶吃

看景不如听景，听景不如安生

好吃莫如饺子，坐着不如倒着

正瞌睡哩，给你个枕头

上哩高，摔哩响，一个馍馍十二两

二百五少根弦，八月十五当过年

小黑人儿，磨黑面儿，蒸哩饼子小点点儿

吃饱了（lao）躺一躺，不长半斤长四两

吴兴有个三月庙，蒸卷子，轧饸饹

丁家庄儿十八家，拾掇拾掇半粪筐

第二节　正定歌谣

歌谣是劳动人民集体的口头诗歌创作，属于民间文学中可以歌唱和吟诵的韵文部分。它具有特殊的节奏、音韵、叠句和曲调等形式特征，并以短小或比较短小的篇幅和抒情的性质，与史诗、民间叙事诗、民间说唱等其他民间韵文样式相区别。[1]　民间歌谣是从远古诗乐舞三位一体的原始文化形态中分化出来的，但仍保留有乐、舞特征的一种韵文样式。作为一种综合性的整体艺术，它同时兼有文学（词句）、音乐（曲调）和表演（表情动作）三种形态。它以劳动人民的集体创作为主，主要在口头流传，形态比较短小，字句比较整齐，与劳动生活结合紧密，反映了各个时代的社会风貌，及人民的思想、感情、愿望和审美情趣。[2]

歌谣和民俗之间，有着千丝万缕的联系。两者都与人民生活有着血肉的联系，它们本身就是人民生活的一部分。如果把人民生活比作母亲，那么两者犹如一对孪生的姐妹。它们同一个血缘，你中有我，我中有你，情同手足，形影不离。歌谣的创作离不开当时当地人类共同的风俗习惯和衣食住行等生活方式。一切民间风俗，既存在于生活中，又广泛反映在民间歌谣中，借生动形象的口头文学得以传承。[3]

民间歌谣全面深刻地反映了一个地方的社会历史、时代生活和风土人情，表达了人们的思想感情、艺术趣味和美学理想。通过民俗可以了解到

---

[1]　钟敬文：《民间文学概论》，上海文艺出版社 1980 年版，第 238 页。
[2]　吴超：《中国民歌》，浙江教育出版社 1995 年版，第 13 页。
[3]　参见王光荣《歌谣的多学科研究》，中国书籍出版社 2013 年版，第 57—58 页。

一个地域在不同历史阶段的社会各方面情况，包括政治结构、生产、生活方式、居民建筑、服饰、饮食、人生礼仪、婚丧、宗教信仰、喜好禁忌等古老遗风和民族性格、民族心理形成历史。

正定历史悠久，文化底蕴深厚，因此，流传于民间的歌谣、童谣、故事也丰富多彩。通常歌谣都是在一定的地域内产生的，与该地人文环境和风土人情息息相关，没有文字记载，只是通过口耳相传的方式流存于世。1400多年以来，正定一直是府、州、郡、县治所，是当时中国商贸流通、南北通衢、人来客往的必经之地。因此，吸引和孕育了众多的民间艺人在此卖艺谋生，交流创作，使得正定辖区内的歌谣得以快速传播与产生。

歌谣短小精悍，富有韵律，吟咏起来抑扬顿挫，朗朗上口，便于人们熟记。它生于民间，长于民间，是民众心理活动的自我表现，也是最能反映广大人民群众心声及理想愿望的作品。有句话说"饥者歌其食，劳者歌其事"，"感于哀乐，缘事而发"。总的来说，歌谣的表现形式多种多样，许多歌谣以叙述的口吻娓娓道来，它浅显易懂，深入人心。

按照主题、内容的分类标准将正定歌谣分为劳动类、仪式类、时政类、生活类、爱情类、儿歌六大类，并列举代表性歌谣以展示正定歌谣的魅力。

一　劳动类

这类民间农谣，都是老百姓在长期的生产生活中积累的经验。不懂农谚民谣绝不是一个合格的农民，过去都按这些农谚耕种，你要不知道农谚的话，那一年四季什么时候播种，什么时候收割都不懂了，农活儿都是要做提前安排的，尤其是生产队队长，一个生产队交给你，你要知道春秋四季，什么时候该种什么菜蔬，该怎么管理庄稼。总之，过去的老百姓就生活在歌谣里，歌谣在生活中无处不在，打夯有打夯的歌，种地有种地的歌，种地的歌谣表现形式一般都是谚语，这些节令歌谣往往将抽象的气候规律物化，把气候变化与具体某件事物联系在一起，形象生动，便于人们记忆理解。如：

谷雨前后，点瓜种豆。
头伏里萝卜，二伏里菜，到了三伏种荞麦。

　　　　种地不按节，必定把嘴噘。

　　　　深耕一寸，顶上一荏粪。

　　　　谷要稀，麦要稠，玉米地里能卧牛。

　　　　谷雨麦打包。立夏见麦芒。

　　　　柳毛落，栽山药。枣芽发，种棉花。

　　　　深耩麦，浅耩谷，不深不浅耩玉黍（玉米）。

　　　　头伏打尖，二伏打叉。立了秋，大小一起揪。

农民盖房上梁有上梁的歌：

　　　　一进大门观四方，

　　　　四梁八柱按当央。

　　　　四块金砖托玉柱，

　　　　两根玉柱托金梁……

正定是种棉花的主要地域，流传着关于种棉花的歌谣《棉花段》：

　　　　天上哩星星滴溜溜哩转，

　　　　我给你讲个棉花段，

　　　　先说南京归西府，

　　　　后说北京正定县，

　　　　说张三道张三，

　　　　张三使着俩牛打打趔趔上村南，

　　　　把地耕把地翻，

　　　　擦子擦里平坦坦，

　　　　棉花籽找灰拌，

　　　　种到地里一大片，

　　　　出来了挺好看，

　　　　锄头遍拉二遍，

　　　　连锄代榜七八遍，

　　　　头伏天掐了尖，

　　　　开黄花黄落三，

结上桃了一串串，
开哩棉花像雪团。
叫大姐叫二姐，
上村南去摘棉，
大姐摘了一包袱，
二姐摘了一幄单，
叫张三担子儿担，
担子儿担到我家鸾，
两头支上木板凳，
当间架着大沙杆，
铺箔子晒籽棉，
晒哩籽棉嘣嘣干，
远看铁山靠木山，
一边下冷子，
一边下雪片。
枣木弓牛皮弦，
大嫂不弹二嫂弹，
弹哩穰子真熟儿，
搓哩聚节儿空堂儿，
右手拨哩天花转，
左手拉着白花线，
纺里穗子大又圆，
拐线子猴耍拳，
浆线子猴爬杆，
落线哩卧当缠，
经布哩走长道，
织布哩坐正关，
脚蹬木板把梭穿，
织里布面一尺三。
东门里有个染坊店，
染了一块蓝布段，
棒槌捶石头颠，

剪子绞拿线连，

做了一件蓝布衫。

二　仪式类

歌谣分场合，什么场合唱什么歌，可以见人说人，遇事说事，抒发情感。比如娶媳妇的场合，那就要唱喜歌了：

新人下轿贵人搀，

两个学生铺红毡，

怀抱瓶脚踢鞍，

得了子弟做状元。

一拜天二拜地，

三拜公婆四拜妯娌。

叫丫鬟拿钥匙，

打开柜打开箱，

看看娘家好嫁妆。

梳头盒画月亮，

拢子算子里边装，

织锦缎里被子画着鸳鸯……

扫喜床也有歌谣：

超超超，扫扫扫，闺女小子绕地里跑，

扫扫床，扫扫炕，养活个孩子白又胖。

男枕石榴女枕莲，养活个孩子做状元。

生个千金女儿做满月也有歌：

老娘喜，老娘喜，老娘得了个外甥女，

拿黑糖，拿白糖，拿上虎头会铃铛，

拿小袄，拿小裤，拿上裢子屁股褥。

三　时政类

抗战时正定人民抗击日寇，以歌谣颂之：

> 一更里月儿上柳梢，
> 背起了炸药扛上锹镐，
> 离开村庄去扒铁道，
> 莫叫那日本鬼子运兵来杀烧……

再如：

> 拿赵庄，
> 摸谭坊，
> 日本鬼子炮楼一扫光。
> 深宅城里一场战，
> 得了两架小炮四架机枪，
> 九月初八一场战，
> 伪军就把诸福屯占。
> 八区里小队站在南圣板（八区小队是八路军），
> 碰哩啪哩打了两枪，
> 伪军跑到合家庄。
> 听说村庄有一队，
> 赶快把伪军来包围，
> 听见村庄闹嚷嚷，
> 村南村北保家乡。

从歌谣中我们看到了日本侵略者的残暴行径，更了解到勇敢的正定人民，在抗日战争中的壮举。

> 那一年腊月三十天不亮，
> 日本鬼子清晨来围庄，
> 布下了天罗网，

没处去躲藏。
全村的老百姓被赶进男学堂，
敌人把墙头上架起了机关枪，
向我们逼口供，
要人还要粮。
全村的老百姓，
一声都不响。
凶残的日本鬼儿下令就开枪，
男学堂院子里鲜血流不尽，
大人哭小孩叫一片声凄凉，
妈妈抱孩子，
双双倒地上，
万恶的鬼子兵哈哈笑声狂。

畅想正定（新民谣）：

河北正定县，发展成自然，地方虽不大，历史挺久远，文化底蕴深，已有上千年，古有赵子龙，世上留美名，为了来传承，建桥叫子龙。话说前几年，省里下文件，为了求长远，拆了收费站，这拆不要紧，跟市连成片，三年大变样，县城要改变，古城需恢复，隆兴寺扩建，新华南三条，立马正定搬，物流长途站，现在正在建，要过二三年，再看正定县，高楼平地起，人口上百万，人人有工作，都想当老板，请往脸上看，笑容多灿烂，村人变市民，不久将实现。

四　生活类

农业社会时期的正定人乐观、豁达。有一首《知足歌》就反映了这种心态。

知足歌
粗茶淡饭饱三餐，
早也香甜，
晚也香甜。

　　　　粗布衣裳胜丝绵，
　　　　长也可穿，
　　　　短也可穿。
　　　　一只耕牛半顷田，
　　　　收也晴天，
　　　　荒也晴天。
　　　　同妻儿坐灯前，
　　　　今也谈谈，
　　　　古也谈谈。
　　　　到了老不肯闲，
　　　　冲风冒雪为家园，
　　　　知足心自安。

　　有的歌谣中再现了过去的风俗民情、礼仪孝道的传统美德，反映出家庭和谐，婆媳关系融洽。

　　　　小兄弟接姐姐，
　　　　给你个板凳儿尔歇歇。
　　　　问爹好，
　　　　问娘安，
　　　　问问小侄儿欢不欢。
　　　　爹也好，
　　　　娘也安，
　　　　小侄也蹦欢。
　　　　问问婆娘做（zou）嘛饭，
　　　　烙糕饼，
　　　　咸鸭蛋，
　　　　老烧酒，
　　　　四个盘，
　　　　打发哩兄弟去吃饭。
　　　　叫丫头，
　　　　抱红毡，

抱着绣房去打扮。
莎莉裤子配紫衫，
藕荷袍子金线盘。
问问婆娘住几天，
天又冷，
地又寒，
牲口受罪人遭难，
愿意住几天住几天。

不过也有媳妇们受气的，婆婆当家说嘛算嘛，说打就打，想骂就骂，媳妇不能顶嘴，致使回了娘家不想回来，一回婆家就哭，但是你又不能不回去，婆婆给你放了三天假，你不能住四天，叫你上午回来，你不能下午回来，再说过去结婚年龄又小，十四五就结婚了，上了婆家都当大人使唤，有一首歌谣《回婆家》反映了这种现象：

回婆家
看见婆家村，真魂跑三分，
进了婆家院，好像阎王殿，
看见婆母娘，好像活阎王，
看见公公爹，好像武道爷，
看见小王八羔，腰里掖着杀人刀。

由于过去媳妇受气，又不能离婚，所以受不下去了，寻死上吊，跳井的也有。有一首歌谣就是描写这个：

扎扎菜，
红骨朵，
十五上，
揍媳妇。
受不哩打，
受不哩骂，
扎着井里死拜了吧。

捞上来，
水不唧，
娘家来了也不依。
亲家亲家好商量，
咱家家里有木匠，
大木匠，
小木匠，
咱把那棺材轴打上。
亲家亲家好商量，
咱家家里有油匠，
大油匠，
小油匠，
咱把那棺材油打上。
亲家亲家好商量，
咱家家里有画匠，
大画匠，
小画匠，
咱把那棺材画打上。

五 爱情类

爱情歌谣以一种奇特不凡的情景和智慧，表达着深沉的感情，别有一番情趣与张力。在过去像这种表达男女爱情的歌谣非常多，它反映出那个时代的婚恋观。

过去婚姻讲究"父母之命，媒妁之言"，在礼教的影响下，男女青年即便已经订了婚，但都不曾见过对方，只能把爱深藏心底很少表露，但是心里却常常想念。

盼五更

天到一更月儿照花台，
小情郎定计今夜晚上来，
叫丫鬟装上四两老烧酒，
炒上四个菜碟子一起端上来，

呀吼嗨！

炒上四个菜碟子一起端上来。

呀吼嗨！

猪肉炒蒜苔，

羊肉炖白菜，

还有那炒鸡子配着凉菜，

这四个菜碟忙配齐，

等了多时情郎哥也没回来，

呀吼嗨！

等了多时情郎哥也没回来，

呀吼嗨！

一等也不来，

二等也不来，

莫非你在外边贪了女裙钗。

手拿着绣鞋无心绘画，

扑簌簌里两只眼掉下泪点来。

呀吼嗨！

扑簌簌里两只眼掉下泪点来。

呀吼嗨！

天到二更月儿自发高，

小佳人在绣房里好心焦，

小奴我两眼双掉泪，

只哭得我两只眼好像小樱桃，

呀吼嗨！

只哭得我两只眼赛如小樱桃，

呀吼嗨！

骂一声自强人一去不来了，

叫奴家俺一年盼你好几遭。

你知道哭煞人不偿命，

像你这样的人儿谁会同你打交道，

呀吼嗨！

像你这样的人儿谁会同你打交道，

呀吼嗨！

天到三更月儿挂正中，

观之见家家户户都掌明灯，

前街后巷人都安静，

天到了半夜三更来你也来不成，

呀吼嗨！

天到了半夜三更来你也来不成，

呀吼嗨！

灯儿也不明房中冷清清，

叫一声小丫鬟快把火生。

火炉倒比郎君热，

俺叫她十来声一声也叫不应，

呀吼嗨！

俺叫了十来声一声也不答应，

呀吼嗨！

天到四更月儿平了西，

不知道小情人你流落在哪里。

自从过门三年整，

不知道哪句话说差得罪你，

呀吼嗨！

俺不知道哪句话说差得罪你，

呀吼嗨！

年长十六七便宜了你自己，

俺心里并没有三心和二意，

这一朵鲜花就让你采，

谁知道无义郎君不是好东西，

呀吼嗨！

骂一声无义郎君你不是好东西，

呀吼嗨！

天到五更已是大天明，

忽听着大门外谈嗽有人声，

听声音好像情郎在叫，

两只手捂耳朵不聋也假装聋，
呀吼嗨！
两只手捂耳朵不聋也假装聋，
呀吼嗨！
男唱：叫门也叫不应
站里俺腿腕疼，
叫一声小丫鬟你快来讲讲情，
今夜晚你给把情讲，
到明天买东西报你哩好恩情，
呀吼嗨！
到明天买东西报你哩好恩情，
呀吼嗨！
买上丝绒线，
买上绣花针，
香水精雪花膏买上花手巾，
今夜晚许下明天买，
谁要是哄了你算你家小舅子，
呀吼嗨！
谁要是哄了你算你家小舅子，
呀吼嗨！
呼啦门开放，
先生回家乡，
忽然间闻着一阵脂粉香，
香水胭脂女孩用，
为什么流落在情郎你身上，
呀吼嗨！
为什么流落在情郎你身上，
呀吼嗨！
说话翻了腔，
上前撕衣裳，
小丫鬟走上前拉住姑娘，
撕坏了衣裳还得给他做，

倒不如你轻轻地打他两巴掌，

呀吼嗨！

倒不如你轻轻地打他两巴掌，

呀吼嗨！

学生跪当央，

哀告女红妆，

都怨俺一时糊涂拿错主张。

今夜晚你要饶过我，

从今后我一辈子不再走风流行，

呀吼嗨！

从今后我一辈子再不走风流行，

呀吼嗨！

佳人细思量，

扶起小情郎，

咱二人手拉手哩走上牙床，

双双对对入了红纱帐。

咱二人再成就一对美鸳鸯，

呀吼嗨！

咱二人成就了一对美鸳鸯，

呀吼嗨！

还有一首，是描写单相思的：

一出门用眼扫，

出西门碰见了一对花，

细细里腰，

三么掐掐，

小金莲不大半拃拃，

心里说着她，

嘴里念着她，

得一场相思病，

痛把人想煞。

六　儿歌

小耗子上灯台

小耗子，上灯台，偷油吃，下不来，叫闺妮抱猫来，叽里咕噜摔下来。

小耗子上谷穗

小耗子，上谷穗，摔下来，没（mu）了气，大耗子哭，小耗子叫，一对蛤蟆来吊孝，叽里呱啦好热闹。

小板凳摞摞

小板凳摞摞，里头住着大哥，

大哥出来买菜，里头住着奶奶，

奶奶出来烧香，里头住着姑娘，

姑娘出来磕头，里头住着孙猴，

孙猴出来吹喇叭，一吹吹到二傻家，

二傻家蒸包子，一揭锅净点的（die）小兔羔子。

下雨哩打泡哩

下雨哩，打泡哩，王八顶着草帽哩，

下雨哩，透点儿哩，王八顶着木碗哩。

小船摇呀摇

小小船，摇呀摇，一摇摇到外婆桥，

外婆叫我好宝宝，问俺爸爸妈妈好不好，

爸爸也好，妈妈也好，外婆听了咪咪笑。

扯大锯

扯大锯，

拉大锯，

姥姥门前唱大戏。

接闺女，

接女婿，

就是不叫外甥去。

不叫去，

赶哩去，

一脖子拐打回去。

跟着奶奶喝粥去（ji），

喝哩肚子鼓溜溜，

上不去炕，

奶奶搁

搁到炕上尿了被子尿枕头。

里间屋里发大水，

外间屋里打浪头。

桌子底下蛤蟆叫，

问问外甥臊不臊。

第三节　正定的民间传说

学界对于传说的界定大致有两种看法：广义和狭义。广义的民间传说俗称"口碑"，是一切以口头方式讲述生活中各种各样事件的散文叙事作品的统称。与广义传说概念的宽泛性不同，狭义的民间传说是指民众口头创作和传播的描述特定历史人物或历史事件、解释某种地方风物或习俗的传奇性散文体叙事。

根据目前我国传说学理论研究进展，我们可以将这一界定充分表述为：民间传说是围绕客观实在物，运用文学表现手法和历史表达方式构建出来的，具有审美意味的散文体口头叙事文学。在民间传说的创作中，客观实在物始终处于核心地位，因此人们又将它称为"传说核"，"传说核"可以是一个历史人物、历史事件，也可以是一个地方古迹或风俗习惯等。

在民间传说中，故事的主人公一般有名有姓，其中有的是历史上知名的人物，事件发生有具体的时间和地点，有的还涉及国家民族的重大事件；而人物活动或事件发展的结果也常与某些历史、地理现象及社会风习相附会，因而往往给人以它是真实历史的错觉。但民间传说与严格意义的历史有本质的区别。中国民间口头叙事文学，由历史事件、历史人物及地方风物有关的故事组成，是劳动人民智慧的结晶和本土民间文化的精华。

民间传说涉及国家民族的大事、阶级斗争、生产斗争、文化创造、杰出人物的贡献，以及家庭、婚姻、民间的风俗习惯等方面。其内容大致可以分三类。一是人物传说。这类传说以人物为中心，叙述他们的事迹和遭遇，也表达人民的评价和愿望。二是史事传说。这类传说以叙述历史事件为主。三是地方风物传说。这类传说叙述地方的山川古迹、花鸟虫鱼、风俗习惯和乡土特产的由来及命名。民间传说往往赋予叙述的对象以富有意义的或富有情趣的说明，表现了人们热爱乡土的感情以及他们对生活的理想和信念。

一　人物传说

1. 新城铺颜姓人家不敬关公

据传，汉末大将颜良是新城铺村人。该村的颜姓人家为了纪念先人颜良，人死后，男人戴孝帽时，无飘带。原因是颜良被关公砍头时，帽子飘带也被砍了下来，因此，颜姓人家都忌讳飘带。每年的阴历五月十三是传统的关帝庙日，每到这一天，老天总要多少下点雨，人们常念"五月十三道不干"，传说关公在磨刀。而颜姓人家则说这是老天为悼念颜良在哭泣。也有颜姓人家不敬关公之说。

2. 二月二龙抬头的传说

颜良是河北名将，据说是新城铺的，关羽斩颜良纯属颜良大意，而关羽的马快，以现在的说法那纯属偷袭。所以说颜良死得冤，每逢二月初二，那是天哭，为颜良的死抱不平，在新城铺以前的时候演戏是从来不演《斩颜良》的。

每逢阴历二月初二，都要下雨，这里面有一个传说：那是关羽斩颜良时，但是关羽每次杀人都要磨刀，于是关羽向龙王借雨磨刀，但是那时正逢二月初二，天气还寒冷，不是下雨的时节，龙王不同意，关羽就举刀向天说："你不借我磨刀雨，我不与你晒龙袍。"因为关羽是赤帝下凡，龙王每到六月都要晒龙袍，要不然由于天气潮湿，龙袍就发霉了，龙王没办法，就为关羽下了一场小雨。由于怕不能晒龙袍，所以每年的二月初二都要下一场小雨。

3. 临济寺普化和尚的传说

唐宣宗（李忱）时代的大中年间（847—859），有一高僧名叫普化，资性异人，师事马祖道之门人盘山宝积，密受真诀，深入堂奥。宝积圆寂后，他游化北地镇州（今石家庄正定），出言佯狂，行为简放，见人无分高下，皆振铎（铎是古代一种乐器，形如铜铃）一声高唱："明头来明头打，暗头来暗头打，四面八方来旋风打，虚空来连架打"一偈（偈就是佛经中的唱词）。

此偈盛传于禅林，被称为普化四打活、普化铃铎偈。他居无定处，常常夜伏冢间、昼行街市，时而歌舞，时而悲号，世人都把普化当成疯癫和尚。咸通三年（862）二月的一天，他在街上乞讨衣物，别人给他时，他却以要的不是这些而拒绝。

这时临济禅师买了一口棺材送给普化，他自己扛着棺材绕街嚷嚷："临济为我做了衣物，我要去城东门转世去了。"街上的人都尾随他看热闹，禅师又说："今天的日子不合适，明天去南门转世。"次日众人又到南门相送，他又说："明日出西门方吉。"就这样连着三日，人烦意倦，送者渐少。

第四天看热闹的人都没有了，普化一人从北门出城，自己钻进棺材里，请路人帮他把棺材钉上。消息传开，大家都跑来观看，打开棺材一看，里面什么都没有，唯有远处碧空白云之间隐隐传来普化禅师振铎之声。这一年，普化时寿八十三。

就是这么一个正定的疯癫和尚，开始结下了与中国最古老的吹管乐器——尺八的不解之缘。

4. 相亲

西沟村住着一家三口，父母和儿子。由于父亲疾病缠身，加之地处偏僻，家里穷得是风扫地，眼看儿子都三十多岁了还是光棍一条。

现如今，母亲最大的愿望，就是在有生之年为儿子娶上一房媳妇，好延续香火。为此她跑东家、串西家，托人给儿子介绍对象。

终于有一天媒婆来了，她进门便说：

老嫂子，我给大侄子盘算了一门亲事，她家光景没得说，三个闺女任你挑。

老母亲一听高了兴：那就让他们见见吧。然后又如此这般、这般如此地嘱咐了儿子一番后，还凑了80块钱给了媒婆作为辛苦费。儿子随媒婆去了。

他们走后，老母亲心里那个美呀，就像喝了儿媳妇呈上来的姜糖水一样，乐得合不拢嘴。她从屋里走到院里，又从院里来到街上，头发髻儿在脑后直颤悠，等呀等、盼呀盼，总算看到儿子大步流星往回赶，老母亲赶紧跐着小脚迎向前：

儿呀，快跟娘说说，她家在哪儿？那闺女又怎样？

儿子说：

娘呀娘，快回家，听儿慢慢给你夸。儿子引娘进了屋，滔滔不绝打开了话匣子：

说村南有个李家洼，那里住着人一家，三间房子两间半塌，剩下半间权把扫帚顶着它，这一家，养了个母狗三条腿，养了个叫驴没尾巴，养了个公鸡不打鸣，养了个狸猫偏和老鼠攀亲家。说到这里还不算，俺还要把那三个闺女赞一赞：

大闺女一个眼，二闺女双眼瞎，数着三闺女最好看，眼里长了七十二个萝卜花。

老娘一听傻了眼，一连说了九九八十一个啥！啥！啥！……

我的儿！你这是相的啥亲呀？

二　史事传说

1. 正定与刘秀有关的地名传说

光武帝刘秀是东汉王朝开国之君，河北是他建立东汉的根基所在。在创立东汉王朝过程中，刘秀在河北留下许多传说故事和历史遗踪。古城正定的一些村名，至今还遗留着与刘秀相关的信息和印记。

公元 23 年，刘秀兄弟拥立汉室宗亲刘玄为皇帝，复辟汉朝，改元更始。由于刘秀兄弟战功赫赫，刘玄非常嫉妒，害怕他们的势力壮大，威胁自己的皇位，先找借口杀掉了刘秀之兄。刘秀审时度势，深知此时不能与刘玄反目，所以，极力表示效忠刘玄，并请持节巡行河北。刘玄非常痛快地同意了刘秀的请求，命他去镇抚河北诸州郡。刘玄之所以同意刘秀持节镇抚河北，可谓一箭双雕，一是把刘秀远远支走，免得威胁自己的皇位；二是可以利用刘秀打击河北的各路农民起义军和地方势力，当时河北地方形势严峻，农民起义军有铜马、青犊、五幡、五校、五楼等数十支、数百万人。最后无论刘秀成与败，刘玄都可以坐收渔翁之利。

刘秀到河北后，"延揽英雄，务悦民心"，"分遣官员，循行郡县，理冤结，布惠泽"，很多豪强地主率宗族、宾客、子弟先后归附。刘秀继续北上，于公元 23 年，即更始元年十二月，进驻真定（今河北正定，此部分故事为尊重传说，使用"真定"一词）。此时，有地方势力在邯郸拥立王郎为天子。王郎传檄河北郡县，围剿刘秀。正定县一些村名的传说，正是来自这样的历史背景下。

里双村，现分为东里双村和西里双村，位于县城西北十八九公里处。传说，刘秀曾率军与王郎军队在此激战，刘秀取得胜利，自称仗打得很顺利，心里很爽快，于是人们把这里的村庄称为"利爽"，后来谐音成为"里双"。

许香村，地处县城西北 16 公里处。相传，刘秀在这一带被王郎的军队追击，刘秀对天祈祷，"如胜王郎，即设坛烧香祭天"，许下了一炷香。后来，村民借刘秀的话，称这里的村庄为"许香"。

东吉村，位于县城北 16 公里处。相传，刘秀被王郎的军队追击，曾在许香、里双一带迂回作战。为摆脱王郎军队的追击，刘秀对属下说"东进则吉"，于是率将士途经此地。后来，村民借刘秀的吉言，改村名为"东吉"。

关于刘秀最有名的一个传说，与滹沱河南岸、县城东南 7 公里处的凌透村（原属正定，现划归石家庄）有关。

相传刘秀作战失利，向滹沱河岸败退。《后汉书·王霸传》有相关记载，刘秀率部撤退，"传闻王郎兵在后，从者皆恐"。"至滹沱河，候吏白河水流澌，无船可济。官属大惧。"刘秀令大将王霸亲视之。王霸唯恐军心动摇，便谎称"河水结冰"，刘秀急忙督军赶到，河水竟真的结冰，刘秀军踏冰而过。王郎兵赶到时，冰凌即裂透，阻止了追兵，从而救了刘秀。于是，刘秀率兵过滹沱河的这个村子，被人们称为"凌透"。这一传说影响广泛。

唐代诗人胡曾的诗《渡滹沱河》，写道："光武经营业未兴，王郎兵革暂凭陵。须知后汉功臣力，不及滹沱一片冰。"文天祥对此也写道："始信滹沱冰合事，世间兴废不由人。"诗中感怀的就是在这一带广为流传的光武帝刘秀冰渡滹沱河的故事。

2. 正定千手观音的铸造传说

正定在历史上是控制燕晋咽喉的中心，沟通南北的交通枢纽。公元 960 年，赵匡胤黄袍加身建立大宋后，开宝二年，他亲率 20 万大军攻打太原，可是，他两个月的时间都没有攻打下来，于是来到真定府歇驾。

他听说城西大悲寺里有尊铜铸的千手观音很是灵验，于是就到大悲寺去礼佛，可是他看到的大佛不是铜的而是泥塑的，就问寺里的僧人是怎么回事。

这时方丈可俦法师赶紧回禀说：这尊大佛原本是铜的，可是，在五代时期，契丹入侵，铜像的上半身毁于战火，寺僧赶紧用泥进行了补塑。到了后周时期，周世宗柴荣下令毁佛铸钱。真定府的官员都知道这尊大佛很灵验，谁也不敢轻举妄动，柴荣亲自来到真定，也就是当时的镇州，"持其斧，破其面"，就这样，铜像的下半身也随之变成了泥塑，这位可俦法师还说，当年大铜佛被毁的时候，在莲座里面还发现了八个大字："遇显即毁，遇宋即兴。"这个"显"指的是显德年间的周世宗柴荣，"宋"就是大宋皇帝赵匡胤了。

赵匡胤听后心想，这不是上天昭示着我大宋就要兴盛吗！于是龙颜大悦，下令在城内选一座宽大的寺院，重铸大悲菩萨金身。可是，他回京城两年了，没有任何消息，这一年真定发生了碑文所记载的"地涌铜，水漂木"的奇异现象。相传，当时隆兴寺后院的菜园子里，每天晚上都有紫光出现，后来人们才发现，在那里蕴藏着丰富的铜（大佛寺龙腾苑的龙泉井亭下面的八角琉璃井就是当年的涌铜之地）。

那年夏天，河水上涨，再加上几天连绵的大雨，山洪暴发了，将山西五台山的一棵千年神松给冲下来了。顺着滹沱河流到了正定城南，由于种种原因便停了下来，而且挡住了很多的木料。当时有人传得很神，说他们看到这棵大树流到城南的时候，从水里面升出一个白衣菩萨来，说道："木留于此，乃天意也。"于是这棵大树便停了下来。这时，地方官员赶紧报告皇帝赵匡胤，赵匡胤一听明白了，他想起了两年前在真定许的愿，还没有兑现，想必这是五台山的文殊菩萨帮自己铸大佛来了，于是他便选派了几位亲近的王公大臣，亲自来到真定铸造大佛，扩建隆兴寺。

3. 诸福屯的传说

相传这里曾是王母娘娘的蟠桃园，每逢农历四月十五日，王母娘娘聚各路神仙，以蟠桃盛宴款待。又有传说蟠桃园以北常有一独角怪兽出没，啃咬田禾，吞噬牲畜，危害乡民。王母娘娘欲为民除害，亲临此地，果见一怪兽正在啃吃稼禾，定睛一看，乃是瑶池牲畜场的独角老牛，便大喝一声："畜牲，还不快回！"老牛听到喝声，自知不妙，拔腿就跑。王母遂掏出揣于怀中的镇池圣板向老牛打去，一板未中，老牛奔出一里；二板又未中，老牛仍向前跑。王母掷出第三块圣板，正中牛头，独角老牛倒地毙命。

王母除掉怪兽，黎民百姓皆大欢喜，聚在一起为王母娘娘祝福。这个祝福的地方就叫"祝福屯"，后来演化为诸福屯。那落在地上的三块圣板，成为南、中、北三个圣板村。当年的蟠桃园，后来成了蟠桃村。

为纪念王母娘娘为民除害的功德，附近各村百姓聚积钱财，在蟠桃村修建了宏大的王母庙，每年农历四月十五，方圆几十里的人们都来此朝拜，各村都像过大年一样，人车熙攘，非常热闹。至今庙会仍历久不衰。

4. 曲阳桥庙的传说

正定发源的只有两条河，都是发源于曲阳桥乡。一个是周家庄的周河，一个是西汉的汉河流。

大鸣河就是汉河，历史上正定最著名的两个古人都在大鸣河停留过。范仲淹随父从大鸣河坐船到正定迁到江苏那边的，赵云在大鸣河习武饮马了很长一段时间，韩信伐赵的时候经常在曲阳桥买酒。这条河最有历史特征和传奇色彩，孙悟空师父菩提老祖还在大鸣河捉住了孔雀精（如来佛母，孔雀大明王菩萨），这就是曲阳桥庙会的来历，龙王堂一年两次庙会，每次长达5—7天，这在正定和周围各县也是不多见的。相传很早以前，有个名叫孔宣的孔雀精，常在曲阳桥一带骚扰村舍，吃人害命。后来，一个叫准提的道人由此路过，决定收服孔雀精为民除害。他从农历二月二十五，一直等到十一月十五，终于在大鸣泉边拿住了孔雀精，安定了黎民。人们感其恩德，在龙王堂建庙塑像，使其永享人间香火，并把每年的二月二十五和十一月十五，定为两次庙会的正日，一年两次烧香唱戏以示纪念。

5. 洪洞大槐树迁民真定府一带的传说

600多年前的晚秋时节，槐叶凋落，老鸹窝显得十分醒目。移民们临行之时，凝眸高大的古槐，栖息在树杈间的老鸹不断地发出声声哀鸣，令别离故土的移民潸然泪下，频频回首，不忍离去，最后只能看见大槐树上的老鸹窝。为此作为标志，问槐树和老鸹窝就成为移民惜别家乡的歌谣。"我祖先何处来，山西洪洞大槐树。祖先故里叫什么，大槐树下老鸹窝。"这首民谣数百年来在我国许多地区广为流传。

据说明初大槐树移民时人们谁都不愿离开自己的家，这时官府广贴告示，欺骗百姓说："不愿迁移者，到大槐树下集合，须在三天内赶到。愿迁移者，可在家等待。"人们听到这个消息后，纷纷赶往古大槐树下，晋北人来了，晋南、晋东南的人也来了。

第三天，古大槐树四周集中了十几万人。突然，一大队官兵包围了大槐树下手无寸铁的百姓，一个官员大声宣布道："大明皇命，凡来大槐树之下者，一律迁走。"这道命令把人们惊呆了，不久人们醒悟过来，受骗了！人们哭喊叫骂，但一切都无济于事。官兵强迫人们登记，发给凭照，每登记一个，就让被迁的人脱掉鞋，用刀子在每只脚小趾上砍一刀作为记号，以防逃跑。

至今，移民后裔的脚小趾甲都是复形，据说就是砍了一刀的缘故。当然被砍了一刀，是不可能遗传的了，只能说明当初洪洞移民的小脚趾甲本来就是两半的，那为什么是两半的呢？按现在科学分析是因为基因遗传，那就是洪洞县移民都带有小指甲复形基因，因此洪洞县移民的后代也都同样为小指甲复形（两瓣）。"谁是古槐迁来人，脱履小趾验甲形。"你若有兴趣，不妨自我查看。

这句民谣的根源就是山西省洪洞县大槐树公园祭祖堂里的两副楹联："举目鸹窝今何在，坐叙桑梓骈甲情"和"谁是古槐底下人，双足小趾验甲形"。

6. 解手的来历

官兵强迫百姓登记后，为防止逃跑，把他们反绑起来，然后用一根长绳联结起来，押解着移民上路。人们一步一回头，大人们看着大槐树告诉小孩："这里就是咱们的老家，这就是我们的故乡。"至今移民后裔不论家住在何方何地，都说古大槐树处是自己的故乡，就是这个道理。由于移民的手臂长时间被捆着，胳膊逐渐麻木，不久也就习惯了，迁民们大多喜欢背着手走路，其后裔也沿袭了这种习惯。现在有些年老的人还有这种习惯。

在押解过程中，由于长途跋涉，路上就经常有人要小便，只好向官兵报告："老爷，请解手，我要小便。"次数多了，这种口头的请求也趋于简单化，只要说声"老爷，我解手"就都明白是小便。此后，"解手"便成了小便的代名词。如今正定把解小便叫解小手，大便叫解大手。

三　地方风物传说

1. 正定城四门传说

正定县民间有一首歌谣："东门里面大佛寺，东门外面接官厅，南门里面阳和楼，南门外面麦饭亭，西门里面石鸡叫，西门外面万人坑，北门里面韩信洞，北门外面出石青。"这首歌谣传诵着一段神奇优美的传说。

东门里面大佛寺，指的是隆兴寺，里面有一尊七丈三尺高的千手千眼观音像。传说赵匡胤在没有做皇帝时路过正定，曾召集当地的僧人，询问有没有大寺院。当时的大佛寺不在东门里，而是在城西北三里以外，这个寺的老方丈名叫可俦，胸藏文韬武略，智慧过人。他见赵匡胤询问寺院情况，就把柴荣毁掉寺内铜佛之事告诉了赵匡胤。赵匡胤和柴荣乃是金兰之交。他听后便对可俦说："既然是我大哥毁了你七尺三寸金佛，我要得了帝位，一定还你七丈三尺金身。"说完当即叫人选定了东门里这个地方。于是在东门里就有了大悲阁，铸造了千手千眼观音菩萨。

东门外面接官厅，是因为正定历来是郡州府县治所。凡是从京城来上任的大小官员路过正定，必须从东门进城拜官。因为东门称为嘉门，所以就在东门外修了一座不大不小的接官厅，凡是上任或卸任、过路入京的官员都要在接官厅举行欢迎或欢送仪式。

南门里面阳和楼，南门外面麦饭亭。南门里面阳和楼传说是唐明皇游地狱后所建。阳和楼建筑奇异独特，它的下层和城墙一样高大，下面有两座城门似的大门洞，上面才是宏伟壮观的大殿。更令人惊奇的是这殿上的每个木橼下面都垫有一个大元宝。传说把阳和楼建成还没有用完唐明皇拨给的银两，唐明皇下旨把剩下的银两铸成大元宝压在每个木橼下面。当时的文人墨客来到这里都要到阳和楼登高眺望，赋诗题字。现在大佛寺所存的"容膝"二字石匾，是南宋朱熹所写，原来就镶嵌在阳和楼上。

南门外面麦饭亭，那是刘秀逃跑路过正定城南，到河堤上饿得一点儿也走不动了，遇见一位送饭的老太婆，要了一碗饭是又香又甜，简直是天底下难找的饭。后来刘秀做了皇帝，天天吃山珍海味，鱼虾鸡鸭，早有点腻烦了。一天，他忽然想起了在正定吃的那碗饭，于是命御厨做一顿这样的饭，但他不知道叫什么名字，只知道那饭又圆又扁，又有沟沟。御膳房怎么也做不成。他便派人去查访，请教了当年舍饭的老太婆。原来他要做的饭是正定一带用大麦仁加工成的麦仁饭。刘秀为了纪念这件事，就在当年舍饭的地方，派人修建了一座亭子，取名就叫"麦饭亭"。

西门里面石鸡叫，是因为正定城是座砖砌的大城，在东、南、西、北方向各有一道城门。西门城墙上有一处地方，不管是大小车辆通过或是用砖石在墙上敲几下，城墙里就会发出"叽叽"的叫声，里面藏有一件宝贝——石鸡，也有的说是金鸡。

西门外面万人坑，是因为在以前出了西门往南拐，在城墙根处是斩犯人的法场。把犯人斩首后就地埋掉。因此，那个地方就叫"万人坑"。正定人最忌讳说："你快该出西门了吧！"认为这句话最不吉利。

北门里面韩信洞。在大北门第一道城外，北城墙根下，有一个很深很深的圆洞。据说是韩信为用兵而挖的一个兵洞，曾在这里巧布人马，吓退敌军。那时韩信还没有当元帅，只是一员大将，只带领少数兵马镇守正定。有一次，敌军想夺取正定，但不知城内兵马虚实。韩信想了一条妙计，就在北城墙根挖下了这个土洞，一直通到城外。当时他命令军士在城墙上插满军旗，吩咐少数兵丁在城上来回巡逻。又把其兵马编成数队从地洞里走出城去，这样不停地往返。敌人看到正定城有重兵把守，不敢轻敌，乖乖地溜走了。

北门外面出石青。石青是一种宝贵的药材，它能治疗服毒后的急症。过去的北门外，有个大沙疙瘩，方圆足足有百十亩那么大，圆圆的像个大坟头，上面长满了杂草蒺藜。早年间，有个放羊的孩子，常在这里放羊。有一次，他拾到了一块像石头可比石头软的东西，他觉得好玩就带回了家里。家里大人问他是从哪里拾来的。因为全家谁也不知道这是什么东西。正巧被一位老中医看见。老先生从怀里掏出眼镜，仔细一看，高兴地说道："这是石青啊，是贵重药材，专治服毒致死的病。"现在北门外面的沙疙瘩早已平为耕地，但还有人到那里去找石青。

2. 正定风水的传说

正定古城呈官帽形，也是有名的瓮城。正定城坐落的地方风水好。每一个懂得风水的先生看到正定城的时候，都这么感叹。据说正定城的风水有一斗芝麻官，一斗芝麻得有多少个芝麻，每个芝麻都代表着一个官儿，所以正定的名人很多，武有赵云、高怀德等，文有梁梦龙、梁清标等。翻开历史，正定名人比比皆是，中原的名人无数，因为正定的风水掌管着整个中原的龙脉，所以有自古正定出将军一说，现在为什么少了呢？

据说，有一个从南方来的风水先生看到正定的风水，叹道："这城有一斗芝麻的官，如果这样下去，南方人是不会出人头地的。"于是他就游说说，正定的水强盛，过于柔，只会出将军、文人，不会再出更大的官了。如果在北门再开一个门，加强风势，将会出更大的官。于是人们相信了他说的话，在北门的旁边又开了一个门，开完以后，随着强劲的西北风，人们看到无数的青蛇向南方游去，当人们明白怎么回事的时候，一切都已经晚了。

3. 风动碑的传说

风动碑，在常山影剧院旁边。当你看到风动碑的时候，如果你细心看，就会发现那个驮碑的乌龟是闭着嘴的，一般的都是张开的，这是为什么呢？

原来那乌龟里面是有宝贝的，据说是一匹金马驹，就在那乌龟的嘴里，所以它是闭着嘴的，因为一张开嘴那金马驹就跑了。在很多年以前，有一个南方来的人在正定寻宝，走到风动碑那，他立了很久，想办法打算把金马驹取走，那马驹是千里驹，不能把乌龟头砸开，那样是得不偿失的，马驹就跑了，根本抓不住，必须把乌龟的嘴打开，然后把手伸进去才能抓住，那南方人长叹了一声走开了。

第二天，他在老万宝买东西，无意间看见在墙角旮旯里有一个秤，大喜，于是他买了那个秤，半夜里来到风动碑边，用秤钩钩住乌龟的嘴，向上一提，乌龟嘴真的张开了，里面的那个金马驹金光四射，正在乌龟嘴里跑得正欢。

那人刚要伸手去捉，由于太激动用力大了，那秤的提手断了，于是他又重新换了一个提手，但是再也开不了了。原来那秤整体是一件宝物，任何东西毁坏了就会失去作用。

那人没有取走金马驹，现在还在风动碑里，不信你半夜去听听，还能听见"嘚嘚"的马蹄声呢。

4. 开元寺钟楼的传说

开元寺的钟楼，现在叫幸运钟。"开元寺的钟有多厚？""一拃〔张开大拇指和中指（或小指）量长度〕。"正定人都会这么回答。

但这一拃的宽度是不定数，每个人的一拃是不一样的，为什么得到的答案会一样呢？这得从铸造这个钟的原因说起，在以前，滹沱河是常年流水的，不像现在，一眼望去都是沙子。那时候夏天每逢下大雨，都有可能发水，大水从上游铺天盖地滚滚而下，一到正定段就决堤，这么说吧，每年的夏天雨水季节，滹沱河都发水。那时正定是府。为了防止水患，铸造的钟，这钟本是一对，是用来报警的，一口在开元寺，一口在井陉的山中。那时两口钟都有专人看守，当山洪暴发的时候，负责井陉的看钟的人就敲钟，开元寺的钟随即也就响了，人们就知道洪水快要来了，于是就组织人看守河堤。现在井陉山中的那口钟已经不见了，只留下了开元寺这口钟。所以这钟铸造得特别精细，以至于看不出厚度，那是钟沿的坡度流线特别好。无论谁去用手量，一拃下去都认为到了边。这就是人们说钟有一拃厚的原因。

5. 三山不见、九桥不流的传说

正定地处平原，境内没有山脉。而历史上曾先后称："恒山郡""常山郡""中山县"。恒山、常山、中山三个名称都有山字而不是山，故有"三山不见"之说。"九桥不流"之说是在隆兴寺天王殿前、府文庙栽门前、县文庙前院各建有一座三路单孔石桥，桥下各有一小池，雨后有些积水，天旱则干涸，故有此称。

在正定县民间，则流传着"三山不见，九桥不流"的别一种说法。传说玉皇大帝早就看上了正定这块风水宝地，县城东面有他开辟的蟠桃园。现在他又要在正定大兴土木，营造一座地上天宫。他命太白金星几次到正定察看地形，发现有常山、恒山、梅山三座大山，妨碍他建造天宫。于是玉皇大帝就召集各路神仙，让大家出谋划策，如何把这三座大山搬走，腾出地界，好造宫殿。别看各路神仙都到齐了，心里却打着自己的小算盘，都怕把山峰搬到自己的地盘上，那多碍事呀，所以，谁都一言不发。玉皇大帝再三督促，还是太白金星首先发言。他摸了摸自己的花白胡子，长叹一声道："宫殿一定要修，大山一定要搬，可把大山搬到哪里呢？"众神仙异口同声道："你说呀，把大山搬到哪里呢？"太白金星早就看出众神仙心里的小算盘，慢慢说道："只有把三座大山搬到海里才是上策。"众神仙一致拍手赞成。谁知东海龙王不依，他向玉皇大帝叩头道："填平了大海。让我去哪里安身？"玉皇大帝说："别怕，别怕，你那么大的海，填上几座山峰，还不是像向小河里扔了几个石子，碍不了什么事的。"从那时候起，正定就只有常山、恒山、梅山的名字，实际上并没有什么大山，这就是正定的三座大山。但梅山后来为何改称为中山，就无从知晓了。

6. 大佛寺没有山门的传说

在正定当地民间有"寺大山门远，山门在河南"的传说，大意是说：在唐朝初年，唐太宗李世民派大将尉迟恭监修大佛寺。当主体工程行将完工，只剩下山门未建时，尉迟恭接到唐王要斩秦琼的消息。尉迟恭与秦琼是生死之交的好朋友；听到这个消息后，尉迟恭心急如焚，哪还顾得上监修工程，立刻驰奔京城要解救秦琼。

由于尉迟恭行前未将山门的建造方案作出说明，施工的工匠们不敢擅自建造山门，便急忙去追赶尉迟恭请示。当追到河南境内时，才追上尉迟恭。工匠们请示尉迟恭："大佛寺的山门修在什么地方？"尉迟恭是个头脑简单的武将，一见有人追来耽误了他的行程，心中非常不快，就将马鞭向地下一指，随口答道："就修在这里吧！"说完，一扬马鞭，急驰而去。工匠们没法儿，只好遵命，在当地建造山门。

据说在今河南省的山门乡，只有山门而没有寺院；而山门乡一带人们的口音与正定的口音亦非常相似，民间传说这些人就是当年在此修建山门的正定工匠的后代。

7. 大佛铸造传说

传说在铸造佛像的头部时，由于实在太高，铜水还没运上去就已经凝固，没有办法只能被迫停工，这时来了一位白胡子老人，围着佛像转了三圈，说道"奇怪奇怪真奇怪，建个大佛没脑袋"，工匠赶忙上前去问"老人家，请问您有什么办法吗"，老人说"我是土快埋到脖子的人了，能有什么办法呢"，说完飘然而去。工匠们恍然大悟，就把土一直堆到佛像的肩部，这样就能把铜水运上去继续建造了。因为佛像实在太高，土一直堆到了三里外，现在正定有一个名叫三里屯的小村庄，就是因此得名的。

第六章　正定的人生礼仪民俗

正定历史悠久，对自己的传统习俗与文化十分重视。《常山郡志》载："慷慨轻生，以豪侠为贤，犹有燕赵故俗；婚姻丧葬，交相为助。"正定历史悠久，又与回族同居县域，习俗多种多样。正定人民对自己的传统人生礼仪有一定的遵循框架，有自己独特的风俗民情。

第一节　生育习俗

正定乡村有很多生育方面的习俗，这些生育习俗反映了人民群众不同时代的愿望、观念、社会关系等。

1. 有喜

旧时，已婚妇女怀孕叫有"喜"。姑娘结婚后，生母很关心自己的女儿是否怀孕，丈夫和公婆更是盼着早抱儿子和孙子。一旦发现媳妇"身上不来了"（月经暂停）或"害口"想吃酸辣食物，就知道是有"喜"了。这时全家人特别高兴，认为后继有人了。

2. 月子

妇女生育，俗称"坐月子"，也有的地方叫"睡了""坐满月"。生孩子的屋子叫"月房"，除丈夫、婆婆、母亲及女性伺候者可进入之外，旁人避忌，进月房者不吉利。生育之产妇更忌串门，满月后点纸散花灯，以示结束禁忌。

一旦怀孕，婆家、娘家都要庆祝一番。家里的老少从各方面尽心照顾孕妇。好吃好喝尽着她，脏活儿累活儿不让她干，唯恐发生流产等意外不幸的事。母亲送鸡蛋、小米，伺候闺女。婆婆伺候一个整月，叫伺候"月子"，月子里饮食讲究营养，要软、热。习惯喝小米粥撒芝麻盐（芝麻炒熟研碎和少量食盐），吃鸡蛋、喝红糖水。杜绝让孕妇吃冷食、硬食，不让沾冷水，少干或不干活儿。

孕妇讲究忌嘴：一忌吃醋，俗话说："酸妮子，甜小子"；二忌吃雌性的动物肉，说这样会生女孩；三不要吃兔肉，怕生下孩子是三片嘴；四不要吃猪头肉，怕生下孩子长疮生病、烂眼边子等。这些禁忌，反映了人们希望生个五官端正的男娃心情。

当孕妇肚子大起来，就要忙着给未来的婴儿做几身小衣裳。做婆婆的还到神庙讨子、挂锁、烧香、许愿等。有的婆婆甚至偷偷摸摸地找人卜卦求神，算算是男是女。而那些算卦先生，为讨主人欢心，骗几个钱花，总是说"是个胖小子"。主人听后往往是半信半疑。

怀孕到了足月就要临产了，丈夫和婆婆更是十分关心，日夜守在媳妇身边。当媳妇发觉肚子疼时，就开始忙活了。尤其当妇女头胎临产前，娘家要给女儿送些馒头、挂面、红糖、鸡蛋等食品至婆家，俗称"催生"。

3. 生产（分娩）

在乡下，生育之室俗叫"产房"或"月房"。一般生孩子不准在娘家，但生育后婆家要差人向娘家报信。

旧法接生，不讲科学与卫生：先把产室炕上的苇席揭去，单铺干草（谷秸），上面再铺一层草纸，产时让孕妇躺在上面，枕头底下也要垫上柴草，意思是：上帝神仙和庙里的奶奶（因过去有管生育的奶奶庙）不要平庸的草民，婴孩出世（生下）死不了。同时要把产房里的窗户遮挡严实。接生婆进家后，往往是产布不洗，脐剪不煮，土法接生。并把屋里的箱盖掀开，柜门打开，抽屉拽出，这叫"早开口，好生养"，意为产妇骨缝开得快、不难产。可是一旦遇到难产就麻烦了，全家人急着烧香祈祷、求神拜佛，神仙又保佑不了大人小孩的安全，所以，过去因接生婆技术不高和卫生条件极差，产妇和婴孩的死亡率很高。即便死不了也折腾一身病，正如人们常说的"妇女生养，小死一场"。还有常见的：产后三天只准喝清米汤，所谓米汤越清越下奶，十天半月不准吃稠饭，整月不吃肉、蛋、糖。因此，不少妇女因"月子病"丧生，却归咎于神家和命运。

产妇分娩后，严禁闲人进房。三日内不准到室外大小便，产期内且忌冷水洗手。饮食以小米粥及鸡蛋为主，芝麻蘸盐为菜，数日后加食挂面之类软食，日餐四五次，弥月产妇要向护理人叩头致谢。

妇女生男生女也有一些叫法：头胎生女，二胎生男，叫"先开花后结子"；男女间隔生叫"插花生"。

4. 报喜

旧社会，重男轻女思想严重。儿子越多越好，女儿多了有的就被溺弃。生了男孩视为"有后"，因为男孩可传宗接代，所以丈夫、公婆特别高兴，为"大喜"，以红布条挂于屋门中央靠上；生女孩为"小喜"，以红布条挂于屋门中央靠下。

更古的时候，人家生了男孩，要在大门口挂起一张弓，叫作"悬弧"（弧就是弓）。因为射猎是古代男子的重要活动，故以"悬弧"作为喜庆生子的标志，也寄寓着孩子长大后能骑马射猎、健壮勇武的美好心愿。后世遂敬指男子的生日为"悬弧之庆"。

男孩的胎衣（俗称衣胞）离开母体后，要由孩子的奶奶亲自包好埋在炕沿下或门后的旮旯里。说什么"小孩子长大后外出了不忘本家土地"，让他"顶门撞户"。女孩子的胎衣就不值钱了，可以随便乱扔。处理好胎衣，包好小孩后，当父亲的，就要给岳父岳母报喜了。

报喜也很讲究，一般要带几斤点心，还要带些红颜色的鸡蛋，生男孩的送单数，生女孩的送双数，使大人一看就知道是男是女。给亲戚送些"喜果"，如红枣、栗子、花生等，目的是通知参加第三日的"洗三"活动。做姥娘的（外祖母）接到报喜，赶快带点红糖、挂面、鸡蛋等有营养的食品和为小孩做的衣服、小被子、小褥子、斗篷、小鞋、帽子等前往祝贺，看望闺女。

相传，产后一个月内外人进产房，就会"踩奶"，产妇就没有了奶水或者奶汁少了，所以最忌外人进产房。同时，在一个月以内，产妇不能出家门或到邻家串门。说什么产妇身体不干净，以避免冲坏别人的喜事儿。所以产妇只能在炕上休息，既不得干活儿又不能走动，所以叫"坐月子"。满月后，主家以彩纸剪灯花到处散点，以示解除禁忌，产妇可以自由活动了。

本来孕妇分娩前，婆婆已为即将诞生的婴孩做好了新衣，可是当婴儿呱呱坠地时，都给穿上别人家小孩的衣服。倘若生的是男孩，还得用其父亲的旧裤子包起来，据说"裤"与"苦"同音，为的是让婴孩自小养成艰苦朴素的习惯，长大后经得艰苦。

5. 起名

在乡下，除开"福命很大"的地主老爷们的子女外，一般人家都怕自己的孩子一生下来，就罪孽深重，长不大，成不了人，于是赶快给孩子起个名字，这时起的名字大多只是小名，往往叫什么狗妮、小猪、和尚、秃子，甚至石头、木棒、狼咬、狗叼之类，以表示他们轻贱。因为，轻贱的东西照顾方便容易长大，而那些从阴曹地府来阳世间捉人的无常二鬼，勾魂使者，以为他们是下贱的牲畜或者是无生命的东西，不在他们逮人的职权范围之内，就会把他们放过了。有的人家还怕不牢靠，取下"铁锁""拴住""拦住"之类的名字，认为这样就万无一失了。

正式给孩子起名也有许多讲究：若是男孩儿，常取带有"锁""拴""斧"（谐福）"柱""虎"等；若是女孩，则往往根据出生当月物候特征来命名。如正月生的往往叫"春兰""春芳""春梅""春霞"等；二三月桃杏花开时出生的，则叫"桃妮""桃美""杏花""杏芳"等；七月生的，起名多带"巧"字，像叫"巧云""巧儿"等。

城里人和乡下人不同。城里人小孩生下来，刚过三天就要大宴宾客，给孩子取一个堂堂正正的官名。如是男孩就叫什么"国栋""庭柱""弼臣"或者什么"龙""凤"之类，总是盼望长大之后，立志要去"为王前驱"，干一番大事业，女孩就叫什么"淑"，什么"贞"呀，或者什么"兰"，什么"桂"之类的名花香草，以显示出是名门淑女、大家闺秀。

6. 庆贺

婴儿出生后，不论生男生女，只要不是特贫家庭都要庆贺，庆祝活动多在婴儿出生后第三、七、九、十二日，一百天、一周岁举行，许多庆贺活动形成风俗。主要有"报喜"'洗三""做满月""过百天"等。

7. 三日

在生育第三天吃面，叫"三日面"，祝贺孩子长寿。乡邻送油炸果，数量不等，送双不送单。娘家母亲到场，除送鸡蛋、米、面等食品外，还要送小孩衣服、鞋帽、铺盖、尿布等。自清代以来，这种风俗延续不变。新中国成立后，此俗盛而不衰，越办越大。特别是农村合作化后吃"三日面"，越吃参加人数越多，人民公社有生产队时，全队上百口人全部参加，谁家生了孩子不吃"三日面"被视为"穷酸"，不近人情事理。此风三年经济困难时期和"文化大革命"期间有所收敛。

8. 洗三

在第三日举行"洗三"活动。妇女产后的第三天要"洗三""起草"。"洗三"又叫"洗儿会"。"起草"就是产妇不在草、纸上睡了，要起来穿好衣服，把用过的干草和纸清扫出去，为了消毒，穿衣前，当婆婆的用艾棵儿和花椒水给产妇洗下身，然后再给婴孩洗澡，给婴孩洗澡还有很多讲究。据传"洗三"这个风俗流传很久，唐宋时代已有这种风俗，一直到现在民间还仍旧保留着。

"洗三"是由一位熟悉这一套规程的白发老太太主持的。在宽沿的大铜盆里，倒上槐树枝、艾棵儿等植物熬成的苦水，冒着热气。主持洗三典礼的老太太和亲朋家中的媳妇们都先"添盆"。所谓"添盆"就是把一些铜钱放入盆中，并在放入时说些吉祥话，几颗花生、几个红色鸡蛋，也随着"连生贵子"之类的祝词放入水中。当水不大烫手时开始给婴孩洗澡。并且边洗边念叨祝词："先洗头，做王侯；后洗腰，一辈倒比一辈高；洗洗蛋，做知县；洗洗沟，做知州"等。洗完又用姜片、艾叶给婴孩烧"炙疤"。即用姜片把小孩脑门各关节擦擦，在用烤后的艾叶揉成小团成绒球状，而后点燃在脑门及各关节处炙烤，致使婴儿哇哇直哭，为的是婴儿健康好拉扯（抚养）。再用一块青布沾上清茶、擦擦婴儿牙床。这样做是有一定道理的，因为艾、姜、花是中医治疗的药物。在洗、炙、擦的过程中，婴孩如能哭出声来更好，这叫"想盆"，是吉利之兆。如是女孩，还要在此时给她扎耳朵眼儿。

洗完"三"后，要用一棵大葱打婴儿三下，且口中念念有词："一打聪明，二打伶俐"等。打完由孩子的父亲把葱扔到房顶上去。

"洗三"表示父母亲对孩子健康成长的美好祝愿。事后给接生婆一些喜钱和一块红布，以示酬谢。

"洗三"这天亲朋中的女眷都来庆祝，男客则不去恭贺。恭贺的人要送些食品等礼物。

9. 九日

生子女第九天吃"九日菜"，祝贺孩子富贵。这天乡邻贺礼为三尺花布，亲戚如姑姨姐妹除送花布和食品外，还送小件什物。中午吃米、馍、肉茶。这种习俗和"三日面"同时延续。近年有"三日""九日"同一天过的，早晨吃面，中午吃菜。20世纪80年代后庆贺生儿育女之风盛行，生男生女一个样，垒灶请厨师，摆席设筵，划拳行令，庆贺一天。提倡一对夫妇只生育一个孩子后，常在庆贺生育的酒席间为孩子认干爹干娘，联为亲戚。

10. 十二

在第九天或第十二天举行庆贺。是日，产妇娘家邀请亲朋好友携小米、鸡蛋、挂面等物，相偕探视产妇，穿戴围脖、斗篷、肚兜和用钱币叠成龙、凤、鱼、虎之类图案的"长命锁"赠予婴儿，祝福健康长大成人。庆诞活动以生男者、生头胎者为隆重，届时主家设筵招待客人。"庆十二"由来已久，新中国成立后相沿成习。自实行计划生育、奖励独生子女以来，人们对这些活动更感兴趣，馈赠礼物愈加讲究，而主家回敬亦很丰富，间有设筵十几桌乃至几十桌者，有的还放映电影或录像带。

在产后 12 天时，要把婴孩的头发剪下一绺，用红布包住缝到婴孩的枕头底下，这叫"压惊"。因为'枕'与'镇'是谐音，"枕压"即"镇压"。十二的枕压，一年十二个月平安。

11．满月

此项活动最为普及，各地对做满月均极为重视。婴孩从生育那天起，满一个月（产后 30 天）为满月。做满月这天，乡邻亲戚聚在一起，饭、菜、酒、肉饱吃一顿。送做"满月"的物品多少不等。满月之后，旧时兴点灯花，用黄色薄纸做简单花样，拌芝麻油焚烧。家宅各房间院落都要点遍。娘家来人接闺女，外孙（女）回姥娘家。闺女抱孩子回娘家住一段时间，长短不计，这叫"挪窝"。小孩子"满月""百日""周岁"时，常拍照留念，有小孩单照或夫妻儿女合照不等。

婴孩在"满月"时要剃去头发，俗称"剃满月头"。此日，亲戚朋友都要带点礼物来祝贺，主家以美酒佳肴款待宾客，称"满月酒"。这天，并将客人所送衣物摆列于桌上，一一唱明物品、数量和送者姓名。接着亲友向大人问好，观望小孩，欢天喜地，热闹一天。此后产妇可出产房，由娘家人主动接回娘家一段时间，名曰"歇假期"。

满月时还有重要风俗，就是给小孩取乳名（俗称"小名"），这个事一般由婴孩的祖父（爷爷）或外祖父（姥爷）来承办，或者邀请那些儿孙满堂，并在当地很有威望的文人学士来给孩子起个既好听又有意义的名字。有的村庄有"撞名"的习俗。"撞名"又叫"撞街"，就是在满月那天清晨（太阳未出前），父亲抱上婴孩去街上转一圈儿，请他碰到的第一个青年人给小孩起名字。如果一个人也没碰到，就根据碰到的每个动物起名，如狗狗、猫猫、牛牛等。如连动物也没碰到，就认为是不吉利。父母就随便给孩子起个很难听的名字，如叫"狗不理""人讨厌""愣货""傻蛋"等，为的是取其反意。现在"撞街"起名的现象几乎没有了，但

"做满月"还是盛行。随着社会的发展，不仅要给产妇送些有营养的奶粉、麦乳精、蜂王浆等食物，还要给婴孩送"宝宝服"、小鞋、小袜、凉帽、玩具等。有的下饭馆大吃大喝一顿。甚至有"满月"吃不好，"百天"再来补的。

12. 百天

孩子出生满100天时，主家请接生者吃饭。一般吃鸡蛋，寓有"圆满"之意；或吃面条，寓有"长寿"之意。这种活动俗称过"百天"，给小孩过"百天"现在也比过去普遍了。过去只是姥娘姥爷给予小外孙送首饰和银钱儿、银锁，现在一般亲朋好友也在百天馈赠这类东西。锁上有"长命百岁""连生贵子""麒麟送子"等带有迷信色彩的所谓吉祥物品。此日，多给婴孩照相，以作百日纪念。

13. 周岁

婴儿满周岁，产妇娘家和亲友同样要馈赠礼物。而此时对孩子最重要的一项活动就是抓周。凡做父母的，都关心孩子的将来，往往通过抓周习俗来预卜孩子长大以后从事什么职业。其做法是，在孩子满一周岁那天，富贵或是书香之家要给孩子庆周岁。这时，大人陈设书画笔砚、刀剑弓矢、算盘称尺等器具，任小孩捡取，视其所喜，以观其志，欲卜日后成就。虽系迷信，但可反映大人"望子成龙"之心态。"抓周儿"的仪式一般都在吃中午那顿"长寿面"之前进行。讲究一些的富户都要在床（炕）前陈设大案，上摆印章，儒、释、道三教的经书，笔、墨、纸、砚、算盘、钱币、账册、首饰、花朵、胭脂、吃食、玩具，如是女孩"抓周儿"还要加摆铲子、勺子（炊具）、剪子、尺子（缝纫用具）、绣线、花样子（刺绣用具）等。一般人家，限于经济条件，多予简化，仅用一铜茶盘，内放私塾启蒙课本：《三字经》或《千字文》一本，毛笔一支、算盘一个、烧饼油果一套。女孩加摆铲子、剪子、尺子各一把。由大人将小孩抱来，令其端坐，不予任何诱导，任其挑选，视其先抓何物，后抓何物，以此来测卜其志趣、前途和将要从事的职业：

笔：将成为书法家或画家。

墨：将成为书法家或画家。

书：将成为文人。

算盘：将成为生意人。

戳：将成为生意人。

豚肉：将成为身体健康的人。

鸡腿：将成为身体健康的人。

银：将成为有钱的人。

田土：将成为农夫。

葱仔：将成为聪明人。

包子：将成为厨师。

如果小孩先抓了印章，则谓长大以后，必乘天恩祖德，官运亨通；如果先抓了文具，则谓长大以后好学，必有一笔锦绣文章，终能三元及第；如是小孩先抓算盘，则将来长大善于理财，必成陶朱事业。如是女孩先抓剪、尺之类的缝纫用具或铲子、勺子之类的炊事用具，则谓长大善于料理家务。反之，小孩先抓了吃食、玩具，也不能当场就斥之为"好吃""贪玩"，也要被说成"孩子长大之后，必有口福儿，善于'及时行乐'"。总之，长辈们对小孩的前途寄予厚望，在一周岁之际，对小孩祝愿一番而已。

14. 生育观念

旧时，"不孝有三，无后为大"观念严重。姐妹三四人者极少，兄弟五六人者甚多。有女无儿者，往往将女儿取名"拉弟"或"领弟"。不愿再生女者将女儿取名"九闺女"。结果造成男口过剩，男女比例失调。

过去，生活一般能过得去的人家，都盼望"儿女满堂"，所谓"多儿多女多福贵"，实则是"添人不添地，终究过不去"。许多人家因地少人多，积年劳碌，不得温饱。新中国成立后，群众收入增加，生活水平提高，妇女地位显著提高，重男轻女思想有所克服。到20世纪80年代，政府大力推行计划生育。并提出"一对夫妇只要一个孩子"的号召，多子多福的观念被扭转。

由于少子化的影响，人们对婴儿幼儿的培养和教育越来越看重，提倡"胎教""母乳喂养"等。庆贺活动则有所简化，主要保留了报喜、做满月、过百天等项属于聚会性质的活动，但由于生活逐渐富裕，这些活动的规格上比过去提高了。其他一些风俗则由于烦琐及缺乏实际意义而逐渐减少直至消失了。

第二节　婚嫁礼俗

一　传统婚俗

婚姻合两姓之好，被认为是人伦之始，上可以事宗庙，下可以继后世。因此，自古就产生了一套详细繁杂的礼仪程式。在结婚的礼仪上，正定古城讲究"六礼"。"六礼"始于周代，即纳采、问名、纳吉、纳征、请期、亲迎六个程序。

1. 纳采

纳采，即男家委托媒人到女家提亲，若女方同意议婚，则男家再去女家求婚，俗称"说媒"。农村中流传着："门对门，户对户，豁拉口子对栅栏"的民谣。一般来说，男方托媒人去提亲时，首先把自己的身份、土地、财产及自己子女情况做个全面的考虑，与女家的情况是否搭配，就是说双方条件是否差不多。当然有的媒人受人之重礼，也有弄虚作假的。笔者童年时的一个邻居家儿子结婚，等新娘下轿后，大家一看竟是个拐子，新郎抱头大哭，一家人干着急说不出话来。因为生米已做成熟饭，后悔也来不及了。在封建社会里，新娘与新郎事前根本就没有见过一次面，是拐子是瞎子谁也不知道，是典型的"隔山买老牛"婚姻。

旧时的媒人虽说没有什么文化，但谙通此道，很有经验。张家的姑娘岁数多大，什么属相，人品怎样？李家的小伙子十几岁啦，什么属相，模样如何？都在媒人心里记着。没事的时候，媒人就琢磨着哪家的姑娘配哪家的小伙子，心里揣有一本账，很像现代的婚姻介绍所，山南的姑娘、岭北的小伙俱在他掌握的名单之中。

媒人说媒有受人之托的，也有自动上门的。从事这种职业的人，大都能说会道，消息灵通，在村子里是有威望之人。媒人无论是到男家或是女家提亲，总要先把对方家中的房屋、土地、财产、生辰八字、人品、属相介绍得清清楚楚，使人信服。若是双方有意，还要请人看看双方的属相是否合适。过去农村受封建思想影响，一些地方流传着"白马怕青牛、羊鼠一旦休、蛇虎如刀错、兔虎泪交流、金鸡怕玉犬、猪猴不到头"的说法。虽然没有科学依据，但有些人还是相信这些。

新中国成立后，政府颁布了《中华人民共和国婚姻法》，提倡婚姻自主，反对包办婚姻，提倡新事新办，打碎了压在妇女身上的铁锁链，自由婚姻率先在机关、学校中流行起来，农村中进步青年男女也冲破种种阻力，争取婚姻自由，组成新的幸福和睦家庭。当然，也有一些包办买卖婚姻的悲剧发生，但这种现象随着社会的进步逐渐消失。

2. 问名

问名俗称讨八字，男家托媒人询问女方名字和出生年月日时辰，请先生占卜男女双方的生辰八字，以定婚姻的吉凶。若合八字即可订婚。问名礼后来发展到议门第、财产、职位、容貌、手艺、健康等多方面内容。

一般的媒人到女家后，女家要敬茶送烟，入座后女方出示庚帖，即八字帖，旧时用天干地支表示人出生的年、月、日、时，合起来是八个字。迷信的人认为根据生辰八字可以推算出一个人的命运好坏。八字帖就是订婚时写明男方或女方的生辰八字的帖子。根据女方的庚帖与男方生辰八字做占卜，确定可以成婚的方可订婚。随着人们观念的更新，现在很少有人相信八字了。

3. 纳吉

媒人把问名后的情况告知男家，男家得知吉兆后再请媒人到女方家决定婚约，实际上这是订婚阶段的重要礼仪。男女双方的婚事说定后，要举行一次换帖，换帖的日期要选吉日进行。帖用红纸写就，封面画有龙凤图案，男方写"敬求金诺""大硕德×翁×姓亲家先生大人阁下""忝眷弟×××鞠躬"、女方写"谨遵台命""向闻贵府惠爱不弃愿结秦晋""谨遵台命为女呈样敬答""×翁×先生×郎纳室仪当端文""恕不雅端""忝眷弟×××拜"。仪式结束，要摆筵席款待。

新中国成立后，有些陋习已被弃除，但有些礼仪还是要进行的。用现代的话说叫作"换东西"。双方家长同意后，由女方长辈与媒人带领姑娘结伴去男家，男方大礼相迎，先是摆上茶水糖果，说说笑笑，亲如一家。中午要上八个碟子八个碗，以荤菜为主。媒人当着男方夸一夸姑娘心灵手巧，会过日子，同时媒人也当着女家长辈夸一夸小伙子心地善良，勤劳俭朴，文化高；等等。筵席结束后，要到集市、商场买衣服（也有先买好衣服再去男家吃饭的）。

"换东西"必须成双，即买衣服要买两件。一般男方花的钱要多一些，两三百元、千八百元不等。女方可以象征性地给男方买点物品就行了。目前，贫困村庄"换东西"变成了要买衣服钱，一般两三千元不等，实际上这是变相地要彩礼风，应引起社会各界的重视。

4. 纳征

纳征又称"纳币""大聘""过大礼"，是男女两家缔结婚约后，男方将聘礼送往女家的礼仪。"征"即为成的意思。送过彩礼的婚姻才算正式生效，未送彩礼的大多无成。旧时一般男家要给女家 100—200 块现洋（银圆）及衣料、手镯、戒指等礼品。新中国成立后，社会面貌发生了天翻地覆的变化，人们的思想也随着社会的发展而进步，有些烦琐的礼仪也有所摒弃。如送彩礼都不进行了，转变为女方大陪送，并大都在结婚的当日早晨进行。旧时在结婚前，男方要向女方"抬食箩"。一般要送猪肉半扇（百十斤），馒头 100 个，豆腐一个（约 20 斤），同时还要送上衣料、被面、鞋袜等。

目前，女家"暗送"之风大兴，并且陪送的东西越来越多，越来越值钱。冰箱、彩电、组合音响、空调、洗衣机、自行车等。一般要开支七八千元，甚至上万元。结婚时，这些配送的物品往往要装满满一大卡车，物品上都贴着大红双喜字，锣鼓喧天，鞭炮齐鸣，乡亲们站在街头翘首相望，评头论足，赞不绝口，那才真叫气派荣耀。

话说到这里还不算完，别看女方为姑娘陪送这么多物品，并不是让男家白要的。男家还要向女家付回礼钱。有的女方知情达理，认为自己为姑娘陪送点物品理所应该，因为姑娘在家干了不少活儿，过去在农村是说挣了不少工分，在城镇是说挣了不少钱，姑娘出嫁带不走家产，陪送几件物品是天经地义之事，即便是兄弟们也无话可说。还有一层意思，是女方陪送的物品多，为的是让姑娘使用方便，不被男方小视。但也有一些女方家庭要的回礼钱很多，要的回礼钱简直都能买回这些物品。因此，为要回礼钱，闹意见的也有，甚至为要回礼钱闹崩了的也有。总之，这都是一些不良风气。

5. 请期

请期俗称"提日子"，是男家送聘礼后择定结婚的具体日期，备礼去女家征求意见的礼仪。随着人们思想的更新，这项礼仪大都从简了，常在送聘礼的同时决定婚期。有的一时决定不下来的，如遇到男女各一方动工建房、老人送医院或是有其他特殊事故发生等。现在男方多以口头通知，也不再下帖子了。

由于"六礼"仪式烦琐，人们逐步对婚仪进行改革，到民国初年，"六礼"已变为通气、探情、对相、换物四个阶段。新中国成立后，人民政府颁布了《中华人民共和国婚姻法》，在婚俗方面改进更快，已发展成现在的提亲、见面、纳礼三部曲，大大简便了订婚的手续。

6. 亲迎

亲迎是迎娶新娘的仪式。旧时，正定大多用花轿迎娶，由男家组织迎亲队伍。去时新郎可乘花轿，回来时让给新娘乘坐。同时媒人、送客乘坐铁轮轿车一同前往。新娘到男家的仪式程序大致有下轿、拜天地、走马鞍、过火盆、行合卺礼、入洞房等。每一项的做法大多是表示祝吉驱邪的仪式。"六礼"的具体执行情况根据户主而定，每个村庄大同小异，有的因陋就简。

迎亲这天是男家大喜之日，房前屋后，院里院外，都以清水泼地打扫得一尘不染。门前悬挂红灯，院子里、房檐下挂满了乡亲们送来的喜帐、衣料、毛毯、被面，处处呈现出热烈欢乐的景象。

这一天，新郎面貌一新，头戴插金花礼帽，衣穿青色（蓝）长衫，足蹬千层底新布鞋，由四位能说会道面貌俊俏的伴郎与媒人一同去女家。

来到女家门口先鸣三声炮报言，媒人进去联系。女家有掌事人出门迎接，让进去坐坐喝茶。新郎与伴郎等人表示谢意，但不可进去。旧时大家闺秀为显示自己的家大业大，门户高雅，有时故意让男家在外等候，遇到夏季还可以，遇到冬季可就不好受了，有时要在街上站一个多小时，你如果催促，女家掌事人会说："快啦，新娘还没有打扮起呢！"这时男方要在外边耐心等候，千万不能发脾气，只好使劲吹打，鸣放鞭炮，以示督催。

及至花轿到男家后，由女方伴娘及送客按期在花轿前后以防备有人戏闹。伴娘搀扶新娘下轿。这时的新娘头盖红纱，身着红装，打扮得如出水芙蓉，似盛开牡丹。新娘花轿落轿前还要有花子头手抱谷草点火在轿下晃几晃，以驱邪愿。过火盆也是这个意思。

新娘由伴娘搀扶在天地桌前。新郎早站在桌前手执弓箭对新娘作发射状，以示男子威风。同时，新娘要跳马鞍，以示步步登高，岁岁平安。然后招新娘搀入洞房。男家掌事人寻把茶水、糖果、香烟准备好。稍事歇息之后，即举行拜天地、拜父母、拜亲朋好友仪式。通常有个司仪，按男方事先拟好的花名单宣读。拜完天地、父母（父母不给钱），便给三姑六姨、亲朋好友磕头，司仪念一个，新郎新娘便磕一个头，磕头可不白磕，给谁磕头谁给钱。至此，从提婚到结婚的六项程序就全部结束了。

　　接着便是闹洞房了。青年男女结为夫妻，向来被人们看作人生中的一大喜事。古人常把新婚的"洞房花烛夜"与中头名状元的"金榜题名时"相提并论，是人生中最为幸福，最为荣耀的大喜事，可见新婚之喜在人们心目中所占据的位置是何等重要。因此，闹洞房也由来已久，尤其是农村闹洞房成了一种民俗风情，似乎在新婚之家没有人来闹洞房，好像缺少点什么。家家户户都认为来自己家闹洞房的人越多越好，人越多方显出自己的体面和光荣。

　　关于闹洞房，在农村有很多形式。一般都是在新娘下轿时，一些姑娘小伙扑上前去，往新娘脸上抹红，往头发上放苍耳（一种植物种子，粘在头发上下不来）。闹得重一点的，会把新娘摔几个跟头，要不为什么新娘的花轿前后总要有许多人保驾呢。

　　闹洞房闹得最厉害的是新婚的第一天晚上。这时新娘家里的人都走了。只剩下新娘新郎在洞房，尤其是遇到新郎辈分大的人家，不只有少年儿童闹，还会有许多半大小伙子闹，他们不是君子只动动口完事，往往要动手，这时的新娘真被折腾得够呛。逼着新娘讲恋爱经过或者隐私，有时还强迫与新郎拥抱接吻。

二　婚姻陋俗

　　新中国成立前，正定还有一些其他的婚姻形式，多是旧时婚姻传统的产物。其形式有以下几种类型。

　　娃娃婚：娃娃婚是指父母为自己幼小的子女缔结的婚姻。提亲的年龄男孩子一般在十岁左右，女孩在七八岁。也有在孩子刚出生就经双方父母订婚的，还有在怀孕期间双方父母便议好，如双方生一男一女便结为婚姻，这就是平常人们所说的"指腹为婚"，但要等到成人以后方可举行婚礼。

　　寡妇婚：妇女丈夫死后再嫁的婚姻称为寡妇婚。在旧社会，寡妇深受封建礼教的约束，即使再婚，也须等到守孝期满。"不守三年守百天，不守百天也要守到坟头干。"

　　活头婚：活头婚是指在旧社会女人被丈夫休后的再度结婚。女人再婚过去被认为不贞洁，况且又是被丈夫休掉的女人再婚，一般不允许在白日迎娶，往往安排双方于深夜半路接送。活头婚姻因地位低而被人看不起，迎娶时常发生意想不到的事件。

续亲婚：是指男子结婚以后其妻亡故，续娶其妻妹为妻谓之续亲。续亲多发生在已有子女的家庭，双方都担心娶他妻后子女受继母的虐待，故以姨代母，继娶妻妹。

纳亲婚：纳亲婚俗称娶二房，即在正妻房之外另娶一妻，但对其有种种限制，在家庭中没有什么地位，如不许干预家庭大事、不许见亲生父母等。

纳妾：多为有钱人家所为，即买贫穷家女子为妾，其生子女不能称父母，而称其为姨。

扶正婚：指正妻死后，其妾改为正房的婚姻，一般都要再次举行婚礼，与正娶规格场面相同，经扶正，妾便名正言顺地成为正妻，享受正妻的一切权利。

童养婚：是我国封建社会产生的一种畸形婚姻。童养媳有两种情况：一是家中无劳力，从小帮小儿子用金钱买年龄较大的女子帮家中干活儿，等到适龄期到便可成婚；二是贫穷户怕儿子以后娶不上媳妇，便先行收养或买进别家幼女，待长大成人后再与其子成婚。

对房婚：俗称"一门两不绝婚"。大都出自旧社会富户人家，前提是原有二子夭亡其一，因嫌人丁少，故同时同婚二女，按例谁大先娶为正房，同日又娶一房，谓之"对房"，隔夜眠宿，所生子女按本房关系称谓，即互称伯母、婶母，唯其父还是称父亲（爹），不过有大爹二爹之分，对房婚十有八九不和，故有"二妇不一婿，一婿有死离"之说。

倒转门婚：俗称"倒插门"婚。即贫穷户因子女多，生活负担过重，娶不上媳妇，使男子到女家落户。再者是女家姑娘多而无男子，留一姑娘在家招一男子为婿，一般在女方家比较受气，被人看不起。现在，随着人们思想观念的更新，这种现象已有改变。

错房婚：指兄（弟）死后由弟（兄）改室为妻，前提是兄（弟）生前留有子女，主要是为孩子们不受气。

换亲婚：换亲婚有换亲与转亲两种，换亲是两家互为婚姻，转亲是三家以上互为婚姻。多为贫穷人家或在"唯成分论"时期的地主、富农户为延续后代而采用的一种婚姻形式，一般都由父母包办，有连带关系，一家好，家家好，一家散，家家散。

冥婚：有的地方称娶阴亲，也叫鬼娶妻。是把没有成婚的男女死后，男女方父母为其子女搭配的一种婚姻形式，把男女合葬埋入男家坟地，事后双方如结婚亲戚一样互相往来。

三　正定婚俗的变迁

新中国成立后，人民政府颁布了婚姻法，男女平等、婚姻自由的政策在正定城乡已普遍贯彻执行。青年男女大多数在劳动中互相帮助，互相了解，以至互相爱慕，建立感情，成为恋人，最后结合。也有在不同工作岗位或不同地域的青年男女，经人介绍，在介绍人家里相见，称为"相亲"。此后经双方自由接触，感情成熟后就可到乡政府领取结婚证书，然后择日结婚。新的结婚仪式，仍是由新郎于清晨领男女娶客若干名去迎娶新娘，但不再坐花轿，而是改乘马车或骑自行车。到20世纪80年代，乘坐汽车迎娶新娘的已逐渐增多。沿路放鞭炮仍沿旧习。男方到女方门口后不进家门，女方父母回避，新娘子由若干名男、女送客陪同前往男家。新的婚礼只有鸣炮、主婚人讲话、介绍人讲话、新郎新娘讲话、夫妻交拜、认亲等几项。婚礼完毕后主人大宴宾朋。然后新郎、新娘由原来女方送客陪同到女方认亲、赴宴，晚上回男家入洞房。为节约办喜事，有旅行结婚者，领过结婚证的男女，一同外出数天，便算作结婚完毕。有女孩无男孩的人家，可以招赘，女婿到女方家里生活，赡养老人，有财产继承权。所生子女之姓氏由家庭自议，随男随女均可，外人不准干涉。

1. 彩礼的变迁

改革开放以后，"结婚彩礼钱"一词跃然于社会婚姻风俗中，20世纪70年代末，"结婚彩礼钱"主要花费是有四大件之称的"自行车、缝纫机、收音机和手表"，后人沿用"四大件"之说，表达"结婚彩礼钱"的内涵。正定人们也形象地称其为"蹬蹬、转转、听听、看看"。20世纪80年代"四大件"是电视机、电冰箱、洗衣机和电风扇。90年代"四大件"是在80年代基础上稍微有点调整：冰箱、彩电、空调、洗衣机。2000年后"四大件"说法争议很大，有"房子、车子、票子和保险"之说。由此可见，随着时代的变化，结婚彩礼的形式和钱数也在变化。

正定县城里的彩礼钱一直是6600元、8800元，好一点的11000元，很多年没变过了。随着正定县城房价的攀升，只要正定城里有房子，彩礼都可以不要。彩礼的多寡以离县城远近而定，离县城越近，彩礼钱越少。稍微多一点的有38000元、59000元。当然，这些没算"三金"。但农村就多了，越往北越贵，西北村里66000元，曲阳桥乡南白店村88000元。

2. 婚礼形式的现代化

现在正定的婚礼越来越多地请婚庆公司来操办。婚庆公司给搭了彩门，挂了彩旗，布置得很有气氛。喜事要办得热闹，特地请戏班子唱大戏，以二人转为主，外加流行歌舞。亲朋随份子大额的礼金有1000元、500元的，小额的没有低于100元的。礼金归男方父母所有。

正定农村的现代婚礼仪式

婚礼仪式一般在中午12点正式开始。新人开始就位，磕头认亲。首先从新郎父母开始，现在新郎的父母要给大红包表示祝福，亲戚们依次进行。多的有给1900元的，最少是110元。这个钱三分之一给婆婆，剩下归儿媳妇。

有些人的婚姻观念有了环保、节俭的新变化。平安屯自发成立红白理事会，引导村民改掉铺张浪费的陋习，村风也得到极大改善。正定县城还出现了自行车婚礼。

3. 婚礼陋习

结婚是人生中的一件大事，也是一件喜庆事。一些喜欢热闹的人，闹闹洞房和客人，烘托一下喜庆气氛也无妨，关键是别闹过了头。闹起来只顾自己疯，不顾他人的感受，超越了闹的底线，结果闹得不欢而散，更有甚者，因闹出悲剧而让喜事变成哀事。

有的地方，婚宴上有几个妇女拿着筷子敲击餐盘朝客人要钱，不给不走，给多少不限，当然是越多越好，如果不给，这群妇女就一拥而上，把客人的兜袋掏得干干净净。只见她们手里攥着厚厚一沓子钱，有50元、有100元的，还有一些零钱，闹完后，满怀胜利的喜悦一哄而散。一问才知，这是他们当地的风俗，婚闹不是向每个客人都要，只向新郎的近亲要钱，如伯伯、叔叔、姑姑、姨、姐等。要到钱之后，参与者人人有份，把钱分了花，买些东西，或者到饭店大撮一顿。

"婚闹"。一群妇女疯狂地扒男客人的鞋，扒掉鞋子后拿上就跑，然后让客人拿钱去赎，至于赎金看人定价，有钱的就多出点，没钱的少出点，但是不给不行。被闹的对象多是新郎近亲的男性客人。

除此还有一些"婚闹"，像什么将新郎捆绑起来上秤称，论斤给钱，还有的将新郎父母涂抹成"妖怪"，用三轮车拉上敲锣打鼓游街示众；等等。各地的风俗不一样，各有各的闹法，各有各的招数。其实闹也无所谓，闹闹更热闹，但是千万别打着风俗的旗号，肆无忌惮地去闹。

第三节　正定的丧葬习俗

常言说，有生必有死。死是人生的自然规律。人死了总要举行一些仪式，简称丧礼。正定县方圆不过数十里，但村与村之间丧葬习俗却不尽相同。

丧礼，民间称"送终""办丧事"等，古代为"凶礼"之一。丧礼是亲属、邻里、友好等进行哀悼、纪念、评价死者的仪式，同时也是殓殡、祭奠死者的礼节。我国古来有"生有所养，死有所丧"的风俗，把处理死者看成重大庄严的事情。正定历史文化悠久，在几千年的传统葬俗发展中，形成了独具本地特色的殡葬程序。

1. 备丧

"人活七十古来稀"，说明古代人的寿命比较短暂。所以，过去富裕人家到50岁以上就开始备制棺材和寿衣，做丧葬准备了，谓之准备"后事"。准备"后事"由儿女来做，也有老年人在健康时自己准备的。所谓"后事"，一是"寿木"即棺材；二是"寿衣"。

寿木也称"寿器""寿材"。农村没有专门的棺材铺，而多是自备木材，雇工制作，其质量因经济条件而异。有权势和有地位的人的葬具，必须是棺椁齐全。松、柏木质硬且耐腐，做棺材最好，但价格昂贵，只有少数富户用得起。中等以下人家多用杨、柳等木材制作。富家使用3—5寸板材，并且精雕彩绘图案，涂上深红色油漆。穷户则用1寸许的薄板，多在人临死前找匠人粗略制作，不涂油漆，或只涂一层红颜色。

老人在临咽气前，就由亲人把不在身旁的儿女子孙通知到跟前，守护在身旁，死前亲人在旁是老人最大的欣慰，同时老人有什么遗嘱安排一下，死也瞑目。临咽气前，儿女们速把纸钱焚化，用纸把灰包好，放进死者怀中或衣兜里，名为"上路钱"。临危之际，为其速着衣冠，把备好的"装裹衣裳"（也称"寿衣"或叫"送老衣裳"）穿戴整齐。寿衣包括袄、裤、帽、鞋、褥、枕。男性另有长袍、马褂；女性另有罩衫、长裙。富家多用绸子等织物，穷家则用一般棉布。在颜色上忌用红绿色，多用蓝、黑、紫等色调。寿衣讲究穿单不穿双，一般是上五件、下三件，或上下都是三件。男穿长袍，女扎彩裙，头戴新帽，穿新鞋袜。四季衣服棉单夹搭配。即单衣、平衣、棉衣（一般是袍子）、外罩大衫（或是马褂），有"上穿袄，辈辈好；下穿裤（棉），辈辈富"之说。人死后，不能给死者穿戴带有皮毛的衣帽。传说，如果穿带毛的东西，下辈子脱胎转生则为禽兽。还有上衣不准缀扣子，防止再次托生为猪狗。也不能用缎子，因"缎子"与"断子"同音，不吉利。

人临死前的准备主要是糊"纸马"和做孝服。病人于弥留之际，要在门前烧掉"纸扎车马"，据迷信说法，这是准备死者的灵魂上路用的。孝服用白布缝制。一般直系亲属全身孝服，五服（五代）以内晚辈只给孝帽，而曾孙辈以下则给红孝帽。也有租赁孝服者，有的贫穷人家为节省钱，不得不采取这种办法，丧事办完，再将孝服退还租赁者。

2. 停尸

旧俗以为，人死后床上蚊帐即是罗网，要尽快离开，把尸体置放在外间屋木板上，并尽快找年龄大的人给死者穿寿衣，主要是趁尸体还没有僵硬好穿，穿衣时还要说衣服好穿不能说衣服不合身一类的话。停尸前要整容，换装。趁尸体未僵时，用温水擦洗尸体，将体表一些排泄物揩拭干净，女的还要梳头，换上寿衣，抬上停床。停床多设在堂屋内，即用单人床或门扇支垫起来而成。尸体的头朝外脚朝里手放胸间，嘴里放"含物"，上盖蒙单，戴好帽子，用一张黄表纸或白纸盖在脸上，不能裸露死者的肢体，如手、头等。两足并拢用两条麻绳捆起来，名叫"绊脚绳"。遇到雷雨天气，还要在死者胸部压上重铁器如犁铧、犁镜等，限制死人灵魂乱走窜，一说是防止被雷电击中而诈尸。灵床之下要放一把谷草，一片屋瓦，一把笤帚，一个陶盆。灵前供桌上，燃油灯一盏，焚香一炉，放寿饼一盘，在四个碗里插上打狗棒。以上备物，都是供死者灵魂吃、住、取暖、照明、整理用的。灵床两旁是男女亲眷守灵还礼的地方，分男左女右。屋门外搭设灵棚，地上铺席垫以供吊祭者跪叩之用。亲友在此烧纸吊唁，停尸程序完毕。

停灵从停尸、入殓到出殡前这段时间，称为"停灵"。停灵时间不等，中等以下人家在3天内即入殓葬埋，经济条件好的富裕户多停灵5—7天。停灵到三七（21天）、五七（35天）者只是个别乡绅大户。尸体在3天内必须装棺。热天尸体腐烂，装棺后如继续停放，棺内必须"吊香"（用松香、黄蜡熬成粥状涂于棺材内壁），以防尸体腐烂后气味和液体外溢。

3. 烧纸人

一些地方在人死之后的当天晚上，全家孝子要到"五道庙"烧纸，称为烧"倒头纸"，算是到阴间去报到。旧时大村多建有五道庙。五道庙内供奉泥塑五道爷、判官、小鬼等塑像。村内无庙时，倒头纸就烧在街心十字路口，是为死者灵魂求情，免受阴司苦刑。孝子们去时排队，不哭，到庙前叩头、烧纸钱、敬酒后，始伏地痛哭。据说，五道将军是东岳大帝的属神，并且是重要帮手，掌管世人的生死荣禄。他的地位比判官高，是阴间的大神。所以人死后首先要去五道将军庙烧纸。没有庙的一般都在村口或街头烧纸。

4. 请主持人

首先要请本家门中辈分最高、年纪最大、礼数最通的人主持丧事。或是由孝子出面去请村中德高望重的老者为主丧人。见面后，不说话先磕头，表示告诉人家说：家中老人"落丧"了，恳求赏脸，出面帮忙代为主持丧事。凡遇此事，被邀人不管自己有多忙的事情也不能回绝，只有痛快答应下来。答应后孝子方才起身行作揖礼，以表示深谢。

主丧人就聘后，首先召集家里的主要人商议丧葬事宜：花销的规模，物品购置的多少，食品种类的搭配，攒忙（帮忙）人活儿的安排，向亲朋撒孝（通知）应酬招待，雇用丧事乐班、厨师，邀请僧道做"法事"，为死者超度亡灵。如此种种全由主丧人统筹安排。

攒忙的人在总管理人掌握下再分成小组，如做饭、供柴、挑水、接待、采购、记账、烟茶、副食加工、刨坟、打杂等，各线斟酌情况设一人到两人负责。如果场面大、宾客多，还可以酌加办事员。各组人员统用纸单子写就（横幅竖写），贴在正屋门外右侧墙上，使每个人职责明确，也便于众人监督。

5. 戴孝

戴孝也叫穿孝。戴孝是死了人的标志。由于辈数不同，"孝"的规格也不一样。死者的亲生儿女谓之孝男孝女都穿重孝（也叫大孝），即头戴白孝帽，身穿白孝衫、白筒裤、白绑腿、白布绷鞋。长子的孝帽后缀三大朵籽棉和麻团等。有的后边戴个象征性的麻辫子。闺女和媳妇的孝都用白布包头，头布是用极长的麻丝系着，披在肩上，甚至拖到地上。有的还用孝衫裹身，谓之重孝。孝布长短均有定规，如五服以外都是一个普通孝巾或者头上一个白箍。但个别地方也有披麻穿孝衫的。女婿孝只是一根白腰带（有的地方只是一顶孝帽）。孙子孙女辈的孝，都是一条白带箍，在孝箍上分男左女右缀一块红布，如果是重孙子辈，在孝箍上分男左女右缀上一绿布。

6. 雇响器

人死了，一般过得去的人家，要雇请一班响器（也叫鼓乐班、吹鼓手）。请来的响器班安置在"灵棚里"，目的是亲朋们来烧纸，吹打起来方便。响器班一般由三五人组成，他们打鼓、敲锣、吹唢呐（俗称大笛子），所吹奏的曲调多是悲哀的，大致是像"小寡妇上坟""苦伶仃""小开门""大上吊""八板"等曲牌。每来一拨"吊孝"的，"鼓乐班"就得吹打一番。得时时刻刻准备着。所以鼓乐者不能进屋吃饭，这也算个"忌讳"吧。

7. 报丧

人死的消息是一个不幸的消息，俗称"凶信"，又称"噩耗"。将噩耗告知亲友与乡亲，叫"报丧"。报丧，又称"讣"，又称"赴告""奔告"。一般的报丧方法，由掌事人令人分头奔赴死者亲友家中报丧，或发出函电将死讯告诉远方的亲人，同时还要带上白布孝帕或孝衫，也叫"布孝"。在"布孝"的同时，同族长辈还要带领死者长子头戴孝帽，身穿孝衣去各亲朋、同族家中报丧，多数地方还要磕头。所以有"孝子头，满街流"的说法。孝子不能入亲友家门，这是一种忌讳。由陪同人在外喊话，主人出迎，孝子要趴地磕头，陪同人说完情由，孝子方可站起。孝子报完丧后要与其他子女一同守护在灵前，遇有来吊唁者，要趴地叩头痛哭，以示还礼。

同时要请人主。死者若是男性要报知外祖父家，死者若是女性则报知其娘家人到场，使其尽量提前到来商议丧事安排。称人主者，往往是姥爷、舅舅（或姥娘、妗子），常以死者穿戴不佳有意挑剔；或是生前儿女不孝、照顾不周，借此训斥责骂，目的是叫孝子当众跪地求情出丑。然后，由主丧人一再求情说好，答应提出的条件，或服服帖帖听受教训，方准埋葬。有的事主人缘儿不好，乡亲会借以大事铺张，致使丧家倾家荡产。

尸体停放妥当后，掌事者要找几个年轻力壮的人去打墓。同时准备伙食，糊丧棒、花圈，剪纸钱，还要悬挂出用白纸制成的"赶路钱"，年龄多大，即挂多少张。掘墓选择坟地俗称选"阴宅"，要请"风水先生"进行精选鉴定。传统说法，"阴宅"选择适当与否，关系到当代和后辈子孙的兴旺与衰败、富贵与贫穷。掘墓前首先要按族中支系、辈分选定穴址，如果死者的配偶已死，那么就只是重开坟墓合葬的问题了。合葬时，要按男左女右将两棺并列于墓内。掘墓时，先由丧家打播人用镢头在穴址的四角各刨一下，然后由掘墓人轮换着挖出墓坑。如果给富豪家掘墓，除享用丰盛的酒食外，还挣工钱。

已结婚的闺女伺候自己的生身父母病逝后，要身穿大孝赶回婆家。不进屋也不言声赶紧向公婆磕头致意。公婆见此情况也就知道其娘家没了老人，得准备出殡那天去参加葬礼。该女磕头后，立即返回娘家为老人"奔丧"。

8. 糊纸扎

纸扎是用竹木枝条扎成骨架，外面幔糊色纸的各种模型。如糊"引魂幡"，是用一张白麻纸剪成网状，挑挂在一根木棍上，幡里也要写上一条至两条条幅，如"黄幡招盖引魂入墓"或"金童玉女引魂入墓"，也有的写"度之灵魂离地府，拨孝救活玉童幡"。把引魂幡做好后，放在棺材的大头上，这是专为死者魂灵引路用的。其次是"糊纸马"。如是男者死了，可用笤帚把子加工成马状，外用白麻纸裱糊好并画上眉眼，说什么灵魂到了阴曹地府可以骑高头大马来往办事；女的死了，一般糊轿子和大车，说什么到了阴间坐轿乘车也够威风的。死者门口两旁，通常摆设两只大仙鹤和一对男女侍童。纸扎在下葬前都送到坟地焚毁。

纸扎有满棚、半棚之分，根据死者的身份地位和家庭经济状况而定。一般穷人家庭很少糊纸扎。只有富裕人家才有此经济实力。一般农民家庭很少糊纸扎，纸扎也有专门出赁者，但不是用纸糊的，而是用布包幔。布包幔可反复使用。

另外，还要糊纸嘟噜。人死后在家门口很快吊挂起纸嘟噜。纸嘟噜是用白麻纸，正剪、反剪而成连接不断的纸穗子，剪成后用一根木杆挑挂立在门口，这是家中死了人的标志，以告示人们该家已有人"落丧"了。若死者是男性，纸嘟噜挂在大门口的左边；若丧者是女性，则挂在大门口右边。这纸嘟噜的絮条多少也有讲究，要以死者的岁数大小而定，它的要求是一岁一个絮条，故名"岁头纸"。外界人只要一看"岁头纸"便知丧者是男是女，若絮条特多，就说明这家丧号是"喜丧"。纸扎，顾名思义，就是用竹木枝条扎成骨架，外面幔糊色纸的各种模型。在街门外沿街道两旁搭上席棚，将各式纸扎摆设在席棚内。纸扎有马拉轿车、宅院（"阴宅"）、碾、磨、金桥、银乔等。死者门口两旁，通常摆设两只大仙鹤和一对男女侍童。纸扎在下葬前都送到坟地焚毁。

9. 灵前摆设

丧主在停尸床门外，用布或箔子搭起凉棚，夏遮雨冬防雪。棚下置席一张，以供来吊祭者跪伏之用，此棚谓之"灵棚"。停尸床前摆一小桌，置1—3盘祭品，并放油灯一盏，谓之"万年灯"。并在小桌上正冲死者头顶放一碗小米捞饭，叫"到头饭"，意思是此人已到头了，再也不吃饭了，碗上要插四五个用面捏成并烧煳了的面棒，名叫打狗棒，另外放一个香炉供烧香用；碗旁放一个瓷罐，名叫"遗饭罐"（这是死者在阴间的锅灶，有"遗饭罐"大了下代人肚子大的说法，故"遗饭罐"都很小）每次吃饭时，家中孝男孝女，都要往罐内夹一筷子米饭，直到填满为止，以示子女们对死者的孝心。出殡前要用一个小馒头把罐口堵死，带到墓穴处。小桌前边备一烧纸用的砂锅或是瓦盆儿，名叫"尸盆儿"或叫"丧盆""劳盆"。专供前来吊祭的人烧纸用。

10. 烧"还魂钱"

一般人家人死后停放3天，也有放5天、7天的，富有人家甚至有停9天或15天的，其目的有二：一是企盼死者还能复活；二是等待亲人见面致祭。它的规程是不论停放几天，这期间，每天擦黑时，死者所有的晚辈，都随主持人到村中十字街口，或者村外五道庙处，为死者烧"还魂钱"，又因是在黄昏时间，故又叫烧"黄昏钱"，有的还叫"晃郎钱"。迷信说法有两个意思：一是黄昏以后直到晚上，是鬼界，此时烧钱，亡灵能够收到；二是向城隍爷禀告，今天有一名子民准备前来落户，恳求暂缓收留，想要把死者的魂灵唤回阳间来。还有一层意思是黄昏时候，一天工作完毕是人们思念老人的时候，烧纸以示思念死者。每天坚持烧一次，一直烧到出丧殡的前一天晚上为止。

去时，死者子女们披麻戴孝，男前女后，孝子们排头列成一队，不许说话，不许啼哭。来到五道庙处，将烧纸一点，念叨完毕，一声令下，鼓乐齐鸣，后队变前队，女的成了排头，孝子成了排尾，开始往回去，这时要大声号哭，主要看戴孝的儿子和闺女们了。要造成一定的声势，哭声越大，说明呼唤亡魂的心意越切。

11. 吊祭

停尸后，在街门和门框贴春联的地方都贴上白纸，并在门旁高高挂起一束影魂幡，这是开吊致祭的标志。门口专设一人击鼓，男祭客上门敲一响，女祭客上门敲二响，男祭客由孝男陪祭，女祭客由孝女陪祭。此时门外唢呐班便吹奏起来，以示迎接。

祭奠死者，慰问其家属的活动叫"吊唁"。旧时祭祀死者的地方叫"灵堂""寿堂"。对死者追念哀悼，叫"追悼"。哀念死者，叫"伤逝"。一般在农村办丧事，街坊邻居都会前来吊纸帮助，还要上礼。这时要准备礼桌，专门有人收钱记账。

吊祭人在灵前作揖叩头，磕头有神三鬼四之说。妇女吊祭多伏在灵前掩面痛哭。此时专管吊祭的执事点燃一张黄表纸，并向孝子们呼喊"还礼啦！"于是孝子们磕头，伏地痛哭，以示还礼。开吊时除请唢呐班吹奏外，富裕户还要请小戏班唱戏，个别大户还要设祭坛，摆道场，礼佛念经以超度亡灵。

礼、幛灵棚旁或院落里专设有礼案，吊祭人所携带礼物、丧幛、花圈、挽联等都交给收礼执事；礼钱入账，丧幛张挂于灵棚或院落里，花圈多摆在灵前两旁。

吊唁是治丧活动的主要内容，正定人在这项活动中举办得隆重肃穆，显示出正定人民接受传统礼仪的传承性。旧时，丧家的亲属需要穿不同等级的孝服。孝服又称"素服""丧服"。孝服古代分为斩衰、齐衰、大功、小功和缌麻五等，总称"五服"。五服制源于周代的丧服制度，穿丧服的等级和时间的长短，与生死两者之间的亲疏关系成正比。从直系说，父子一等亲，祖孙二等亲，曾祖曾孙三等亲，高祖玄孙四等亲；从旁系说，兄弟一等亲，叔伯堂兄二等亲，叔祖伯祖和堂叔伯三等亲，族兄弟和族叔伯四等亲。一等亲丧服为"斩衰"与"齐衰"，二等亲丧服为"大功"，三等亲丧服为"小功"，四等亲丧服为"缌麻"。在古代，所着的丧服不同，守孝的期限也不同。一般着斩衰丧服的，守孝三年；着齐衰丧服的，守孝一年；着大功丧服的，守孝九个月；着小功丧服的，守孝五个月；着缌麻丧服的，守孝三个月。出五服者，不共哀乐，不通庆吊，这是古代定制。因此，只要看服丧人的丧服，便可知道他与死者的亲疏程度和在宗族中的地位。

这种丧服虽说是古代传承，但往往给丧户带来很大的压力。尤其是死者辈数大的人，遇到这种场合，要制作几十身甚至几百身孝服。

12. 入殓

入殓又称"大殓""殡仪"，是向死者遗体告别的仪式。旧时死者一般都用棺材。有的在棺材上施以彩绘，贫寒人家则用白木棺材。入殓前先在棺材内倒一些熬过的松香，以者塞棺木缝隙，有的放些棉絮，死者生前喜爱的物件要随棺入葬。在棺内放一些金银、铜圆、制钱一类的葬品。入殓装棺前，先用棉花蘸酒或水把死者的眼、鼻、口、耳等处擦拭一遍，用镜子放在死者面前照一照，意思是让死者最后看一看自己的容颜。死者的左右手里分别拿一根打狗棒和一个饼子。将绊脚绳用刀剁开，要连剁三下，剁时执刀人念念有词："您现在该走您的路了，以后不要再回来了。"并将盖尸的蒙单扯下半幅，围在打幡人的腰里，这叫"留福"。然后将尸体连垫褥、枕头抬起放入棺内。死者生前心爱之物或常用之物如烟嘴、烟杆、烟荷包、梳篦、耳环、手镯等物一般都要放入棺内。还要向棺内撒些"垫背钱"，数目要和年龄相同。

入殓时，死者亲属必须在场。如果死者为女性，娘家人必须在场。是谓"亲视含殓"。在合上棺盖后用木楔子（忌用铁钉）将棺盖楔紧，楔时，在场的亲属要不断高喊死者的名字，让其"躲钉"！此时，死者的亲人，特别是儿孙们，哭得更为悲切。

13. 送盘缠

埋葬前一夜的晚上将尸体入殓后，至夜晚 12 点夜深人静时，要为死者到五道庙"送盘缠"、烧"纸马"。"盘缠"是用面粉做成杏核大小烙熟的白面小饼。烙多少，要以死者的岁数而定，一岁一个。将盘缠装入纸马的褡裢里，这些食品是供亡者路上食用的。另用纸箔捏成"金锞子""金元宝"之类，要多焚化，这是为死者送的"上路钱"。说什么："活人有活人的苦处，死人有死人的难处"，人一咽气，要到阴府，要进阎王殿，要过鬼门关，在鬼门关口守着的牛头马面还有那么多的小鬼，那么多的判官，哪一道关口不得用些破费钱，有钱能使鬼推磨，钱送得多了，人家可以不打不骂，叫你早脱生；你要是抠抠唆唆地"去"了，人家会把你打入十八层地狱，叫你永世不得翻身！

这一天晚上，还要找一位阴阳先生打"开关"。他左手握一面镜子，右手拿一根新针，用镜子照上，把糊的纸人纸马所有"关节"和"五官"等处都要用针扎一下，这叫"开关"，否则这些人畜就不会动弹。

主持人用木盘端上纸马、"银钱"前边引路，家中亲人后面跟随到五道庙处。事先还得找好为死者牵马的人，其岁数、辈分必小于死者或死者同辈才行的同族死者。在这里不准任何人说话或啼哭，如有什么声响惊动，死者魂灵就走不安生。到五道庙处，由两个或四个孝子在前跪地、双手捧举供盘，盘子里放着供品。主持人忠告死者，念念有词地高声宣读死者姓名，生卒年月，原籍住址，一生功绩，牵马送行人的姓名，以及儿女们为他所送财物（纸马一类东西）。宣读完毕。主持人接过供盘把银钱、纸马点着。等纸被烧破，盘缠落地时，孝子孝孙男女等人向两边躲开，闪开一条道路，让亡者灵魂走出。

为防止别的野鬼路劫捣乱，主持人等众人集合后还要给亡灵把路买通，于是他一边扔盘缠，一边数叨说："天一个，地一个，东一个，西一个，南一个，北一个，小鬼一个，判官一个，牵马人一个……"接着把剩下的盘缠往大伙身上一撒，这时大家可以争抢盘缠。据说抢到的盘缠大人吃了可以增长寿命，带回去给小孩吃了，孩子长大了胆子会大起来。送盘缠的人在回家的路上是一律不准啼哭的。如果人们一哭，死者一听见家人哭喊叫他的声音，他就难受留恋家人，不能按时起程了。人们传说：给死者送盘缠烧纸马的时候，家里的人透过马尾箩还可以看见死者骑马、上车的魂灵穿过堂经烟囱出去哩。所以有些好事者，往往用箩子在灶膛里筛灰做记号，以验证有无马蹄踏过的脚印。这一夜，死者晚辈，蝉联致祭，谓之"堂祭"，或叫"夜祭"。

14. 出殡

出殡又称"下葬""送葬"。指送走死者，掩埋死者的仪式。旧时的出殡仪式极为烦冗。为超度亡魂。往往要停放 3 天或 7 天，还要请僧道念经，做道场。据说，后人给死者多念经，便可减轻死者的罪孽。富贵人家往往不惜钱财，大做道场。念经期间，整天锣鼓喧天，哭泣不止，全族上下人等均在这里吃饭，花费开支可观。"在正定农村中间，中小地主人家遇到丧事，就要邀请一百多个支客，更富裕的人家，便须每户请一个人来当支客，虽然人多事少，但因习俗使然，绝不能够裁汰冗员。自从'呜呼哀哉'以后，直到入土为安，这些支客，每天都是美酒肥肉，大喝大嚼。停灵的日期，小康之家都是一七，三七，以至七七（每七都是 7天）。出殡日子，乡亲们还要自动地来抬棺。自然这二三百名临时的抬棺人，事后也要飨以回灵席的。所以这些人在这丧期中的吃用也大有可观，外加棺椁衣饰杂费，数目更是惊人。"①

新中国成立后，出殡的场面大有改变。县城里的丧事，一般都在上午进行。前面是孝子队伍，个个手拿哭丧棒，死者长子双手抱着花圈（过去是纸幡）。尸体由汽车或拖拉机拉着，走在最前面的是几个炮手，一面走一面鸣放鞭炮。最后是死者亲属分别乘坐几辆汽车紧跟其后。过去城里人的墓地大都在农村，有的距县城二三十里地。过去没有现代化的交通工具，主要是步行或是乘坐马车，如果动身迟了怕赶不到墓地，故此留下了上午出殡的风俗。

正定农村出殡都在吃过午饭之后鸣炮举行。出殡的场面因贫富而不同。过去贫寒人家出殡时，只有几个孝子和一些近亲，冷冷清清把棺材抬到墓地下葬了事。富贵人家出殡，敲锣打鼓，送葬执拂，热闹非凡，灵柩是放在 16 人或 24 人的大抬杠上（俗称架子）。人们争先恐后抬架子。架子周围挤满了人，随时更换，一直把灵柩抬到墓地。从抬架子的场面可以看出死者生前的人品，如果是德高望重者，抬架子的人就多。据说，过去某村有一家财主，在村里不行事。有一次，他家死了人，当把架子抬到大街中心时，人们"哄"一下子都走了，给他家闹了个大难看。最后这家主人挨家挨户去磕头，才算勉强把灵柩抬到了墓地。

① 戴建兵：《传统府县社会经济环境史料（1912—1949）以石家庄为中心》，天津古籍出版社 2011 年版，第 137—138 页。

　　出殡开始，打幡人猝然"摔盆打瓦"（据说此举是断绝死者对阳世家宅的恋念，使其知道已无吃住的条件），掉转头带领孝子而去。打幡人通常由死者的女婿搀扶领头前行，众孝子手拿丧棒按辈分依次排列在后随行。出门后转回身，跪伏于地恸哭，等候棺材上架。出殡时，还要有人手提竹篮纸钱，边走边抛撒，名为撒"买路钱"。一些亲友还在灵柩经过的路旁祭奠，叫"路祭"或"道祭"。

　　走在送殡最前头的是鞭炮队，其次是坐在车上的唢呐班，继之是孝子队，其后是灵柩，孝女们排在最后，她们按辈分乘车辆，上罩长幅孝单，哭声也最响。怀孕的女眷不能参加送殡。

　　埋人用"架子"这是老规矩。"架子"俗称"一条龙"穿心大杠，前装有龙头，后装有龙尾，故又叫"龙架"。其构造分底座、穿心大杠、顶盖、围扇、架棍五部分。棺材抬出后，先用粗绳把棺材卡固在底座和大杠之间，而后装好围扇和顶盖后再将前后供16人抬的架棍纵横交叉，用铁轴固定住。当听到管事人高喊"前后"的口号时，抬架人同时抬杠上肩。抬架人换班时架子不准落地，由管事人高喊："谢乡亲！"于是抬架人换班，孝子们转回来跪伏于地，换班后重新起行。

　　有人家办丧事也有不用架子的，用几根杠子把棺材抬到墓地即可，路远也用"灵车"。灵车的样子和架子相似，只是在底座下四角各装一个轮子。灵车不用人抬，而是由孝子拉着走。灵车的出现是有来由的。因地富之家多"为富不仁"，乡亲们对他们多存怨恨报复之心。如在抬架子时，八步一停，十步一站，遇有雨后道路泥泞，则干脆将架子停落在泥浆里"谢乡亲"苦不堪言。甚至抬架人一哄而散，架子摆在路上没人管。因此，富裕人家送殡多改为租赁灵车或自制简便灵车，用牛驾辕，孝子们则用整匹白布作牵绳拉着走。当然，孝子们拉灵只是做做样子而已。

　　孝子们每走一段路，即回头跪伏一长溜哭着呼叫亲人，谓之"呼灵"。若主家请有一班吹手，那就更热闹了。灵柩行至大街宽敞处，丧主有意停下让乐班吹奏一番，此叫"压街"。如果路过村中好事者的门口，他就在门外路中间放一小桌，上放两盒纸烟，为祭灵，更为重要的是为了截住乐班演奏一场。每挡一次，便吹打一番，如有两班竞争起来会更热闹些。这时由亲友或乡邻向灵柩行祭礼，称为"路祭"。

　　抬灵者又叫抬重得，掌事人事先安排年轻力壮者做抬重得。按照路的远近安排人力，一般的抬重得中途换人不停止走动。如遇道路太远或中间偶然出事必须停歇时，棺木一般不允许全面沾地，必须放一两段高梁秸垫于棺下。否则对死者家属来说是不吉利的。

如遇外丧（逝世于外地者），或是因道路特远，中途经过河道或桥梁时，就需要在棺材的大头盖上放一只大公鸡（有的插上纸扎白鹤），此叫"引魂鸡"。当要经过河或桥时，必须由孝子大声呼叫，或用棍子拍打公鸡让其叫唤，意是唯它才能把死者的灵魂唤过河去。甚至孝子在桥上伏身"驮棺"引魂过河。传说非此鬼魂是不敢过河的。

下葬送殡队伍到达墓地后，将棺木系入墓坑。然后将装馒头的小瓷罐放入棺材头前预先凿好的壁穴内。此罐俗称"匣食罐"。先由大孝子填两锹土，然后全体孝子绕墓穴三圈并用手抓土抛入墓中，并把丧捧扔到墓坑内的棺材上，随后众人用铁锹将墓坑填平。坟墓堆成圆锥形，影魂幡插在坟堆中央，由打幡人把"幡"连续拔高三次，为使此幡能在三天内自然倒伏。如在三日后祭坟时不见倒伏，可拔掉扔在墓旁。安葬三日后，孝子和一些直系亲属还要到墓地看一看，给坟墓加土，焚化香烛纸钱，此谓"复山（三）"。

至此，丧事便告一段落，伹对死者的悼念还未完。以死者卒日算起，每隔七天家人要烧纸钱和祭奠，共有 7 次，名谓"烧七"，俗称"做七"。对于数字七的崇信习惯不知起源于何时，这大概源于古代对"北斗七星"或"七曜"的崇拜。葛兆光认为："在古代思想世界中，象征是极为重要的，在人们的思想中，象征有时竟取代了事实，成为意义之所在……"①

也有说法"做七"是因佛教的传入而兴起的。据称：人间通往阎罗殿（或称另一世界），道路崎岖，关卡林立，每七天要过一个关口。为了让死者的灵魂顺利超度，从丧生之日起，活着的亲人每七天要为死者烧一次纸钱，摆一次荐宴。烧纸钱，大概是替亡者带足"旅差费"，或者是用来买通关节的路钱；摆酒食，大概是给亡者加餐，吃点营养品，以利"健康"也好"赶路"，是否还有招待关卡把持神的含义，也尽在不言中。

做七有讲究。据说"五七"这一关审查最严，酷刑拷打最重，有所谓"五七三十五，亡人最受苦"的说法，故做"五七"更是来不得半点

---

①　葛兆光：《中国思想史》第 1 卷，夏旦大学出版社 2001 年版，第 57 页。

马虎。待到第七个七天，亡人才算走完了全部过场，正式成为彼岸世界"注册"的自由民了，即所谓"七七四十九，亡人撒了手"。整个做七的过程及其目的都认为人死之后将到另一个世界去"生活"，但人生的彼岸世界又无不以现实世界为底子，且又矛盾重重。

正定"烧七"，一般是"三七""五七""七七"较重要。祭祀有三日祭、七日祭、三七祭、五七祭、七七祭、百日祭、周年祭等。以后就只有寒食节、寒衣节才祭坟了。第七个"七"，即"七七"49天那日止谓之"尽七"。在过"尽七"那日，比较隆重，一般是由闺女们蒸49个馒头作祭品，带上各种烧纸酒菜来上坟。如果这七个"七日"中的某一个"七"与农历月中的初七、初八、十七、十八、二十七、二十八重了，叫作"重七""重八"，也叫"犯七""犯八"。迷信说法"犯七""犯八"犯鬼打，这是死者生前造下的罪孽，死后犯七犯八是"报应"，亡灵在这天必遇大灾大难，不是鬼打，就是毒蛇、蚰蜒咬或是马蜂、蝎子蜇。因此儿女们在老人"犯七""犯八"之时，必以彩纸剪成三角形的小旗，从家门口到坟茔，在路旁左右交错互插小旗，并在小旗根处留下一小筷子小米饭，一直插到坟上，并在坟头上插满小旗。此外，还在坟顶上插一彩色纸糊的张开的雨伞，并在坟头上遍撒米饭食物。意在引诱小鬼、毒虫、恶蚁争相抢食，就顾不得对死者尸体的"聚集转餐"了。白纸小旗，每一岁剪一个，例如：老人82岁，那就剪82个，把小旗粘在一根小棍子上。顺序：把小伞插在坟中间，然后围着坟插小白旗。切记：弄这些东西是在烧七的前一天上午。

15. 百天

死者从死的那一日起到一百天头上，再烧一次"百天纸"，也叫"百日祭"。孝子们在百天以内（也有在尽七以内的）不准剃头，若剃头就是对死者最大的不孝。过"百天"时，大户人家还要邀请亲朋来家吃一顿饭，表示对死者的哀悼。

百天以后，新坟就成为老坟了，再上坟就按祭祀祖茔的规定上坟了。

父母亡故，子女服孝三年，一般只穿白鞋一双；祖父母与叔伯父母亡故，世俗穿灰色衣服一年，一般只穿灰鞋一双。服丧期间（戴孝三五日内），应自觉地不去邻家串门。一年以内要避讳参与乡亲的喜庆场面。死者死后一周年要上坟设祭称"周年祭"。此后在清明节和死者亡期分别到坟前祭奠，谓之上寒食坟和周年坟。

　　祭坟的物品有酒、糕饼点心、饺子等。祭坟后这类东西都不带回来，所以祭坟是小孩子们都高兴参加的事。香株、黄白烧纸、金银纸皆叠成元宝、冥票，放在坟前烧掉，以供死者享用。寒食节祭坟要烧化纸衣、纸裤。清明节时要带上扫帚、铁锹，用以扫墓和加添坟土。祭坟后把一张烧纸盖在坟顶上，用砖石压住，作为此坟已有后人祭祀的标志。

　　点主是丧葬旧俗中的一项，多在出殡前举行。关于死者的位牌，一般家庭较为重视。有的家庭神龛上都摆列着列祖列宗的"神主牌"，每死一人，就要增添一块神主牌。神主牌是可以对折合拢的两块木牌，一般要请名人"书主"，在正面用楷书恭写"故显考×公讳××老大人之神主"，夹层中书写死者生卒年月。"神"字右边一竖不写，"主"字上面一点不书。其后要另外请名人任"点主官"来完成，俗称点主。届时用花轿或马车接来点主官，众孝子俯边于门外。点主时"陪主官"分立左右，点主官用一张纸书"神主赞词"，折叠后放于神主牌夹层中，并用新毛笔蘸孝子中指的血和朱砂，把所缺的一竖、一点补上，再将神主牌插入底座内，外加玻璃罩封好。明代吏部尚书梁梦龙请赵南星为他家点主之事，有一段有趣的传说，至今在正定流传着。

　　正定回族人去世均按伊斯兰教信仰、风习进行土葬。丧户先将死者送清真寺，置于"买体房"内，其程序如下。（1）清水洗。先用药皂擦洗，再用清水冲，从头到脚用新毛巾、脚布洗涤，要求干净。（2）白布包。洗毕，给死者穿着衣服，男性着衣3件，女性着衣5件（加胸围、盖2件），再将死者抬入在约八尺长、六尺宽的白卧单上，盖上约八尺长的白色棉布（名皮纳罩），然后用大白卧单将遗体包裹起来抬进搭卜（系6块木板组成运尸木匣），抬到悼念厅，请举行"赞礼"，礼毕将死者送往墓地。（3）土里埋。在地面挖一长方形深坑（长不超过2米，宽不超过1米），并做一个土枕前沿。死者入土时，先将塔卜罩子取下，再将塔卜抬近坑旁，把四周围的木板撤去，遗体入在坑内接触地面，再用三根圆木盖在坑上，加土堆成坟墓，墓前竖碑，一般面向西方。

　　过去人死了，礼仪烦琐，浪费惊人。新中国成立后，正定的葬俗有所改变，提倡丧事简办，实行火葬，革除了丧礼中的种种陋习，文明丧葬之风已经初步形成。但随着改革开放后人们经济生活水平的提高，现在正定葬礼铺张浪费的陋习又有所抬头。

在城乡，尤其是农村由于受传统世俗影响，农民在丧事操办中越来越摆阔，铺张浪费惊人，且攀比、铺张之风愈演愈烈。许多丧家从人死到安葬，白天连到夜晚，至少操办三四天。亲戚、乡亲、邻里多，加上吹鼓手、念经做佛的、炊厨人员等，成百的男女老少齐聚丧家，在悼念活动中大吃大喝，观看念经唱戏。一个葬礼的花费动辄几万甚至十几万，让本就不甚富裕的农民不堪重负。一些地方出现了"一家死人，全村举丧"的局面，而且还礼的时候只能比别人送得多。据正定县北早现乡某村村民介绍，每次随礼，最少的也得30元，多的百儿八十。一次次随礼时"零割肉"不疼，但一年累积下来光随礼金竟然达到2600多元。

有这样一个农户，为搞养殖向乡里信用社贷了5000元钱，可钱刚到手，家中老父正好去世，怕旁人指责自己不尽孝道，于是硬着头皮打肿脸充胖子，聘来了各路僧人道士、裱师纸匠、乐师鼓手，大酬宾客，折腾近一周为其父亲举行隆重的葬礼。结果不仅贷款花光，还欠下数千元的礼钱。农村这种办白事的攀比心理是造成人情债越来越多的一个重要原因。不少农民认为你家办事办得很体面，我也不能办得比你差，否则，就觉得是对不住四邻。河北省正定县北早现乡 BS 村老人 LZM 说：谁家有人过世了，办一次事下来得花一两万元，最少的也得三四千元。说句实在话，等人死了以后再大操大办，花那么多钱不是浪费吗？还不如平常对父母多尽一点孝心、多积点善缘。他还把大操大办的做法称为"生前不孝，死后胡闹"。重生重死是中国文化传统的一部分，农民操办白事是维持邻里关系的一种方式，是民俗文化的传承和发展。举办葬礼的主要目的也不是比排场、比体面，而是寄托对死者的哀思。但如果因操办白事而增加农民自身负担并影响了生产的投入，则是民俗文化的扭曲，农民办白事花钱金额的逐年增长也体现了农民生活的日渐富裕，但生活的富裕不应该靠大操大办白事来体现。和"死后胡闹"相比，"生前尽孝"更为重要。目前农村薄养厚葬几近成风，究其原因不外乎以下三点：一是丢掉了尊老敬老的传统美德；二是封建旧习俗作祟；三是互相攀比的虚荣心理。如果老人生前子女尽到了赡养义务，去世后再为其举办一个简朴的葬礼以寄托哀思，这样既显得庄重而又不铺张浪费。

正定 PAT 村以前办丧事，也要请戏班连唱三天大戏，请放映队放映露天电影，鸡鸭鱼肉的酒席连开三天。办一次丧事，两万元都不够花。

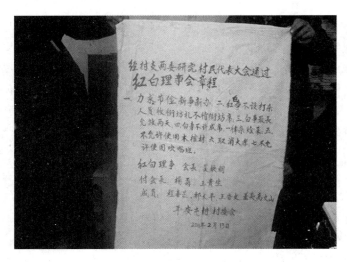

红白理事会章程

　　为了防止这种现象的泛滥，由村集体出面，成立红白理事会，提倡子女在老人生前尽孝，丧事从简。制定了规章制度：老人去世后，不准请吹鼓手、不准棺木土葬；不准上八大碗等酒席，只准做一锅杂烩菜；村民可以送礼随份子，但不允许在丧主家吃饭；红白理事会为逝者准备了孝衣灵棚帐子，不准丧主再买布匹置办，遇丧事村民可到红白理事会领取，用后洗净归还……这样下来，把原本要花费两万元的丧事费用降低到了5000元。经红白理事会理事们的努力，丧事大操大办的陋习得到遏制。

第七章　正定的民间游艺民俗

第一节　民间花会

　　民间花会是在传统民间节日、喜庆活动、祭祀仪式中演出的各种民间艺术形式的总称。整体阵容多以沿街艺术形式出现，可在行进间表演，也可就地设场演出。由于各地历史文化背景、地理环境的差异，各地民间花会中具体艺术形式有同有异，呈现出鲜明的地域文化特色。民间花会由各村庄的"会""社"管理和组织。"会""社"有"会首""社首"，统一安排指挥，确保花会安全有序、顺利进行。石家庄的花会，是当地民间艺术中最具地方特色的群众自发组织的娱乐活动，充满了浓郁的生活气息和喜庆色彩，是民风民俗的形象反映。

　　正定的花会，历史悠久，是伴随着庙会和节庆而兴起并发展起来的。据地方志书记载，不少花会艺术品种，源于隋唐，此后逐渐成了约定俗成的艺术形式。民间花会一般都有了组织。每会有一定的组织形式，设大头、上小头、下小头三种职务。大头负责耕种会上专有的公地，收入作会务费用，行会这天要管饭。上小头负责通知参演人员等组织工作，下小头负责保管乐器、道具、服装。这三种职务由每村会众公推轮流担任。每年农历二月初二，由会首（大头）召集各村会首开会，决定本年行会诸项事宜。

　　各路花会，多在年节或庙会（物资交流大会）演出。近年，政府都要在元宵节前后组织大会演，真可谓百花齐放，争奇斗艳。各路花会品种多样，据有关资料统计，正定民间花会品种有十多个，且种类繁多，有落子、布龙、高跷、竹马、高照、春牛斗虎、车子、旱船、跑驴、狮子舞、常山战鼓、花叉、腊会、拉鞲楼、秧歌等。逢年过节，在城乡街头纵情表演，舞姿翩翩，锣鼓喧天，十分热闹。各路花会，表演形式集音乐、舞蹈、戏剧、说唱、杂技等于一体，亦庄亦谐，或悲或喜。其内容，既有对神鬼人祖的崇拜祭祀，又洋溢着群众自娱自乐的喜庆气氛，既是自给自足自然经济形成的祈福求安、多子多寿多福的观念的折射，又蕴含着抑恶扬善的善恶观，还有的融进了反抗压迫和社会不平的意识，体现出浓郁的乡土气息、高超的艺术表现力和感染力，因而久演不衰。近年来，从街头、广场，走上了艺术殿堂，有的多次参加全国性的艺术表演和比赛。

一　落子

落子是秧歌类型的民间舞蹈，清同治年间传入正定。早期落子的表演形式、演员多少、服装头饰，根据剧情而定。近年大都形成男女集体舞，演员无定数，化装很随便。落子有大脚和小脚之分。大脚落子表演者徒步行走；小脚落子表演者踩高跷。表演时，大都男打板，女打霸王鞭，边唱边舞。还有几个诙谐逗趣的丑角，他们的位置不定，在列队行进时可以随时出列，或唱或说，即兴表演，妙趣横生。落子的表演场地有"过街"和"摆场"两种。曲牌有"大莲花""太平年""打腰牌"等。

二　布龙

布龙又名龙灯，民国初年传入正定。布龙由竹木作架，外罩彩布作龙形，长约20米。10人表演，一人持彩球，一人举龙头，一人举龙尾，7人各持一段龙身，在大鼓、大钹伴奏声中翻腾起舞。表演程式有"打滚""盘窝""叠云""钻洞"等。

三　高跷

高跷百余年前由藁城县传入。北关、新安、慈亭等村都有班子。表演者四五十人，一般为古装打扮，表演时大鼓、大钹烘托气氛，演员列队舞蹈，队形多变。传统路子有"过跳板""窜桌子""翻大旗""摔大叉"。有的班子还能演出"打渔杀家""白蛇传"等折子戏。新中国成立后增添了现代戏，服装也随之更换。过去蹬高跷都是男青年，近年新安村组织女青年高跷队，为高跷增添了异彩。

四　竹马

竹马也叫"跑竹马"。清朝咸丰年间有"高腔"戏班到柏棠演出，戏中有"跑竹马"场面，被东柏棠村人学会，改为街头表演流传下来。内容是塞外公主行围打猎。由 12 人、16 人或 28 人组成。表演时，除"跑阵"外，还有"六合""七星""八卦""蝴蝶""梅花""椅子圈"等路子。

五　高照

高照，取吉星高照之意，又称中幡。据史料记载，中幡起源于唐、宋年间，至今已有一千多年的历史。早年叫"大督旗"，又叫"大执式"，用于军队的仪仗、指挥和皇帝出行的盛大仪仗队。后来表演人员出宫到正定，将此技艺传给了村民，演变为一种民间花会中的表演节目。正定高照是河北省正定县的汉族民间杂技，属于正定的民间花会艺术。最具代表性的是新城铺（附城驿）村。该村北靠新乐市，南距县城 30 千米，地势平坦，农田肥沃，曾是两千多年前的古鲜虞国的国都。

高照所用道具主要是长三四丈的粗大竹竿，其长短、粗细不一，有龙凤旗围绕，上竖 5 把花伞，竿顶插 10 根雉鸡翎，最重的有近 72 公斤。表演者用竹竿在身上做出各种动作，基本相当于杂技中的"顶竿"。高照的表演主要在传统节日、喜庆、农闲之时，表现农民在太平年间庆祝丰收等的喜悦之情，一般由几个汉子轮流表演类似杂技的各种动作，动作灵活而多变，紧张又抓人。主要动作套路有托塔、盘肘、二踢脚、双武花、单武花、旱地拔葱、孙猴背剑、二郎担山、老虎大撅尾、跨篮等。表演时，有鼓、乐、锣伴奏，还有彩旗、竹幡助威。

作为一种汉族民俗文化，高照是正定民间花会表演的一个有代表性的重要项目，具有较强的地域性，在百余年的实践发展中，形成了自己的特色，它有着多套套路动作，具有较强的艺术价值和观赏价值。研究、整理这项技艺，对中国杂技及其他表演艺术有参考和借鉴作用。

打举幡旗的人在闲暇之时，侍弄幡旗，最终练得一身绝活儿。表演的道具用龙凤旗帜缠绕，上竖两把花伞，竿顶还有十数支雉鸡翎等作为装饰。它的表演与杂技中的"顶竿"相近。表演时有鼓、乐、锣、唢呐伴奏，还有彩旗、竹幡助威。主要在传统节日、喜庆、农闲之时表演，表现了农民在太平年间的喜悦之情。中幡作为古老的民间艺术的珍贵遗产，是体育与娱乐、力量与技巧结合的传统体育项目，也是新城铺民间艺术的优秀代表。它源远流长，久负盛名，是仅有的两个国家级非物质文化遗产之一。

正定高照

　　高照已知的历史就有上百年，以前的高照都是由竹竿制成，最大的重达 72 公斤，人们可以用"老虎大撅尾"（用后跨顶着高照，上身前倾，这个动作需要一定的硬功夫）的动作一直走 1000 米，练习高照的人也非常多。新中国成立前，高照在新城铺村非常盛行，经常被各县、镇的庙会邀请参加演出；新中国成立后，每年都参加县内的文化演出。从 1962 年到 20 世纪 70 年代末，由于历史原因，高照的演出减少了。习近平同志任正定县委书记时提出把正定建成一个旅游大县，高照在大佛寺门前进行了一年的表演。1994 年，当时的高照表演队到北京参加天坛庙会的演出，获得了二等奖。现在，每到逢年过节或是重大的节日，高照的表演成为一个固定项目，高照因其独特的高难度、艺术性、观赏性，吸引着人们众多的目光，2008 年，高照成功入选第一批国家级非物质文化扩展项目名录，为繁荣正定文化注入新的活力。

六　春牛斗虎

　　春牛斗虎亦称"火狮子"。清朝咸丰年间由河南省传入新安村。春节期间晚上演出。表演时，一人扮牛，一人扮虎，二人执鞭。牛、虎、执鞭人分别站两对角，执鞭人挥舞大鞭驱赶牛、虎搏斗，锣鼓助阵，花炮生辉，灯火交映，五彩缤纷。

七 车子、旱船

据传，车子、旱船的形式最早移自"宋太祖千里送京娘""万花船"两折戏。后来已与剧情无关。清朝初期，县内很流行。近年仅三角村、新安村演出。表演时，车子由一人坐，一人推，一人拉；旱船由一人坐，二人划。车、船用布围成，系于乘坐人腰间。乘坐人男扮女装，形似盘膝而坐，实则徒步急行。演员边唱边舞，唱腔以河北梆子为主，竹笛、板胡伴奏。

八 跑驴

跑驴兴于清末，现流行于新城铺、南辛庄、城关等地。驴由竹架装饰而成，驴头能活动，戴串铃。女骑，男赶，以驴的动作为中心，有"前走后退""卧道""尥蹶""上下坡""跳岗""跃沟"等动作，锣鼓伴奏。

九 狮子舞

狮子舞于清道光年间传入新城铺、八方等村，表演时两人合作，一人顶狮头，一人披狮身，一人执绣球引逗，腾上跳下。传统动作有"就地十八滚""走方桌腿"等。

十 常山战鼓

常山战鼓，原名架鼓，在县境内很流行，以东杨庄、西杨庄、上水屯、小客村等最有名。鼓队一般有10—20名鼓手，各腰挎一鼓，站圆圈队形，锣、钹居中，鼓槌系彩绳，表演时鼓手叉腿挺胸，两臂圆抡，彩绸上下飞舞。鼓声节奏分明，（曲谱）很多，常演奏的有"大川丈""二川丈""幽州花园""点将""大西鼓""小西鼓""翻点卯""十埋伏""猴爬杆""鸡上架""打炸子"等。

鼓队少则十几人，多则上百人，由单鼓、大钹、小锣、串铃等打击乐器组成。单鼓直径50厘米，厚30厘米，鼓手用彩绸将鼓系于腰间，手执一对涂有红漆鲤鱼状的鼓槌，叉腿挺胸，两臂圆抡，槌击鼓面，或击鼓边，或两槌互击，鼓点变化万千。

　　表演时，击鼓者或站成圆圈，或排成三角，或一字排开，面对面对敲；击钹打锣者或站中间，或列两厢，或与击鼓者相对，配合默契，出神入化。以"翻打""出手""搓音""花击""绕脖""绾花""蹦跳"等优美动作，时而如雷霆万钧，惊天动地；时而似万马奔腾，所向无敌；时而又急转直下，像雨打芭蕉，欢快清脆。只见鼓槌翻飞，彩绸飘舞，让人目不暇接，精神振奋。

　　1973 年，上海芭蕾舞剧团曾到正定专门研究了鼓谱和敲法，并将全部鼓点录音，赞誉常山战鼓是"所见到鼓类中最具特色，最激动人心，鼓点最丰实的鼓队"。由此，常山战鼓被称为"中国四大名鼓之一"。

　　县有关部门多次聘请国内著名专家进行现场指导，挖掘整理出"大点兵""小点兵""大传帐""小传帐""大西鼓""小西鼓""猴爬竿""鸡上架""七十二番""翻点卯""十面埋伏""幽州花园""大得胜"等套路。演奏一遍，历时七八分钟。

常山战鼓

　　常山战鼓，阵容大气，声势震撼，曲牌繁多，铿锵有力，助威壮胆，催人奋进，产生一种心齐志坚、所向披靡的豪迈感。所以不仅春节、庙会要敲，而且大的庆典活动都要请其助阵，以壮声威。常山战鼓传承并发扬光大，不仅敲出了北方"金鼓王"，更以石家庄"文化名片"身份登上

2008 年北京奥运会和 2010 年上海世博会的大舞台。

十一 花叉

花叉是一种带有武术风格的民间艺术。韩通、留村表演最精彩。表演人数可多可少，钢叉齿下带活动金属音片，表演者人手一把。表演时，钢叉在臀上、背上、腹部、腿部旋转飞舞，叉头银光闪闪，音片哗哗作响，大鼓助兴。旋转的钢叉时而飞上高空，观众惊心动魄，气氛异常活跃。花叉的变路有"旋风阵""开场阵""黑狗穿裆""背剑""八封阵"等。

十二 腊会

正定的民间腊会是除夕守时的娱乐活动。

正定腊会起源，无确切文字记载，它是由祭庙拜神逐步演化、完善的。最初是由几个至十几个人在除夕夜提着灯笼到附近庙宇中烧香拜神。据说，清朝道光年间，正定府一役夫，见腊会静行默走，路遇富人挡路，须绕道而行。他便建议增添锣鼓，鸣锣开道，擂鼓助威，一为震慑富人，二为招相穷人，长志出气。从此腊会便有了锣鼓开道。再后来，一位往西门里从河南逃难来的人，善吹唢呐及相伴乐器，经他建议，组织人学习鼓乐与唢呐伴奏，由这位河南人担任教练，从此唢呐加入腊会乐队。

正定腊会

20 世纪 20 年代初，正定城西门里葛遴才老先生，早年就喜爱音乐，各种乐器都会，年老无事，每逢冬季便组织吹打人员着手改编曲牌，把京剧中的《将军令》融进参神、互拜的鼓乐之中，优美动听，各个曲牌日渐完善，一直至今。

西北街将十番会音乐改造成腊会音乐。起初，所使用的乐器及所吹奏乐曲都是跟当地寺院的和尚学的，在此基础之上进行修改，把原来较悲凉的曲调改为欢乐而悠扬的曲调；把原来吹奏的大小管子换成了小海笛。主要乐器还有竹笛、笙、胡琴、云锣、中钹、手鼓、板等。乐队人员较多，一般有三四十人。这就形成了西北街十番会独特的乐曲。主要演奏有《小红鱼》《青天歌》。

正定腊会规模宏大，最兴盛时，全县有腊会 23 道，分布在城内各条街道和城外四关附近村庄。每道腊会由腊队、灯队、乐队三部分组成，每逢除夕之夜，一道道腊会，排成队，鼓乐喧天，游历各街，通宵达旦。

各道腊会一般都是天黑起会，队前一人鸣大锣开道，叫作头锣；后是鼓钹助阵，称为"闹年鼓"（现在一般都用大型拖拉机或汽车载大鼓，鼓架于车上）。鼓队之后是灯队。每道腊会都有两盏到四盏大红纱灯，像是火龙的眼睛，走在灯队最前面。随后三四十盏或更多的"门灯"（长方体的玻璃灯）像是龙头，分别由孩子们扛在肩上。再次便是各色样的"三角灯"、"扁圆灯"、"五角灯"、张嘴的"鲤鱼灯"、弓腰的"虾米灯"、"西瓜灯"等，多由 12—16 岁的孩子用杆挑着或用手提着。每道腊会的尾灯几乎是三角旗形的彩灯，很像是龙的尾巴。腊会所有的灯，大灯燃大蜡烛，小灯点小蜡烛，从天黑起会点燃，直到落会，支支蜡烛光亮不熄。乐队一般由十几人至二十几人组成，使用的乐器主要是大唢呐 2—4 支，配以拷鼓、小钹、小镲及二号锣等。吹奏的乐曲优美动听，表现人们欢庆丰收，祝愿平安、家业兴旺的心情。

腊会有一定的组织，每道有会首。会首，俗名会头，是腊会主要组织者。一般都是自愿争当，争当的人多时，则抽签排队，轮流担任。从前各会头家门上都用黄纸写成迷信对联，横批"全神会"。现在改为在大门两旁各挂一支大红纱灯做标志。当会头并无油水可捞，从前争当是为了"修福、行好"，现在多为爱好者因求欢乐热闹而争当。其主要职责，一是保管会里的公共财物。二是组织主持本年腊会，如筹集资金、准备用品、购置公物、安排各项事宜及掌管与公布账目等。三是负责送会。从前送会一般不超过初十，均在上午进行，程序如同三十晚，沿城街游历一周后回到本街，在新会家门口停下，两会头移交手续，新会头备薄酒一桌，以示酬谢。近几年规定都在正月十五之夜送会，使这一天成为人们春节期间欢乐的顶峰。

腊会的参加者，最初以为求神、烧香就可免除灾难和贫穷，参加腊会是为了祈求自己所希望的一切。后来，腊会带来辞旧迎新的性质，人们是为了娱乐而参加，乐队都是毫无分文报酬的，有时在会头家吃喝一顿而已；而那些扛灯笼的孩子却是因过年欢乐与好奇自愿参加的，但会里规定，到了夜里 12 点左右，由会里分给每人半斤点心，喝碗大米稀饭，落会时每人再分得一个壮工的工钱，以示酬劳。

以往腊会的经费来源，都是本街住户自愿布施的，或多或少，都不限不争，如不够用时，由本街富户分摊，也有独自包拿的。腊会来往账目都出榜公之于众。近几年的经费，除大家自愿捐款外，不足之数由街（村）补贴。县文化馆每年都拿出一定数量的钱款拨给各腊会购置东西，各街专业户也都自愿捐助。

正定城内这种传统腊会为群众喜闻乐见。每年起会时，人们便闻声涌上街头，争相观看。送这道腊会走，又迎那道腊会来，人人精神抖擞，毫无倦意。有的老年爱好者，总是愿意抢过唢呐，跟着灯会吹行几道街；有的年轻人更要一直跟到落会，痛痛快快地敲一通大鼓方才尽兴而归。

正定腊会因战乱等原因，曾几度停止，但因其是群众喜闻乐见的传统民间文化活动，最终相沿成俗，流传到今。近几年，规模更大，显示了其强大的生命力。

十三　拉耩楼

拉耩楼流传正定西关、吴兴等村，诞生于清光绪年间，至今已有百余年历史。其内容表现了旧社会一家老小为了糊口，在地主逼迫下耩种庄稼的情景，反映了穷苦农民缺吃少穿的贫困生活。以后吴兴村的艺人逐渐加以演变，加进了穷人无可奈何拆毁耩楼、奋起反抗的内容，所以也叫"拆耩楼"。

拉耩连说带舞，以说为主。这种民间艺术出场人物只有 6 人：有戴草帽圈儿、身穿道袍的扶耩老汉，有手拿鸡毛扇、包彩旦头、穿绿裤篮衫足蹬红绣花鞋的架耩楼老妇人，有拉耩楼的两个女儿，有丑角打扮的拉砘子的男孩。有提鸟笼、摇雁翎扇、身穿蓝道袍的地主。主要表现动作有"秧歌十字步""遮阳扇""盘扇""傻晃步"等，没有鼓乐伴奏。整个场面活泼生动，别有风趣。

十四　秧歌

秧歌土生土长，不见史书，据秧歌艺人世代相传，正定早年就流行"大锣腔"，一人提大锣，边打边唱上门讨饭。后来增加了钹、小锣，改为三人搭班，遇有婚丧嫁娶，门口演唱，以求饭食银钱。清康熙年间，在其他剧种影响下，逐步增加了板鼓、服装、道具，进而登台演出，逐步创作了二板、垛板、哭靡子、河西、起腔、寸板等曲牌。康熙年间南白店村就有秧歌，乾隆年间传到北白伏、树路村，从咸丰年间到"七七"事变前，是秧歌鼎盛时期，县内较出名的业余秧歌班先后有26个，分布在北孙、厢同、塔儿屯、大临济、丁家庄、新城铺、北庄、邯村、西房头、东房头、曲阳桥、岸下、西皎村、南化、西杜村、北白伏、西慈亭、北白店、南白店、刁桥、南楼、许香、东里双、南圣板、圃营、树路村。其中北庄、北孙、厢同三个业余班先后发展为专业班。

北庄秧歌班，始建于民国十七年（1928），班主任洛权，演员34人。在正定、藁城、栾城等县演出。"七七"事变前夕解散。北孙秧歌班，始建于光绪年间，民国初年发展为专业班。班主于全州，演职员50余人，演出于正定、灵寿、行唐、阜平、新乐等14个县。"七七"事变后，由专业转为业余。民国三十年（1941）在晋察冀边区四分区演出。民国三十四年（1945）在分区会演得奖。厢同秧歌班，始建于光绪年间，民国后转为专业班，班主安胡保、钱老川，演职员40余人，民国三十六年（1947）并入石家庄市同顺秧歌剧团。

在长期演出中，出现了不少受群众欢迎的演员。咸丰年间，树路村高连贵较有名气，当时流传："连贵不来，不敢开台"，"连贵一到，长钱两吊"的民谣。清末，树路村王洛景，人称"秧歌种""东霸天"（树路在正定城东）。他念白诙谐幽默，句句逗人发笑，能文能武，戏路广，曾在正定、藁城、栾城、赵县、平山等地农村教过戏，收徒很多。"七七"事变前后，刁桥村赫计春（男，旦角），天生女相，身材苗条，音色优美，表演细腻，人送艺名"五色云"，民间流传："看了正定旦，三天不吃饭"，"宁挨大雨淋，也看五色云"。新中国成立后，厢同钱菊花（女，人称"小坤角")表演花哨，善于喜剧，只要海报上画个大铜钱，铜钱上画菊花，人们便知是钱菊花主演。

秧歌演家庭生活戏多，乡土气息浓厚，台词通俗。如"从小看你萝卜样，长来长去愣头青"，"从小看你白菜样，长来长去一扑棱"。演唱时没有伴奏，只在上下过场时用打击乐器剖托，句句都能听清。且曲牌简单，易学易唱，看后大都能唱几句。20 世纪 40 年代以前，是本县群众喜闻乐见的剧种之一。50 年代以后，由于群众文化、生活水平提高，粗俗简单的秧歌逐渐让位于别的剧种。现在，秧歌仅剩少数老艺人，逢年过节偶尔搭班演出。

第二节　民间游艺

民间游戏是指流传于民间人们生活中的嬉戏娱乐活动，俗称"玩耍"。游戏是游艺民俗中最常见、最普遍、最有趣的娱乐活动，主要流行于少年儿童中间和节日里成年人的娱乐中。竞，比赛争逐的意思；技，指技能、技艺或技巧。民间竞技是指在民间举行的各种形式的赛力、赛技巧和赛技艺的活动。

民间游戏和民间竞技有着明显的区别，同时又有着密切的联系。民间游戏特别是儿童游戏中的抖空竹、跳绳、推铁圈等，既可自玩自乐，又可以进行比赛。民间竞技项目比如荡秋千、踢毽子等，其娱乐和自我娱乐的游艺性也非常明显。

河北民间流传有多种游戏和竞技项目，它们当中大部分不用任何器具，有的所用器具在农村可信手拈来，有的器具虽需制作，但简单易制，且可多次使用。其次，场地简便易找，庭院、门洞、场院、街头、地头都可以进行。不受时间限制，可因时而宜。有的项目不受季节和时间限制，有的适合白天玩，有的适合晚上玩，有的适合夏季进行，有的适合冬季进行。这样，一年四季，白天、晚上都有项目可玩。民间游戏竞技项目有益智和强身健体的作用。由于河北民间游戏和竞技种类繁多，又有上述四个方面特点，所以能保留至今。民间游戏与竞技项目大多数适宜少年儿童，有的成人和少年儿童皆宜，也有一些项目仅适宜成年人和中老年人。

一　身体对抗类

1. 撞拐子（斗鸡）

人数要求：2 人以上。

场地要求：小型空地。

道具要求：无。

规则说明：不需要任何运动器具，把一条腿抬起来，放到另一条大腿上，用手抱着抬起的脚，单腿在地上蹦。玩的时候大家都用抬起的那条腿的膝盖来攻击别人，可以进行单挑独斗，也可以进行集体项目，以脚落地为输。运动性：锻炼腿力和培养集体意识，而且规则明确、竞技性强，更因为具有安全性而得到了极大推广。可操作性：男孩子都喜欢。这是很经典的一个游戏，不仅仅是少儿玩的，成年人也可以玩。

2. 握手平衡

人数要求：2 人。

场地要求：场地不限。

道具要求：无。

规则说明：两个人反位站立，四只脚在一条直线上，摆出类似于马步的姿势，前脚相抵。两个人的手握在一起，通过向对方施力和放力，尽可能使对方失去平衡而获胜。这种游戏的架势颇有一点"太极"的感觉。不仅适合于任何年龄的孩子，甚至成年人也可以玩。

3. 推手平衡

人数要求：2 人。

场地要求：场地不限。

道具要求：无。

规则说明：两个人面对面站立，相隔一定的距离，用双手推对方。首先失去平衡而挪动脚步者为输。看似简单的游戏，却还是有一定的技巧性，用力过小，容易被对手推倒；用力过大，容易扑空而失去平衡。

4. 绳索平衡

人数要求：2 人。

场地要求：场地不限。

道具要求：绳索。

规则说明：两个人面对面站立，拿一根足够长的绳子呈 S 形绕在两个人腰上，通过双手控制绳子的"收"与"放"，尽可能使对方失去平衡而获胜。这个游戏与上面两种有很大的相似性，但流行程度却不如以上两种（大概是因为需要道具），但是可玩性也很强。

5. 单脚推人

人数要求：2 人以上，人多为佳。

场地要求：小型空地。

道具要求：无。

规则说明：每个人只能单脚着地，互相推，尽可能把对手推出界外或者使他双脚着地。很简单的游戏，确实是一项有趣的运动。

6. 骑马打仗

人数要求：6 人。

场地要求：小型平坦空地。

道具要求：无。

规则说明：三个人一组，一个人弯着腰，一个人在前面牵着，还有一个人骑在弯腰者的背上。两组对抗，把对方弄下来就获胜。这个游戏也比较经典，但是好像不是很流行，大概是因为没人愿意去做那个"被骑者"。

7. 掰手腕

人数要求：2 人。

场地要求：一张桌子。

道具要求：无。

规则说明：有两种方式：一种是手掌相握；另一种是手腕接触。掰手腕算不上游戏，但是流行程度很高，也是不错的锻炼力量的方法。

二　运动对抗类

1. 丢手绢

人数要求：人数不定，人多为佳。

场地要求：小型空地。

道具要求：手绢。

规则说明：首先拉圆圈，然后选一个丢手绢的 A，A 边唱歌边拿着手绢围着外圈走，选中一个 B，就尽量轻手轻脚地放下手绢跑掉。在 A 跑回原来的位置后 B 还没有发现手绢在他后面的话就算 B 输掉。输掉的人可以表演一个节目也可以是停玩丢手绢游戏一次；如果 B 在 A 丢好手绢后立马发现了，就去追 A，A 回到自己原来的位置上就算安全了，B 就不能抓他了，接下去就 B 丢手绢。特别注意的是，围成圆圈的人不能提醒 B 说"你后面有手绢"或者做手势什么提醒他后面有手绢；A 跑满一圈内必须把手绢丢好；大家围好圆圈后，不能老是盯着后面看是不是有手绢；不要老是扔在那几个人后面，要扔在没有玩过的人后面，这样大家都玩到了。

这个游戏通常是小学低年级的时候在老师的指导下玩。这是比较"官方"的游戏。

2. 老鹰抓小鸡

人数要求：4 人以上，人多为佳。

场地要求：小型空地。

道具要求：无。

规则说明：一种多人游戏，在户外或有一定空间的室内进行。由一人扮演老鹰，一人扮演母鸡，其余扮演小鸡。小鸡们一个接一个地一字连接在母鸡后面，母鸡需要挡住老鹰，不让其抓到身后的小鸡，而老鹰就要通过跑动等办法抓住母鸡身后的小鸡，或是让小鸡链断开。直到一定数量的小鸡被抓到。

这个游戏既有"官方"的特点（往往是老师教的），又有"民间"的特性（有一定的流行度），说它"经典"毫不为过！

3. 打雪仗

人数要求：人数不定，人多为佳。

场地要求：下雪之后的场地。

道具要求：无。

规则说明：没有固定规则，随便怎么打都行。

4. 拔河

人数要求：人数不定，人多为佳。

场地要求：需要狭长平坦的空地。

道具要求：粗绳子，如果是两个人，可以直接用手。

规则说明：拔河道为地上画 3 条直线，间隔为 2 米，居中的线为中线，两边的线为河界。除参赛队领队、监督员、选手以外，其他人员一律不得进入拔河道。队员人数一场比赛由两队参加，每队上场人数相同。比赛采取三局两胜制。拔河绳中间系一根红带子作为标志带，下面悬挂一重物垂直于中线。参赛的两队人数相等，同时上场。各队选一名指挥员，队员依次交错分别站在河界后拔河绳的两侧，裁判员发出"预备"口令，双方队员站好位置，拿起拔河绳，拉直做好准备。此时标志带应垂直于中线。待裁判鸣哨后，双方各自一齐用力拉绳，把标志带拉过本队河界的队为胜方。

这项运动不是孩子的专利，成年人也能玩。但是孩子有一种直接用手的单人拔河法。

5. 打毽子

人数要求：2 人。

场地要求：狭长空地。

道具要求：毽子和板子（或者用书代替）。

规则说明：类似于打羽毛球，但是更随意。

6. 打游击

人数要求：4 人以上，人多为佳。

场地要求：越复杂越好。

道具要求：假枪（或者用手代替）。

规则说明：分成两组，先躲藏起来，然后在发现敌人时用枪对着对方，大感一声"pia"，就算把对方打死，最后把对方全部歼灭的小组获胜。

7. 丢沙包

人数要求：3 人以上。

场地要求：小型空地。

道具要求：沙包。

规则说明：打仗扔石头的变种。要三个人玩，非常训练敏捷性。中间的人若被沙包打着算白打，直到能用手抓住"打手"扔过来的沙包，才能"刑满释放"。这是一种很好的运动，不仅锻炼反应能力，而且有较大的运动量。可是现在玩这种游戏的人不多了。

8. 跳远踩脚

人数要求：2 人以上，3 人为佳。

场地要求：需要狭长平坦的空地。

道具要求：无。

规则说明：一个人从底线跳出去若干步，另一个人也同样跳出去，但是少跳一步，然后尽量踩到前者的脚，前者可以躲避。如果踩到，则后者胜；如果没踩到，前者要按原来的步数跳回来，如果顺利跳回，则胜，否则还是输。

这个游戏对训练弹跳能力很好，但是鞋面很容易脏。

9. 追逃（抓贼）

人数要求：3 人以上，人多为佳。

场地要求：需要较大的空地，地形复杂亦可。

道具要求：无。

规则说明：分成两组，一组逃，一组追。逃者被抓后，同伙还可以营救。

追逃游戏流行程度很高，对锻炼身体很有好处。但是气氛很紧张，被抓的时候总是提心吊胆的。

10. 捉迷藏

人数要求：3 人以上，人多为佳。

场地要求：小型空地。

道具要求：蒙眼布。

规则说明：首先选定一个范围，大家经过猜拳或一定规则之后，选定一个人先蒙上眼睛或背着大家数数，可长可短，而其他人必须在这段时间找到一个地方躲藏，时间到后那个人去找其他人，最先找到的人为下一轮找的人，没有被找到，且最后回到出发点没有被寻找者发现的人，将不参与第二局的猜拳，直接成为躲藏者。游戏可反复进行。

这是个经典游戏，而且蒙眼者抓着不相关的人摸来摸去会让人开怀大笑。

三　运动竞技类

1. 跳房子（跳船）

人数要求：2 人以上。

场地要求：自画场地。

道具要求：小石头或其他类似物。

规则说明：最廉价的游戏，只要一支粉笔、一块石头就可以玩。在地上画出一摞大大小小的格子，然后按照格子的单双，一边前进，一边要把石块踢到正确的格子里，出界或者跳错了格子都算失败。锻炼脚的控制力。

"跳房子"是童年游戏的代表。

2. 踢毽子

人数要求：人数不定。

场地要求：小型空地。

道具要求：毽子。

规则说明：花样繁多的脚上功夫。当然也可拿本书用手打，嘴里还嚷"桥，外，别，背"什么的动作指令。一般是比谁连续踢得多。

这是一项不错的运动，现在仍然很流行，而且花样踢法越来越多。

3. 跳马

人数要求：2人以上，人多为佳。

场地要求：小型平坦空地。

道具要求：无。

规则说明：一个人弓着腰，另一个人借助双手从上面跳过去。

这既是游戏，也是一项运动，有一定的锻炼价值，但有一定的危险性！

4. 跳绳（单人型）

人数要求：1人以上。

场地要求：几乎任意场地。

道具要求：绳子。

规则说明：没有规则，花样很多，就看你的水平了。

这也是一种运动游戏，现在也仍然流行。

5. 跳绳（多人型）

人数要求：3人以上。

场地要求：小型空地。

道具要求：绳子。

规则说明：两个人分别拿着绳子的两端，甩出一个梭形空间，另外一个人找个合适时机钻进去跳，看谁跳得多。

这也是一种运动，但是比起单人型，多人型又有了一点游戏的特点，对时机的把握要特别准确。

6. 抓沙包

人数要求：2人以上。

场地要求：桌子。

道具要求：沙包。

规则说明：把一个沙包高高扔起，在沙包落下之前把桌上的若干个沙包抓到手里，然后用同一只手接住落下来的沙包。

四　脑力对抗类

1. 九宫棋（九丘棋）

人数要求：2 人。

场地要求：任何方式画出的棋盘。

道具要求：用任何物体做的棋子。

规则说明：一人 6 个棋子，如果自己的两个棋子与对方的一个棋子在一条直线上，就可以把对方吃掉。最后全部吃掉对方棋子者取胜。

这种棋的最大优点是不需要专门的棋盘和棋子，随时随地都可以玩。

2. 抓小偷纸牌

人数要求：通常 4—6 人。

场地要求：桌子和椅子。

道具要求：一副专用牌。

规则说明：一共有十多种角色，例如：布告、法官、强盗、小偷、土匪、花样官、轻重官、加减官等。具体规则可以在网上搜到。

这个游戏往往被人与当前流行的"杀人游戏"联系在一起。其实这两种游戏毫无关系，只是有几个角色类似而已。好玩程度各有千秋，前者适合小孩玩，后者适合大人玩。

3. 藏猫猫

人数要求：3 人以上。

场地要求：比较复杂的房间或房屋。

道具要求：无。

规则说明：找人者在门外数到 100，里面的人把自己藏起来，谁先被找到谁就成为找人者。

这是介于脑力对抗和体力对抗之间的一种游戏。现在想起来还挺有趣的，但是这种游戏只有小孩能玩，大人躲起来也不方便。

4. 找东西

人数要求：最好是 3 个人。

场地要求：房间。

道具要求：东西比较多的桌子，其他任何东西。

规则说明：这是在"藏猫猫"的基础上发展而来的，不同的是：藏的不是人，而是东西。

这项游戏趣味性也比较强，但是在同一地点不能玩得太多，否则就失去新鲜感了。

五　物品对抗类

1. 叶茎较劲（无正式名称）

人数要求：2 人。

场地要求：不需要场地。

道具要求：草根或者树叶的茎。

规则说明：两个人把各自的叶茎交叉在一起，然后反方向拉扯，看谁能把谁的拉断。

2. 弹棋子

人数要求：2 人。

场地要求：较大的桌子。

道具要求：象棋子或其他饼形物体。

规则说明：规则非常简单，就是尽可能用自己的棋子把对方的棋子全部打下去。

3. 桌上相扑（无正式名称）

人数要求：2 人（1 人也可）。

场地要求：较大的桌子。

道具要求：最好是轻重适宜、形状复杂的小物体（例如圆规）。

规则说明：与"棋子对攻"相似，只不过由"群殴"改为"单挑"。

六　物品赚亏类

1. 打宝

人数要求：2 人以上。

场地要求：任意场地，以水泥地为佳。

道具要求：纸叠的"宝"。

规则说明：一人把"宝"放在地上，另一人用自己的"宝"往对方

"宝"旁边用力砸，靠气流把它冲翻，也有直接往"宝"上砸的。

2．打三角板

人数要求：2人以上。

场地要求：不需要场地。

道具要求：三角板。

规则说明：两人各拿出一叠三角板，谁的多谁就把两叠一起放到自己的手背上，然后把三角板陡起来，用同一只手去抓，抓到的归自己，没有抓到的（掉到地上）由对方再用同样的方式抓，直到所有的三角板被抓完。

3．拍洋画

人数要求：2人以上。

场地要求：地面或桌面。

道具要求：洋画。

规则说明：拿着从小商店买来的"洋画"，凑在一起放在桌子上，采用"拍"和"吸"两种方式让洋画翻过来，连续翻者为胜。

这个游戏可以说是童年时代流行游戏的佼佼者，大街小巷到处都有它的身影。洋画不仅仅是一种游戏赌注，甚至成为一种收藏品。由于"洋画"是与热播电视剧紧密联系的，所以随着电视剧的变换，"洋画"也在变换，可谓是一浪推一浪。

4．打弹珠（出纲）

人数要求：2人以上。

场地要求：泥土地（画线为界）。

道具要求：弹珠。

规则说明：把对方的弹珠打出界外则获胜。

5．打弹珠（老虎洞）

人数要求：2人以上。

场地要求：泥土地（要有洞，还有用两块砖搭起的斜坡）。

道具要求：弹珠。

规则说明：刚开始要把各自的弹珠从斜坡上滑下来，滑得最远而且不出界的获得优先权。场地中有5个洞，进完所有的洞之后就成为"老虎"，然后打谁灭谁。

七　休闲类

1. 翻绳

人数要求：2 人。

场地要求：不需要场地。

道具要求：毛线（闭环）。

规则说明：拿一根毛线，两端接起来，在手中经过一定的变换形成各种各样的图案。

翻绳是儿童热爱的一种游戏，名称不一，有的地方叫翻棉条、翻牛槽、翻桃子、翻绳、翻线、攀撑子。两人游戏，只需 3 尺左右的线绳一根，一人用两手撑线圈，通过勾线挑转，可翻成各种不同的形状。最常见的有棋子块、两扇门、十字花、井字、房子、剪子股、面条、老牛槽、花手绢等。翻绳多于少女中进行，可锻炼手指的灵活性，有助于培养儿童的想象力，促进大脑发育。

2. 过家家

人数要求：2 人以上。

场地要求：任意。

道具要求：不确定。

规则说明：每个人担当家庭的一个角色，展开虚拟的生活，包括虚拟购物、虚拟做饭等。

这是最能反映儿童时代纯洁天真特点的一个游戏。

3. 跳橡皮筋

人数要求：3 人以上（通常是女子）。

场地要求：小型空地。

道具要求：橡皮筋。

规则说明：规则简单，但是步法复杂。

对女孩子来说，确实是一种不错的运动和娱乐方式。

八　自娱自乐类

1. 纸飞机

纸飞机是一种用纸做成的玩具飞机。它可能是航空类折纸手工中的最常见形式，航空类折纸手工属于折纸手工的一个分支。由于它是最容易掌握的一种折纸类型，所以深受初学者乃至高手的喜爱。最简单的纸飞机折叠方法只需要 6 步就可以完成。

人数要求：1 人。

场地要求：任意。

道具要求：纸飞机。

规则说明：只是叠着玩，没有固定规则，偶尔比一比谁飞得远，飞得好看。

童年时代总有一种飞翔的理想，纸飞机在一定程度上填补了这种心理。

2. 纸风车

人数要求：1 人。

场地要求：任意。

道具要求：纸风车。

规则说明：做好纸风车之后，拿着跑就行。

纸风车虽然很简单，但却充满了童趣。

3. 打弹弓

人数要求：1 人。

场地要求：任意。

道具要求：弹弓和石子（或者用纸做的子弹）。

规则说明：弹弓有两种，一种是直接把制作的子弹卡在橡皮筋上弹出去；另一种是橡皮筋上有皮片，把石头包在里面弹出去。后者射程比较远，也比较危险。弹弓的原理与弓箭的原理相同，都是利用弹射力来进行发射，只是弹弓用的是弹丸，而弓箭用的是箭。

4. 滚铁圈

人数要求：1 人。

场地要求：任意空地，但不能太小。

道具要求：铁圈和推手。

规则说明：用竹竿推着铁圈在地上转，叫作滚铁圈。

这是一种融消遣和锻炼为一体的运动游戏。

5. 放风筝

风筝运动在中国具有悠久的历史。不仅北京地区的放风筝活动闻名遐迩，一些边远地区也纷纷举行放风筝活动。

6. 抽陀螺

一般孩子抽陀螺的方法有两种。第一种是水平抽法，第二种则是垂直抽法。一般孩子们玩陀螺有两种抽陀螺比赛方式。第一种叫作分边法：将参加的人分成两组，然后大家一起抽陀螺，看看哪一组的陀螺先倒在地。倒在地上的陀螺，就称为"死陀螺"，只有任由对方劈击宰割了。赢的这一方，用自己的陀螺，高举过头，对准目标，向下猛击。第二种是画圈法：在地上画一个圆圈，圆圈的中央，再画一个小圆圈，各人轮流将自己的陀螺往圈子里打，使陀螺能旋转出来。如陀螺已固定在一点上旋转，这时，可用绳子将它圈出来，只要到达圈外还在旋转，都不算它"死"。如果陀螺停止在圈内，或一抽下去就不动了，都算"死"了，要放在当中小圆圈内，任别人处罚。若处罚别人的陀螺也停在圈内，照样要放在小圆圈内，任人处罚。如果很幸运地没有被击倒，或是被击倒而没有被分解，可以拿出一个陀螺，用水平抽法，将自己那个小圆圈内待"死"的陀螺击出圈外。

7. 链条枪

链条枪一般是男孩子玩的，链条枪的组成材料有粗铁丝、自行车链条和皮筋。弹药为普通的安全火柴。链条枪具有撞针、扳机、枪身、动力、子弹，与真实手枪原理一致。铁丝拧成的枪架上，串着若干自行车链扣。链扣的另一侧孔供枪栓活动。最前端的链扣需要打入一个自行车辐条顶端的螺帽，以恰好留出一个火柴棍大小的孔。整串链扣和枪栓分别用从自行车内胎剪下来的橡皮筋箍好，使用时掰开最前端的链扣，将火柴棍塞入螺帽形成的孔并向外拉出，而火柴头上的火药则留在螺帽内。扣动扳机，皮筋弹力促使枪栓高速撞击火柴头的火药，火药爆炸并产生巨响和气流，促使火柴棍射出。火柴棍高速射出，会对人体产生伤害。因此链条枪具有危险性。

参 考 文 献

钟敬文主编：《民俗学概论》，高等教育出版社 2010 年版。

华梅：《服饰民俗学》，中国纺织出版社 2004 年版。

王心亮主编：《石家庄地区自然灾害史记》，河北人民出版社 1990 年版。

河北省正定县志编纂委员会：《正定县志》，中国城市出版社 1992 年版。

张秀生：《正定文物精华》，文化艺术出版社 1998 年版。

郭开兴：《正定大观》，内蒙古人民出版社 1999 年版。

正定县教育委员会编：《正定教育志》，河北教育出版社 1996 年版。

中共正定县党史资料征集编审办公室编：《正定解放》，1987 年版。

正定县档案馆编：《正定县大事记（1949—1983 年）》，1985 年版。

石家庄市地名办公室：《石家庄市地名志》，河北人民出版社 1986 年版。

河北省正定县地名办公室：《正定县地名资料汇编》，河北省正定县地名
　办公室 1983 年版。

苏平修、王京瑞主编：《正定县歌谣谚语卷》第 1 卷，1989 年版。

苏平修、王京瑞主编：《正定县故事卷》第 1 卷，1988 年版。

吴超：《中国民歌》，浙江教育出版社 1995 年版。

王光荣：《歌谣的多学科研究》，中国书籍出版社 2013 年版。

中国人民政治协商会议正定县委员会文史资料委员会编：《正定文史资
　料》各期。

正定古文化研究会编：《古圃》各卷。

申艳广、王玲玲：《正定城隍庙会调查》，《高校社科动态》2012 年第
　1 期。

王永健、于宙：《非物质文化遗产在民间——艺术人类学视野下的常山战
　鼓》，《内蒙古大学艺术学院学报》2012 年第 3 期。

于宙：《常山战鼓调查与研究》，硕士学位论文，河北师范大学，2010 年。

任丽娟、郭牧、刘合美：《正定古城保护中民俗文化延续与发展研究》，《长春教育学院学报》2015 年第 4 期。

于成凤、郭英夫：《河北地区元宵节"烤柏灵火"民俗研究》（未刊稿）。

宋孟寅、冯平印：《冀南火崇拜习俗"柏灵火"初探》，《大舞台（文艺论坛·傩戏研究专页）》1998 年第 6 期。

［德］汉斯—维尔纳·格茨：《欧洲中世纪生活》，王亚平译，东方出版社2002 年版。

朱小田：《日常史所谓"地方"——由蒋梦麟曾经的日常世界展开》，《中国社会历史评论》，2012 年卷。

后　记

　　作为河北省非物质文化研究基地石家庄市级科研平台，自组建以来，始终坚持深掘地域文化的价值内涵、为地方社会发展服务的宗旨。即将问世的《正定民俗文化研究》，标志着石家庄学院非物质文化研究在河北，特别是石家庄地域文化研究的广度和深度上取得了新的进展。

　　民俗文化是地域文化内聚性与同一性的外显，丰富多样的民俗事象，既是特定地域人们的集体记忆，也是研究该地域历史和精神播迁的文化活化石。正定的名气并不大，正定民俗文化也并不为外人所熟知，正定人仍然在日复一日地过着属于自己的日常生活，民俗文化内化于在不经意的日常生活之中。冀中的区位特征、燕赵的文化生态、城市化的强力冲击，使正定这块位于滹沱河中上游的民俗样态呈现出了神奇的韵致和魅力。在通过挖掘地域文化资源来助推旅游经济发展已成为谋正定崛起的常规思维的当下，如何将具有民俗文化的符码功能的民俗事象打造成具有突出的地域特色和比较优势的旅游品牌，是正定提升自身文化软实力的基础性工作，也是正定旅游文化建设所面临的重大而紧迫的现实问题。在破解这一问题的过程中，石家庄本土的文化人要有属于自己的使命意识和责任担当。从这个意义上讲，重民俗资料整理、重民俗事象归纳、重民俗仪轨还原、重民俗精神剖析的《正定民俗文化研究》的出版，可以说是迈出了正定民俗文化研究的一小步，为我们展现出了一幅正定庶民的社会生活画卷，激活了正定地域文化的历史记忆，使正定民俗的迷人风情第一次经由学术研究而被照亮，并在文化审美的层面上向外释放出了强大的诱惑力。

　　随着城市化进程的不断加快，正定传统民俗文化也在迅速消失，再加上我们有自己的教学工作，业余时间进行田野调查、收集资料受方方面面的局限。"三里不同风，十里不同俗"，民俗文化本身千头万绪、纷繁复杂，一县一乡甚至一村之内，民俗也可能不尽相同，难以面面俱到，所以错讹、遗漏之处在所难免，恳请各位专家、读者给予批评和包容，不吝赐教，纠错正误，使正定民俗文化发扬光大。

　　经过努力，此书终于如期完成。现在的书稿，只能是正定民俗的一个侧影。希望读者能通过只鳞片甲，看到正定民俗文化的博大精深。毋庸置疑，尽管对此书一再打磨，但仍显粗糙。倘若我们的劳动能够得到一定的认同和一些并不虚伪的掌声，我们会感到莫大的鼓舞，继续深入研究。

　　为使《正定民俗文化研究》付梓出版，石家庄学院的科研处、历史文化学院、马列教学部做了艰苦的工作。从全书体例框架的设计、文字通读审校，再到联系出版、申请资助，给予了极大的帮助，可谓劳心无已！《正定民俗文化研究》出版在即，作为作者，我们谨向各单位付出的辛劳表示深深的谢意。

　　总之，《正定民俗文化》研究的出版，既向外标示出石家庄学院在非物质文化研究事业中的功能和影响，也为河北，特别是石家庄本土民俗文化研究的深入掘进奠定了坚实的根基。

　　最后，我们希望以《正定民俗文化研究》的问世为契机，推动河北，特别是石家庄本土的民俗文化研究事业能更加深入地进行下去。